國際私法
實例研習

蔡華凱 著

三民書局

國家圖書館出版品預行編目資料

國際私法實例研習 / 蔡華凱著.－－初版一刷.－－臺
北市: 三民, 2018
　　面; 公分

ISBN 978－957－14－6394－0　（平裝）
　　1.國際私法

579.9　　　　　　　　　　　　　　　　107002030

ⓒ　國際私法實例研習

著 作 人	蔡華凱
責任編輯	陳韻筑
美術設計	張萍軒
發 行 人	劉振強
著作財產權人	三民書局股份有限公司
發 行 所	三民書局股份有限公司
	地址　臺北市復興北路386號
	電話　(02)25006600
	郵撥帳號　0009998－5
門 市 部	（復北店）臺北市復興北路386號
	（重南店）臺北市重慶南路一段61號
出版日期	初版一刷　2018年4月
編　　號	S 586330

行政院新聞局登記證局版臺業字第○二○○號

有著作權‧不准侵害

ISBN　978－957－14－6394－0　　（平裝）

http://www.sanmin.com.tw　三民網路書店

自 序

　　國際私法學在臺灣之發展，傳統上以涉外民事法律適用法為重心，法律系教學亦以之為主要對象。涉外民事法律適用法本應涵蓋財產法與身分法之涉外問題，惟 2010 年修法前條文僅三十餘條，多數的法律關係欠缺成文規定，導致法律系所的教學上，傳統釋義學的部分極其有限，欠缺成文規定的法律關係必須以理論的講述或比較法的介紹來加以補充。在欠缺明文規定，實務案例亦付之闕如的情形下，國際私法對於法律系所的學生而言，往往有內容稍嫌空泛，不知重點或其實用性何在之感。

　　觀諸我國裁判實務在涉外民事法律適用法的實踐上有個特徵，即篇幅極短，例如「……，涉外民事法律適用法第 X 條定有明文。是故準據法為我國法，合先敘明」。這種最多一至二行的裁判理由，顯示對我國法院而言，涉外民事法律適用法只不過為一將準據法引致我國法的轉換工具而已。倘若此為國際私法學在臺灣發展上面臨的困境，其生成在教學與實務上實互為因果。當然，在涉外民事法律適用法全面修法後，立法上全面對應民法的財產法和身分法，上述情形會有一定程度的改善。惟國家司法特考將國際私法改為第一試採選擇題之方式後，各大學法律系多將課程縮減為一學期結束，困境已成逆境。

　　作者負笈日本，專攻國際民事程序法與國際私法，日本因高度經濟發展與國際社會往來密切，實務上涉外民事事件案例豐富，相關理論之研究精緻且全面，裁判實務的造法與理論的研究相輔相成，最後在國際裁判管轄與選法皆完成立法修法，使得管轄、選法與承認執行等現代國際私法學的基本領域體系完備成熟。作者在日本所受的學術訓練，使作者了解到，在研究方法上，本國的案例研究不可或缺，作者在研究所的教學上亦以我國涉外民事事件的案例為主軸，避免對外國法不明究理的介紹與抽象理論的空泛說明。

　　本書為實例研習，以涉外民事法律適用法的案例開始，輔以相關理論說明，希望能提供我國教學者與法院實務具備實用性的參考，對於我國國際私法學的發展貢獻微薄的心力。

蔡華凱

國際私法實例研習

目次

第七章　繼　承

總　論

先決問題

➔ 實　例

　　韓國國籍之妻 Y 與日本國籍夫 A 在 1970 年於臺灣天主教會舉行婚禮，有公開儀式和二人以上之證人，同年亦在日本東京宴客，惟兩人並未在韓國或日本辦理結婚登記。AY 二人因 A 工作關係長期派駐臺灣，並長期定居在臺北市，為系爭建物及土地之所有人。數年後 A 死亡，Y 以繼承人之資格長期占有系爭建物及土地，並欲將該建物及土地出賣於建設公司蓋豪宅。A 之兄弟，即原告 X 向我國法院起訴，主張 AY 之婚姻從未得到 A 之家族的認可，Y 與 A 家族之間素無往來，在日本亦未「入籍（辦理戶籍登記）」，兩人依照日本法律根本無婚姻關係可言，故 Y 並非日本法律上之配偶，X 才是 A 之繼承人，請求我國法院判決 Y 交付系爭建物與土地於 X，並協同辦妥所有權移轉登記。Y 亦對 X 提起反訴，主張 X 係 A 之父親 B 在日本所收之養子，但 B 當時臥病在床，根本欠缺意思能力，XB 之間的收養關係無效，X 並非 A 之兄弟，無權繼承 A 之遺產。

💬 問　題

本件判斷 AY 間婚姻的有效性之準據法應為何國法？

說明：倘若先決問題（婚姻成立的方式是否有效）和本問題（是否有繼承權）在國際私法上的法律關係屬於不同的法律關係時，準據法應該如何決定？

💡 解　析

一、意　義

　　針對涉外私法關係，若在適用國際私法解決某一法律問題之準據法的

過程中，存在有另外一個不得不先解決的前提問題時，在國際私法上前者稱為本問題，而後者之前提問題則稱為先決問題（或稱之為附隨問題）。倘若先決問題和本問題在國際私法上的法律關係屬於不同的法律關係時，準據法應該如何決定，不無疑問。

二、學　說

㈠本問題之準據法說

此說認為先決問題本係準據法適用過程中所生之法律問題，應該被當成準據法問題的一部分來加以解決，蓋依本問題之準據法，該先決問題之權利被承認時，屬於本問題之權利始成為問題，是故，應依本問題之準據實質法來決定。例如本件中繼承的準據法為我國法時（涉外民事法律適用法第 58 條），依照我國民法第 1138 條本文的規定，繼承人究竟是否為配偶？有無重婚（我國民法第 982 條、第 985 條）？此時，有無重婚成為本問題（繼承）之先決問題，必須依照本問題（繼承）之準據法（我國法）來解決。

㈡本問題準據法所屬國國際私法說

此說認為先決問題如係本問題準據法適用過程中所生之法律問題時，則準據法所屬國的法院並不會直接適用本國實質法加以解決，而將先適用該國國際私法來判斷先決問題之準據法。例如本件中婚姻的有效性問題，並非直接適用我國的民法,而應先適用我國涉外民事法律適用法第 46 條的規定決定之，是故，先決問題應與本問題一體適用本問題準據法所屬國之國際私法，此說又被稱為從屬連結說。

㈢法庭地國際私法說

此說認為國際私法將涉外生活關係分解成個別類型的法律關係後，才針對個別類型法律關係來指定準據法。只要國際私法繼續維持這種構造，僅在先決問題所屬的法律關係類型和本問題所屬的法律關係類型不同時，才應該適用其他的法律關係之準據法來加以解決。

此外，本問題和先決問題係屬相對，將因為問題的設定方法之不同，本問題也可能成為先決問題，兩者位置互換其實屬於同一問題。縱使承認

先決問題存在，則亦將因適用不同之準據法於先決問題上，而導致準據法的適用複雜而混亂。

此說又稱為先決問題否定說，著眼於在法庭地適用法律不一致，對於裁判實務之運作有現實上的困難，在論理邏輯上無法說明者，係就當事人間的法律關係，為何必須用不同的國際私法來選擇其準據法，而容許存在不一致性。

㈣折衷說

此說認為先決問題之準據法問題不能一概而論，原則上以上開第三說為原則，但為顧及個案之妥當性，主張併用第二說本問題準據法所屬國國際私法說。主要理由在於謀求當事人實體上權利之實現，雖然必須採取利益衡量的方法或有導致選法規則不明確，有害當事人之預測可能性之虞，惟先決問題往往與法庭地國之間不存在密切的關聯性，為圖準據法的一致以達到國際間判決的一致，應以本問題準據法所屬國的國際私法來加以解決比較妥當。

三、檢　討

以上各說，以第三說最符合裁判之現實，亦為學說通說。第四說折衷說雖然主張為個案正義故，輔以本問題準據法所屬國國際私法，其主張似乎較為周妥。惟通說認為本問題與先決問題其實只是個假議題，最主要理由在於，往往先決問題一解決，本問題亦同時獲得解決。例如上開實例，Y是否有繼承權，其先決問題是AY是否為法律上之配偶，只要其婚姻成立的方式之有效性問題獲得解決，是否有繼承權的問題就同時獲得解決。從這個觀點看來，將先決問題稱之為先決問題，值得商榷。蓋在衝突規則要件上，前提一旦不成立（婚姻），在邏輯上本問題（離婚或配偶的繼承權）即不可能發生。反之，當先決問題一旦獲得肯定的解決（婚姻有效成立），則本問題（離婚或配偶的繼承權）即獲得肯定。因此，即使在主張應區別本問題與先決問題的學說中，對於先決問題的意義與範圍如何界定還有極大爭論。

世界各國的涉外判決實務上，最常見的案例類型，除了上開實例所舉

本問題為繼承權之有無，而婚姻是否成立抑或是否具有親子關係，尚有本於所有權請求返還不動產為本問題時，所有權之取得原因發生爭執、侵權行為為本問題時，被侵害之權利人的特定等。

以上開實例婚姻成立的方式為例，世界各國的實質法有儀式婚（例如我國舊民法）和登記婚，國際私法亦有大陸法系國家採取本國法主義和英美法系國家的住所地法或舉行地法主義，惟各國的立法或裁判實務多半兼採各種主義，其法律政策共通者，皆在於採取寬鬆的解釋，讓當事人的涉外婚姻方式儘量有效成立。準此，適用法庭地國際私法和本問題準據法所屬國國際私法之間的差別實在不大，其區分亦無實益。以日本的國際私法為例，學說和下級裁判實務一向以法庭地國際私法說為通說，日本最高裁判所（相當於我國的最高法院）在平成 12 年 1 月 27 日判決（判例時報1702 號 73 頁）亦採法庭地國際私法說。

四、實例說明

本件原告 X 主張伊才是 A 之繼承人，依照繼承的法律關係取得本件系爭建物以及土地的所有權，請求我國法院判決 Y 交付系爭建物及土地予伊，依照涉外民事法律適用法第 58 條前段的規定「繼承，依被繼承人死亡時之本國法。」A 為日本國籍，在繼承之準據法日本法上，配偶得為繼承人。韓國人之妻 Y 以配偶之身分主張繼承權時，必須以其婚姻係屬適法為前提。此時，判斷婚姻有效性之準據法應由何國之國際私法來決定之問題，即是先決問題。

倘若採取第三說法庭地國際私法說，則婚姻的有效性依照本法第 46 條但書「但結婚之方式依當事人一方之本國法或依舉行地法者，亦為有效。」為有效，故被告 Y 具有法定繼承權。

外國法之證明責任

⊙ 實 例

被上訴人、原告 X（澳洲法人，總營業所位於澳洲）向我國法院起訴主張，伊與上訴人、被告 Y（我國籍法人，總營業所位於我國）之間成立買賣契約，約定由伊售與 Y 巴西銑鐵以及 Y 應交付有效信用狀之日期。訂約後，X 即與訴外船東 A 簽訂傭船契約，租用船隻前往巴西載運前開銑鐵，並通知 Y 銑鐵生產完成，在裝載港待裝，催促 Y 及時開出信用狀。詎 Y 在 X 第二度催告後，Y 仍置之不理，X 遂通知上訴人解除契約，另於同年將上開銑鐵售與第三人，X 因而受有售價差額美金 10 萬 4744 元之損害等情，求為命上訴人如數賠償及加付法定利息。Y 對於 X 主張美金 10 萬 4744 元之售價差額並不爭執。

原審維持第一審所為 X 勝訴之判決，認為兩造間買賣契約第 14 條明定任何因本件契約所生之歧見及爭端，應依英國法律解決之。此項約定，依涉外民事法律適用法第 6 條第 1 項規定，自屬有效。因此，本件兩造間實體上之爭執，應以英國法為準據法，即應依英國法律認定 Y 應負損害賠償責任之範圍。查英國買賣法第 50 條及判例所示，應以契約原訂價格與賣方及時以合理方式轉售第三人價格之差額作為損害賠償之標準，從而 X 請求 Y 賠償差額之損失即美金 10 萬 4744 元，自屬有據。

Y 以原判決所依據之英國買賣法第 50 條及其判例內容，為 X 提出之片面資料，原審未仔細查證該法之內容即引為判決基礎為理由，上訴最高法院。

💬 問 題

當準據法為外國法時，外國法的內容如何應該由誰來確定？應該由法院來職權調查？還是當事人必須負舉證責任？

判決要旨

最高法院 79 年度台上字第 2192 號判決，廢棄、發回臺灣高等法院

按外國之現行法為法院所不知者，當事人有舉證之責任。但法院得依職權調查之，此觀民事訴訟法第 283 條之規定自明，原審以：兩造所訂買賣契約書第 14 條約定，任何爭端及糾紛適用英國法律，因本件為涉外民事訴訟，依涉外民事法律適用法第 6 條第 1 項規定應以英國法為準據法，據以認定被上訴人解除本件買賣契約後，所得請求損害賠償之範圍，依英國買賣法第 50 條及判例，為原訂買賣價格與賣方及時以合理方式轉售第三人價格之差額為準云云。然查原審所援用之英國買賣法及判例，不知何所依據，即觀被上訴人所提出 BENJAMIN'S SALE OF GOODS (1987) 794 頁影本及譯本，均未具體說明英國買賣法第 50 條規定及相關判例之內容，即據為上訴人敗訴判決之基礎，未免率斷。且英國買賣法及相關判例之內容如何，被上訴人對之有舉證之責任，原審亦得依職權調查之，原審僅憑被上訴人提出某刊物影印之片斷資料，遽以其為所準據之英國法加以援用，亦與證據法則有違。上訴論旨，指摘原判決不當，聲明廢棄，非無理由。

解　析

一、外國法事實說與法律說之實益？

外國法的內容應該由誰來證明？法院應該職權探知（職權探知主義），還是由當事人負擔舉證責任（辯論主義）？此與外國法事實說或外國法法律說有何關聯性？傳統上國際私法的學說多認為外國法的證明責任和外國法的性質有關。亦即，採「外國法法律說」者，法院必須依職權 (ex officio) 調查外國法，而採「外國法事實說」者，當事人必須對該外國法的內容加以證明，法院無依職權調查的義務。惟從比較法上的研究、我國相關規定與涉外裁判實務之檢討，發現外國法內容的證明責任與外國法究竟為法律還是事實等性質上的爭論，似乎無必然的關係存在。

外國法事實說與外國法法律說對於外國法的證明問題上是否具有實

益，從美國法的比較研究即可得到若干的啟發。1966 年美國聯邦民事訴訟規則 (Federal Rules of Civil Procedure) 的修正可謂為此問題在時代上的分水嶺。1966 年以前美國法和上述英國法一樣，理論上係採外國法事實說。其結果，外國法的內容必須由當事人在訴訟上負舉證責任，倘若當事人不為舉證或舉證不充分時，在裁判實務上，多半採取因當事人無法證明其訴訟原因 (cause of action) 之基礎，而駁回其請求之處理（但亦有少數如美國聯邦第四巡迴區上訴法院 (United States Court of Appeals for the Fourth Circuit)，採取以法庭地法代之的作法）。

　　1966 年美國透過修正其聯邦民事訴訟規則第 44.1 條，宣示外國法在美國不再只是事實，而為法律。同條規定：「欲提起以外國法為爭點之當事人應以訴狀或其他合理書面為通知。法院於決定外國法時，得考慮任何相關資料或來源，包括證言，不論其是否由當事人所提出，亦不論依聯邦證據規則是否具有證據適格性（證據能力）。法院之決定必須被視為就法律問題之判斷。」❶ 就此條文規定之意義而言，使得聯邦法院在決定外國法的內容時，得不受所在之州判例法或實定法之拘束。此外，將確定外國法內容的舉證責任，由當事人和法院共同負擔，且法院不受當事人所提出之證據資料之拘束，自大陸法系訴訟法學的觀點，其意義為此條並不採絕對的辯論主義，亦不採絕對的職權探知主義，而係採取中間性質的折衷處理。

　　於當事人縱有舉證，但不充分的情形時，法院是否應獨立調查？學說和實務立場並不一致。學說見解多趨向肯定，例如參與修法之 Kaplan 教授指出：「本條規定之目的，在於讓法官堅持一定形式的證據（formal proof，例如條文所言及之證言）；……（中略），法官可以仰賴兩造，亦得進行獨立的調查。條文雖未明言此點，但自條文意旨言之，最終法官所應該做的，即是根據他所得的可信資料，並在兩造於法庭上有充分之辯論機會的情況

❶ Rule 44.1－Determining Foreign Law:
　　A party who intends to raise an issue about a foreign country's law must give notice by a pleading or other writing. In determining foreign law, the court may consider any relevant material or source, including testimony, whether or not submitted by a party or admissible under the Federal Rules of Evidence. The court's determination must be treated as a ruling on a question of law.

下來決定（外國法）」。

惟實務上，聯邦上訴法院各巡迴區多認為依第 44.1 條中段的規定，法院並無獨自調查外國法的義務，而且，在事實審的階段當事人縱有主張外國法的適用，但舉證不充分時，在上訴審即不得再行補充提出。又倘當事人在訴訟上未提出選法問題或主張適用外國法，不論第 44.1 條或選法規則均未明文應如何處理，立法理由內對此問題亦未言及或說明。自結論而言，美國聯邦法院將以法庭地法代替外國法，縱使依法庭地的選法規則之結果應適用外國法亦同。此種裁判實務上的處理，在 1966 年以前，其理論基礎係推定外國法的內容與法庭地法相同。1966 年以後至今，以法庭地法代替外國法的適用之處理不變，但其理論根據係建立在當事人之間默示的合意，此為美國國際私法第二新編 (Restatement (second) of Conflict of Laws) 第 136 條所採❷。因此，在聯邦上訴法院的判例之中，亦有直接引用第二新編第 136 條之規定，以當事人在訴訟上未能證明外國法的內容時，法院得以當事人之間存在有以法庭地法為準據法之默示合意，而適用法庭地法。

綜上所述，縱使增修了第 44.1 條之規定從外國法事實說改採外國法法律說，美國聯邦法院仍然認為，就外國法的內容之確定責任，應由當事人來負擔，法院並無義務依照職權調查之。足見，兩說之更迭並無實益。

二、我國的規定

我國民事訴訟法第 283 條規定：「習慣、地方制定之法規及外國法為法院所不知者，當事人有舉證之責任。但法院得依職權調查之。」本條規定在民事訴訟法的領域中無足輕重，我國民事訴訟法的教科書多一語帶過甚或不提，但在國際私法的領域，卻攸關國際私法案件關於外國法的證明之程序處理，對涉外案件至為重要。

本條之規定，與日本舊民事訴訟法第 291 條「地方習慣法、商業習慣

---

❷ Comment h, at 378–379 (1971) 指出，對於外國法，不論無資料或資料不充分，法院通常會適用法庭地之實質法。其理由在於，此種處理乃實現當事人間之正義之最善的作法。……（中略）當兩造當事人均未能證明外國法，法庭地可謂當事人之間就適用法庭地實質法存有默示的合意。本條之條文漢譯，請參見劉鐵錚，美國法律整編：國際私法，司法週刊雜誌社，1986 年，頁 171。

以及制定法規或外國之現行法可為證明時，裁判所不受當事人是否為證明之拘束於必要時得依職權調查之」類似，均繼受自奧地利 1895 年民事訴訟法第 271 條第 1 項規定：「在他國領域內具有效力之法律、習慣法、特權及制定法規，以法院所不知者為限，有加以證明之必要」、第 2 項規定：「關於此等法規之調查，法院不受當事人所提出之證據拘束。法院得依職權進行必要之調查。（以下略）」以及德國 1977 年民事訴訟法第 293 條：「外國法、習慣法以及制定法規，以法院所不知者為限有必要證明。法院不受當事人所提出之證明所拘束。法院得使用其他之調查方法，或為使用其他調查方法時有命令為必要事項之權限」而來。

　　日本民事訴訟法學者三ケ月章教授指出，這些條文之規定，其意義不僅在於規範「外國法」的證明與「事實」的證明，亦在「外國法」與「內國法」的位階之間劃出區隔的界限。蓋自條文的體系位置而言，本條規定在民事訴訟法法典上關於事實的證明之部分，因此不可否認的，立法者認為外國法的證明與事實的證明之間有一定的同質性，惟自文義解釋而言，本條其實係在區隔劃分內國法與外國法之位階。準此言之，在大陸法系之我國、日本與德、奧關於外國法證明之規定，既非採法律說亦非採事實說，而係採法律與事實之中間的見解。

　　倘若外國法為法律，則在「法官應知法律 (Jura novit curia)」的原則之下，法院「應」依職權探知法律之內容，而非我國民事訴訟法第 283 條但書所規定，法院「得」依職權調查，又倘若外國法的內容，不具有事實面的性質，同條即不會採取以當事人必須負舉證責任為原則，而法院亦得展開調查為例外之立法方式。

三、我國的涉外裁判實務

　　我國的涉外裁判實務上，雖有法院不吝於承認對於調查外國法之困難的案例，例如臺灣高等法院 89 年抗字第 1293 號民事裁定理由中謂：「……（前略），因此系爭主債務之效力如何，法院即必須依據馬來西亞法律詳盡調查事實及證據，惟中華民國法院對於馬來西亞法律並不熟悉，若須以馬來西亞法律為審判依據，不但當事人舉證困難，法院亦須花數倍勞力調查

理解後方能審判，況本件主債務發生地及履行地均在馬來西亞，原審法院若欲加以調查事實及證據，勢必國內外公文往返或來回奔波，不但增加勞費，而且事倍功半，（下略）……。」因而裁定停止訴訟。

　　但針對外國法的內容之確定責任，不論涉外財產或涉外身分案件，似乎仍然以法院有責職權調查與職權探知之案例為多，除上開實例所舉最高法院 79 年度台上字第 2192 號判決之外，例如臺灣高等法院 88 年家抗字第 205 號民事裁定，亦要求下級法院依職權調查外國法的內容，其要旨謂：「按收養之成立與終止，依各該收養者被收養者之本國法，涉外民事法律適用法第 18 條第 1 項定有明文。抗告人固未提出印尼國有關收養之法律以供審核本件收養是否符合該國法律規定，惟依民事訴訟法第 283 條但書規定，原審法院非不得依職權加以調查。」

四、檢　討

　　外國法在所屬國家的法源上當然為法律，但其存在本身的確含有一定的事實面。例如以前的西班牙法禁止離婚，但是，禁止離婚的西班牙法律事實上是否存在？其具體要件、適用範圍如何等等問題，實際上超越法庭地國法官應負義務之專業知識範圍，而必須訴諸訴訟上的證明程序。

　　承上所述，傳統國際私法的理論上，外國法事實說與外國法法律說在關於外國法證明的程序上似乎可以導出不同的結論。惟比較法上，過去採取外國法事實說的國家，如美國早已經在 1966 年聯邦民事訴訟規則第 44.1 條明文規定外國法為法律，法國最高法院於近年來亦見改變立場，改採外國法法律說之立場。此一國際現況，將使得討論外國法性質上究竟為法律或事實，在國際私法理論上越來越不具實益。

　　自我國民事訴訟法第 283 條之規定與上開最高法院之判決觀之，可以了解外國法內容的證明責任，並非完全課與當事人舉證之責，亦非完全依賴法院單獨調查。原則上當事人對於自己所主張的外國法之內容必須加以證明，負擔一定的舉證責任，但並不意味法院即可直接採為判決之依據。法院除了尚必須確定當事人所提出外國法內容之真偽外，應不受其拘束，依職權獨立調查之。

外國法不明時的處理

➔ 實 例

本件訴訟之原告日本法人 X 主張，被告臺灣法人 Y，於民國 87 年與 X 簽定授權契約，約定 X 將擁有代理權之日本卡通授權 Y，再由 Y 轉授權給訴外臺灣電視公司 A，於民國 87 年 6 月至 89 年 5 月止兩年間在臺灣地區播放。雙方約定授權金為 5 萬 200 元，分四期給付，並於契約中約定準據法為日本法。Y 在以電話傳真為簽約之意思表示之同時，率先電匯第一期之授權金以爭取授權契約之簽定。未料爾後 Y 在逾期並經過 X 催告之後始為第二期授權金之繳納，又 Y 藉口因新聞局打壓日本卡通以致與 A 電視公司之間簽定公開播送契約遲遲未決，因而拖延給付第三、第四期授權金。X 在直接與 A 電視公司接洽，了解 A 無意與 Y 簽定播送契約之後，再行對 Y 發出催告仍未獲得 Y 之清償，遂於臺北地方法院起訴請求 Y 給付授權金與法定遲延利息。

Y 於第一審言詞辯論期日未到場，僅提出書狀主張 X 之起訴違背兩造合意管轄之約定，請求法院以 X 之訴不合法而為駁回，對於本案實體問題並未提出答辯。第一審法院依 X 之聲請為一造辯論之 X 勝訴判決。X 於第一審並未就準據法之適用提出任何主張，法院未提及本件訴訟為涉外事件，亦未適用涉外民事法律適用法。Y 不服第一審判決提起上訴。

上訴人 Y 在上訴第二審的聲明中，追加主張依我國涉外民事法律適用法之結果，本件訴訟的準據法應為日本法，第二審法院始適用涉外民事法律適用法審理選法問題。

💬 問 題

外國法不明時法院應該如何處理？法院以當事人就外國法之內容未盡舉證責任為理由，直接駁回當事人之請求或抗辯，是否妥當？（例如本件臺灣高

等法院認為本件計算利息之利率，應依日本法，但因當事人就日本法關於利率計算之規定未盡舉證責任，因此駁回此部分之請求。外國法內容之舉證責任，應為當事人之負擔，抑或法院之職責？無法證明外國法之內容時，法院遽以請求無理由為駁回，是否妥當？）

◎ 判決要旨

臺灣高等法院 89 年度國貿上字第 3 號判決（給付授權金事件），駁回上訴，但廢棄原審就利息部分之判決

關於被上訴人請求之利息部分，其利率究應如何計算？期間為何？兩造合約並未有相關之約定，自應有明確之法律依據始得請求，本件兩造既於合約中約定準據法為日本法，自應由主張者即被上訴人負責舉證證明日本法中有關利息之規定，而被上訴人自認其未舉證證明日本法之規定，則被上訴人利息部分之請求即因無準據法可以適用，而無法證明其主張為真實。

💡 解　析

一、外國法欠缺或內容不明時的原因或類型

所謂外國法的不明，係指法庭地國際私法選法後，準據法為外國法，而該準據外國法內容有欠缺或不明的情形。其發生原因，可歸納為下列四種：

1.連結因素不明

例如國籍不明、難民或無國籍人。

2.連結因素所在法域不明

例如臺灣高等法院 86 年度保險上字第 63 號判決要旨中謂：「按關於侵權行為所生之債，依侵權行為地法，涉外民事法律適用法第 9 條第 1 項前段定有明文。按侵權行為地，一般係指行為地或結果發生地而言，依此本件侵權行為地應係貨損實際發生之前開地點，該地屬何國領域，或係公海，上訴人並未舉證明之，而我國宜蘭蘇澳港僅係損害發生後船舶之到達地而已，既非侵權行為地，亦非損害發生地，上訴人主張準據法應適用中華民

國法律，即有不當。」

3.連結因素所在地無法律施行

一般比較國際私法上最常舉的例子，如朝鮮民主主義人民共和國（北朝鮮，臺灣慣稱北韓）。

4.連結因素所在地雖有法律之施行，但內容有欠缺或不明

一般而言，學說均就上開第 3 和第 4 點展開論述。

二、學　說

依我國民事訴訟法第 283 條之規定，外國法為法院所不知者，原則上由當事人負舉證責任，但法院亦「得」依職權調查。惟倘若當事人不為舉證或舉證不充分時應如何處理，我國民事訴訟法和涉外民事法律適用法均未規定，唯有依解釋決定之。學說上具有代表性者，如下所述：

㈠駁回請求說

在應適用之外國法發生欠缺或內容不明的情況時，即無法證明當事人之主張或請求有所依據，準此，除了駁回當事人之請求外別無他法。傳統的國際私法學說中，尤其採外國法事實說的見解，認為此種情形即屬當事人無法就其主張之一般事實提出證明，即應遭到法院駁回其請求之理相同。惟此說遭到外國法法律說論者批評，此種處理無異於拒絕裁判。

㈡法庭地法說（內國法適用說）

此說認為，準據外國法欠缺或不明時，即應適用內國法代替之，此說見解之依據主要在於「有懷疑時即依法庭地法 (in dubio lex fori)」原則。惟此說被批評為有背於內外國法平等原則，有違國際私法之基本精神。

㈢補充連結說

此說之見解主要認為，準據外國法有欠缺或不明時，應探求其補充的準據法，並加以適用。例如當事人的本國法不明時，應以其經常居所（慣居地或習慣居所，habitual residence）或住所為次一順位的連結因素。換言之，此說所主張之方法與大陸法系國家選法規則立法上之階段的連結方法相同。義大利國際私法第 14 條第 2 項採之。

惟此說最大的問題在於，補充的連結因素，往往會導出完全不同的準

據法，例如當事人本國法和慣居地或住所連結者，往往為不同國家的法律（例如我國國籍之人因工作久住美國），反映在訴訟程序上，法院必須就外國法的內容重新調查。因此，是否得以完全解決外國法有欠缺或不明的問題，頗有疑問。

㈣法理說與近似法說

法理說與近似法說 (surrogate substantive law; verwandte Rechtsordnung) 認為，外國法有所欠缺或內容不明時，即應該依照一般適用民事法律之方法，依法理解決之。此說主要以比較法的研究為其方法，在歐陸國家受到學者間相當廣泛的支持。惟所謂的法理，究竟是法庭地法之法理？抑或是準據法所屬國之法理？還是可解為具有一般普遍性的法原理原則？其範圍失之過廣與抽象，在學說所主張的版本亦各有不同。

在法理說的架構下，有所謂近似法說最具代表，在歐洲學說上蔚為潮流。其共通之處在於，外國法內容欠缺或不明時，應以該國之社會體制、宗教信仰和所屬之法系來加以推定出最可能妥當的法律 (the principle of greatest probability; wahrscheinlich geltendes Recht)，並採為裁判的基準。例如比利時法不明的時候，依法國法；盧森堡法不明時，依法國法或比利時法決定之；或瑞典法不明的時候，依丹麥法或挪威法決定之。

在日本與美國的涉外裁判實務上，皆有採取此說之判例存在。日本東京家事法院 1963 年東京家裁昭和 38 年 6 月 13 日（判例タイムズ 148 号 130 頁）之判決，對於朝鮮民主主義人民共和國關於收養之法律，「極盡調查之手段，仍然無法究明其內容。故在被指定為準據法之外國法的內容不明時，應參酌『法例（日本之舊國際私法之名稱）』指定準據法之趣旨探求其內容，首先應從準據法國全體之法秩序來推測其內容，仍不可能時則依從前所施行之法令或與其政治、經濟或民族上近似之國家的法秩序來推測其準據法之內容」，而認為應參考蘇聯法為朝鮮法之近似法。美國的聯邦案例，在一件侵權行為的損害賠償請求中，美國的路易斯安那聯邦地方法院 (the Eastern District of Louisiana) 在 Karim v. Finch Shipping Co., 265 F.3d 259, 272–273 (5th Cir. 2001) 判決中，選法後準據法指定適用孟加拉法，卻

發現對於侵權行為的損害賠償之計算範圍，孟加拉判例法有所欠缺，因此決定適用印度和英國的判例法來決定原告之損害賠償金額。聯邦地院除了依職權獨自調查之外，並就孟加拉法與印度、巴基斯坦和英國法之間的歷史淵源做了詳細的說明。原告聲明不服，以下述理由上訴至聯邦第五巡迴區上訴法院。亦即，依聯邦民事訴訟規則第 44.1 條之規定，主張適用外國法之當事人必須就該外國法的內容負舉證責任，但被告顯然就孟加拉的法律未盡舉證責任，又依法庭地之判例法，外國法不明時應以法庭地法代之，因此聯邦地院適用選法規則顯有錯誤。第五巡迴區駁回上訴，維持地院的原判決。

至於上開美、日之判決，係屬於例外之個案，並不表示近似法說為該兩國學說實務之通說。美國之通說係採法庭地法說。而日本涉外裁判實務上採取近似法說之案例有兩個特徵，第一，其多為採取職權進行主義與職權探知主義的涉外人事訴訟或非訟事件；第二為其多與北朝鮮人之近似國法有關。有認為應為蘇聯法者，亦有認為應為大韓民國（南韓）法者，並不一致。採此說之案例，其共通之處在於兩造當事人皆為外國籍之自然人或法人，與法庭地之間的關聯性薄弱。美國的案例係因被告法人在訴訟程序中就選法問題提出抗辯主張應適用孟加拉之近似法，因此法院才接受近似法之處理。

近似法說，其理論基礎係建立在虛構之上。此說擬制同一法系國家的法律同質性高，因此可以代替適用以資解決。這種虛構，極容易在此說所主張的比較法研究之下不攻自破。例如我國與日本的民法體系皆受德國民法影響極大，但是，三國民法所規定的住所單一或複數主義、住所的要件各有不同，或代理權的授予是否為債之發生原因等問題，有所不同。

三、我國的涉外裁判實務

依當事人主張權利之方式為請求權或抗辯權分述如下，但其共通之處在於，當事人主張之權利係依據外國法且無法證明其內容時，我國法院均採取駁回或否定其權利之見解：

(一)請求權

關於當事人未能充分舉證證明其請求權所依據之外國法的內容時，最高法院之見解分歧，似乎仍未統一。例如，最高法院 79 年度台上字第 2192 號要旨謂：「英國買賣法及相關判例之內容如何，被上訴人對之有舉證之責任，原審亦得依職權調查之，原審僅憑被上訴人提出某刊物影印之片斷資料，遽以其為所準據之英國法加以援用，自與證據法則有違。」自此判決要旨觀之，在當事人縱有舉證，但證據不充分或不適當時，似有解為最高法院認為下級法院有依職權調查之必要空間。

惟在其他的判決中，似乎又和上開立場有違，而採取駁回當事人之請求者，例如最高法院 80 年度台上字第 2427 號要旨謂：「查上訴人主張被上訴人違反無記名式載貨證券原則上不准擔保提貨及不得於開發信用狀當日即為擔保提貨行為之國際慣例，依民事訴訟法第 283 條前段規定，上訴人自有就上述國際慣例存在與否，負舉證之責任。原審以上訴人未盡其舉證之責任而不予採信，實無違背舉證責任分配法則之可言。」同法院 86 年台上字第 2988 號判決謂：「（前略）……。該聖文森國律師所具宣誓書亦未說明聖文森國法律是否別有如我國海商法第 24 條第 1 項第 6 款之規定，則其個人一己之見解，尚不足資為該國法律確有此項規定認定之依據，……（中略）。從而，上訴人主張依聖文森國法律，因被上訴人海星公司對伊所負前開債務不履行損害賠償責任，伊就被上訴人喜悅公司所有之喜悅輪有優先權存在，難認有據，不應准許。」上開兩則判決，在當事人就外國法的內容未舉證或未充分舉證時，均採取請求駁回說之處理，並不要求下級法院依職權調查。

(二)抗辯權

當事人依據外國法行使抗辯權時，倘其未能就該外國法的內容充分舉證時，亦採取否定其權利之見解。臺灣高等法院有判決一則頗值參考。在同法院 88 年重上字第 413 號判決中，我國法人 Y（本件被告、上訴人）與自然人 Y2 為香港法人 A 之債務人，與本件原告、被上訴人 X（香港銀行）之間簽訂共同保證契約。在 X 銀行對 Y、Y2 起訴請求其履行共同保證契

約，就系爭債務負連帶清償責任的訴訟中，Y 依我國消保法之規定提起上訴主張定型化之保證契約無效。我國法院選法之結果，判斷該保證契約之準據法為香港法，認為 Y 主張契約無效缺乏根據。又上訴人 Y 據以保證人享有先訴抗辯權，X、Y 之間的保證契約中，排除保證人之先訴抗辯權之約定應為無效云云更為爭執，但臺灣高等法院認為 Y 就準據法之香港法律，是否設有保證人享有先訴抗辯權，且該先訴抗辯權不能以特約事先拋棄之規定，未能證明，故判斷 Y 之主張無理由。

四、檢　討

當準據外國法有欠缺或內容不明時，應採取第二說法庭地法說之見解，改以法庭地法取代該外國法作為裁判基準，而非直接駁回當事人的請求。

前述「有懷疑時即依法庭地法 (in dubio lex fori)」原則，原本係於國際私法本身規定發生欠缺，究竟應適用內國法還是外國法發生懷疑時，即應適用內國法（即法庭地法），而賦予法庭地法特別的優位性。此原則在學說上受到最大的批評，在於用法庭地法取代外國法，被認為是一種固執國家主權，有違內外國法律平等原則，有害國際私法法律價值和功能的思想。惟以法庭地法取代外國，係以外國法律的內容不明或發生欠缺為前提，為了避免增加法院的負擔，確保裁判品質與當事人實體上權利，以法庭地法代之，最符合裁判實務的現實。

比較法上，瑞士聯邦國際私法 1978 年的修正草案本來採取類似近似法的規定，但遭到實務界強大的反彈，最終演變成前述現行之第 16 條第 2 項以法庭地法為準之規定；德國聯邦最高法院在 1977 年的判決中認為外國法不明時應依法庭地法解決之，不採近似法說；而外國法不明時以法庭地法代之之立場亦為許多國家於條文中明文規定，例如奧地利、波蘭、匈牙利和土耳其等國。在日本，法庭地法說亦為多數之裁判實務所採。

國際私法係屬內國法，法庭地國法院適用外國法，係基於內國法之國際私法的授權始得為之。換言之，惟有在法庭地國際私法的授權之下，外國法始與內國法同位階，而在法庭地國法院選法之結果指向外國法時，外國法的適用順序始優先於法庭地內國法。惟在外國法內容不明或有所欠缺

時，應該回歸到法庭地法作為裁判之基準，方能符合涉外裁判實務之現實，合理解決涉外私法紛爭與確保涉外民事裁判之品質。

　　綜上，上開實例在關於利息之外國法（日本法）內容不明的時候，應該採法庭地之我國法作為裁判基準。

以適用外國法錯誤為理由上訴第三審

⊙ 實　例

　　本件被上訴人、日本法人 X 主張：其與本件上訴人、我國法人 Y 於日本簽訂出口運動服飾到我國之買賣契約，約定總貨款為韓幣 17 億 5800 餘萬元之百分之十，並扣除日幣 50 萬元後，以付款當日之匯率換算成日幣，分別於伊出貨以及 Y 收受後，各給付四分之三及四分之一貨款。詎 Y 僅電匯二分之一貨款予伊，收受貨物後百般藉詞拖延，爰求為命 Y 如數給付短少之貨款以及法定遲延利息之判決。Y 則以 X 虛報價格、數量短少和貨品瑕疵等，主張與 X 之主張金額抵銷，無庸再給付任何金額予 X 等，資為抗辯。

　　原審臺灣高等法院 88 年度國貿上字第 4 號判決，以本件為涉外事件自屬國際私法之範疇，基於國家主權，我國法院對本件有審判權，又依涉外民事法律適用法第 6 條之規定，應以簽約地法日本法為準據法，適用日本民法第 427 條之規定，Y 對於 X 之契約解除不合法，依日本民法第 575 條、第 419 條第 1 項以及第 404 條之規定，X 自得向 Y 請求年息百分之五計算之利息等等，X 之請求自屬有據，而維持第一審所為 Y 敗訴之判決。

　　Y 以原審法院適用日本法錯誤為理由上訴第三審，指摘原審應先適用日本商法，而非日本民法，請求最高法院廢棄原判決。

💬 問　題

㈠準據法適用錯誤與外國法適用錯誤有何不同？

㈡外國法究竟為法律或事實？

㈢最高法院有無義務統一解釋外國法？我國民事訴訟法第 467 條所謂判決違背法令之「法令」，是否包括外國法？

◎ 判決要旨

㈠按本件固應先適用日本商法，且就有關因商行為所生債務，其法定利率為年利六分，該國商法第514條亦有明文規定，然原判決命上訴人給付遲延利息係按年息百分之五計算，未逾日本商法上開法條所定之利率，故原審依日本民法所定利率計算遲延利息，即令有誤，亦不影響裁判結果，依照我國民事訴訟法第477-1條規定，自難將之廢棄。

㈡此外，關於原判決所確定之事實，日本商法第三編第一章總則及第二章買賣並無規定，則該判決適用日本民法，依照該國商法第1條之規定，亦難認其有何不適用法規或適用不當之違誤。

💡 解　析

一、準據法適用錯誤與外國法適用錯誤

　　當我國法院依照涉外民事法律適用法選出之準據法為外國法，而在解釋與適用外國法時發生錯誤，是否得作為上訴第三審的理由，由最高法院加以審理？

　　觀念上必須注意者為，準據法適用錯誤與外國法適用錯誤乃不同之問題，不可混淆。準據法適用錯誤，係指我國法院適用涉外民事法律適用法，卻錯誤解釋或錯誤適用條文而導致不同結果之準據法而言，亦即本應該適用A國法，結果卻適用成B國法的情形。例如應該適用外國法，卻適用內國法抑或是錯誤適用反致的規定，導致適用了不該適用的國家之法律。此種因為錯誤適用涉外民事法律適用法而導致錯誤之準據法的結果，係屬錯誤適用我國法規，當然可以依照民事訴訟法第467條之規定上訴最高法院，殆無疑問。而所謂外國法適用錯誤，係指我國法院依照涉外民事法律適用法選出正確的準據法且準據法為外國法，法院卻錯誤解釋或適用該外國法的內容而言，上開案例即屬此等情形。此種外國法適用錯誤的情形，是否可以上訴最高法院請求統一解釋，各國法制上有若干歧異存在，一般而言，此種歧異與外國法在內國法律體系內的性質，亦即外國法究竟是法律還是

事實有一定程度的關聯性。

二、外國法的性質

外國法在性質上究竟屬於事實或法律之爭論，所涉及之範圍可概括分為兩個層面，第一，為訴訟上舉證責任的問題。第二，為可否上訴最高法院接受法律審查的問題。

採取外國法事實說的國家如英國及過去的美國和法國（美國和法國現今均已經改變立場），外國法係屬一種事實，原則上在訴訟上當事人負有舉證責任（辯論主義）之義務，法院無須主動調查，如當事人未舉證或未能充分舉證，各國的涉外裁判實務上所採取者，以駁回當事人的請求，或逕行適用法庭地法為常態。又，在外國法事實說的理論架構下，法院錯誤解釋或適用外國法的內容時，理論上亦無從上訴至最高法院來進行法律審查。

反之若採外國法法律說，外國法的性質既然為法律，原則上法院即有依職權就外國法的內容如何進行調查的義務（職權探知主義），其舉證責任不在當事人而在法院；當法院錯誤解釋或適用外國法時，得以違背法令作為上訴最高法院的理由。

惟必須注意的是，若干採取外國法法律說的國家例如荷蘭與德國，其涉外裁判實務上是無法以錯誤解釋與適用外國法為理由，上訴至該國之最高法院的[3]。日本雖然在學說通說與該國最高裁判所的判例上，均採肯定的立場，惟在該國民事訴訟法修法大幅限制得上訴第三審的要件之後，只有在上告理由涉及「重要事項」情形時，才由日本最高裁判所裁量是否受理上告（上訴第三審）。

三、最高法院負有統一解釋外國法之任務？

持反對立場者，其主要的理由，除了若干國家係採取外國法事實說的見解之外，多半因為對於最高法院統一解釋法律的任務，是否包括外國法在內等存有消極的態度。蓋最高法院為法律審，負有統一解釋法律見解之

---

[3] 德國聯邦最高法院認為其統一解釋法律之義務，不包括外國法在內，見 Th.M.DEBoer, "Facultative Choice of Law: the Procedural Status of Choice-of-Law Rules and Foreign Law," 257 Recueil des Cours, 316 (1996).

任務，各國並無不同，惟其任務是否擴張至統一解釋外國法律，則外國學說上與比較法上並非全無爭議。學說上持反對見解之理由，大致上可歸納如下：

第一、內國最高法院之任務，在於確保內國法令適用之正確與解釋之統一，其對象不包括外國法令在內；

第二、外國法內容的調查與確定，現實上有相當程度的困難，兩造的見解常處對立狀態，各國的裁判實務均由法院與當事人共同負擔（請參照我國民事訴訟法第 283 條規定），將此任務課予最高法院將導致最高法院效率的低落；

第三、解釋與適用外國法發生錯誤在所難免，但卻有損最高法院權威之虞。

四、我國的現況

在我國的國際私法上，外國法並非事實而係法律，且在學說上與裁判實務上，均認為錯誤解釋與適用外國法得作為上訴最高法院的理由。民事訴訟法第 467 條規定，上訴第三審法院，非以原判決違背法令為理由，不得為之。又關於違背法令之意義，除了同法第 469 條所列舉者外，同法第 468 條概括規定，判決不適用法規或適用不當者，為違背法令。

本條所謂「法令」，除了實體法、程序法、公法、私法、司法院之解釋、最高法院的判例、習慣法、法理、經驗定則與論理法則之外，是否尚包括涉外事件被指定為準據法之外國法？我國國際私法與民事訴訟法的學說均採肯定的立場，並無分歧。又最高法院 79 年度第一次民事庭決議（民事事件第二審與第三審調查證據認定事實職權之界限與第三審自為判決之範圍）決議，所謂違背法令，「依涉外民事法律適用法應適用外國之法規而不適用，或適用不當時，亦應認係違背法令。」綜上，可知在我國的通說，係認為錯誤解釋與適用外國法，亦得作為上訴最高法院的理由。

五、結　論

如上所述，我國學說與實務通說，均認為民事訴訟法第 467 條所謂違背法令，包括依照涉外民事法律適用法所指定之準據外國法在內，故當下

級法院錯誤適用或解釋外國法時，當事人得以之作為上訴最高法院的理由。上開最高法院的判決，就下級法院錯誤適用外國法（應優先適用日本商法而非日本民法），以及外國法的內容（日本商法第三編第一章總則及第二章買賣的內容）所為之判斷，即與我國通說之立場一致。

　　我國法院之所以適用外國法，並非直接適用外國法而取代內國法，係因適用內國法之涉外民事法律適用法進行選法所得之結果。就此意義而言，錯誤適用或解釋準據外國法，其結果無異於違背內國法之涉外民事法律適用法之目的、法律價值與政策，當然屬於違背法令。今日，包括我國在內的世界各國均大幅整備國際私法之立法環境，外國法的內容之確定與解釋適用，均屬實務上技術上可以解決之問題，並不能用來作為錯誤解釋或適用外國法而視其為理所當然之藉口。最高法院對於確保我國國際私法的積極發展，除了前述要求下級法院必須依照國際私法處理涉外事件之外，對於下級法院適用國際私法的結果，是否正確適用或解釋準據外國法，以確保當事人實體上的權利，不因含有涉外因素而形骸化，亦有統一與指導性的地位。

第一章

通　則

第1條　法　源

實　例

　　再抗告人 X 主張：兩造為夫妻，均為美國人，相對人 Y 於臺北市有經常居所。因 Y 與訴外人 A 通姦，將無法自理生活之伊遺棄於美國，並將夫妻財產至少美金 96 萬 5000 元移轉至我國，屬隱匿財產之行為。伊已向美國喬治亞州 Gwinnett 郡高等法院提起離婚暨夫妻剩餘財產分配之訴，待勝訴即應在我國進行強制執行，堪認日後有不能強制執行或甚難執行之虞，向臺灣臺北地方法院（下稱臺北地院）聲請對相對人 Y 之財產在新臺幣 3000 萬元範圍內為假扣押等情,經臺北地院司法事務官裁定駁回後，再抗告人不服，提出異議，由臺北地院法官以 103 年度執事聲字第 260 號裁定駁回其異議後，再抗告人 X 向臺灣高等法院提起再抗告（臺灣高等法院 103 年度家抗字第 71 號民事裁定），仍遭抗告駁回。X 再抗告至最高法院。

相關法條

現行法

第 1 條

涉外民事，本法未規定者，適用其他法律之規定；其他法律無規定者，依法理。

舊法

第 30 條

涉外民事，本法未規定者，適用其他法律之規定，其他法律無規定者，依法理。

🔆 解 析

一、法 源

　　本條規定涉外民事法律適用法的法源及法規欠缺時的補充方法，原本規定於舊法第 30 條，修正時僅條號變更，並無實質上的修正。

　　狹義的國際私法，亦即選法規則（選擇準據法的法規，choice-of-law rules）之成文規定，在我國即為涉外民事法律適用法（下稱本法）。於 1953 年 6 月 6 日總統令制定公布全文 31 條，2009 年 12 月 30 日微幅修正第 3 與第 20 兩個條文後，於 2011 年 5 月 26 日修正公布全文 63 條；並自公布日後一年亦即 2012 年 5 月 26 日開始施行。

　　世界各國的選法規則，在歷史沿革上多不完整，直到晚近在立法上才開始趨向詳細且完整的法典化。所謂國際私法關係，因與世界各國的法律之間發生關連性的可能性較高，因此在法學方法上與純粹的國內民事事件之處理有所不同。是故，對於法庭地國內國實質法制度上所不知之外國法制度之問題，於焉而生。在法規的設計上，不可能針對內國實質法制度所不知之所有外國實質法來個別規定衝突規則，因此，世界各國所採取的方式，乃對應其本國實質法制度之選法規則的立法方式。此次我國涉外民事法律適用法的修正，在章節的編排上顯然是完全對應我國民法上的編排方式，從而，此種對應內國實質法的選法規則立法方式，在遇上內國法制所不存在的「法律關係」時（例如 20 世紀末開始席捲全球的同性伴侶關係），法規欠缺即無法避免。

　　本條所規範者，解釋上，應僅限於涉外民事的「法律適用」問題而已，而不包括「法律適用」以外的問題。蓋本法為「法律適用法」，亦即選擇準據法的法規 (choice-of-law rules)。本法未規定者，係指本法針對某事項未規定其選法規則而言，此時，按本條前段規定，應「適用其他法律規定」。此「其他法律規定」，自應為其他選法規則的規定。例如強制執行法第 114-3 條本文規定，外國船舶經中華民國法院拍賣者，關於船舶之優先權及抵押權，依船籍國法。又例如香港澳門關係條例第 3 章民事（第 38 條一

第 42 條）與兩岸人民關係條例第 3 章民事（第 41 條－第 74 條）等學理上
「準國際私法」或所謂「區際私法」的法規。準此，本條的規定，僅限於
選法規則的法源與補充，而不包括程序問題等選法以外的問題。

　　我國的國際私法所採之立法方式，目前與瑞士聯邦國際私法、比利時
國際私法或正在全面修改的韓國國際私法採管轄、選法與承認執行定於一
法的立法有別，係採日本之立法例，僅規範選法規則而已。倘若日後我國
之立法改採同瑞士之立法例，則「涉外民事法律適用法」之名稱勢必必須
修改，蓋其範圍已經不限於「法律適用」問題而已。

二、法規欠缺的補充

　　在國際私法上處理法規欠缺的問題時，過去有學說主張「有疑問時即
依照法庭地法 (in dubio lex fori)」原則，適用於選法規則本身的規定欠缺或
準據法應為何國法不明的時候，皆適用法庭地本國法。此說配合各國法官
所共通的適用本國法傾向 (homeward trend)，加上定性、反致或公序條款的
適用，使得「有疑問時即依照法庭地法」原則，在各國涉外裁判實務上發
揮了一定程度的功能。

三、我國實務上對本條的誤用

　　本條之適用範圍僅限於選法問題而不包括程序問題，已如前述。惟我
國涉外裁判實務上，誤用本條於程序問題上者所在多有，此種從選法規則
的條文連結出管轄等程序問題之法院裁判，在日本、美國的實務上前所未
見，歐洲法院關於布魯塞爾公約的諸多判決亦從未有如此基礎方法錯誤之
案例，大陸法系國家有此種案例者，惟我國而已。

　　實例中，臺灣高等法院 103 年度家抗字第 71 號民事裁定理由謂：「按
程序法應適用法院地法為國際私法之大原則,本件抗告人聲請假扣押事件,
屬程序事項，自應適用法院地法，即我國法律之規定。次按涉外民事，本
法未規定者，適用其他法律之規定；關於假扣押之聲請，由本案管轄法院
或假扣押標的所在地之地方法院管轄；本案管轄法院，為訴訟已繫屬或應
繫屬之第一審法院，涉外民事法律適用法第 1 條前段、民事訴訟法第 524
條第 1 項、第 2 項前段分別定有明文。因我國涉外民事法律適用法並無聲

請假扣押法院管轄之規定，故就具體事件受訴法院是否有管轄權，自應依
我國民事訴訟法管轄之規定定之。」

　　按上開方法之邏輯，是否凡涉外民事事件中之程序問題，皆應先適用
本法第 1 條，然後才適用其他程序法規？舉例言之，法院受理涉外離婚事
件，針對有無管轄權的問題，是否也應該先適用本條之規定，說明「因我
國涉外民事法律適用法並無國際離婚審判管轄之規定，故就具體事件受訴
法院是否有管轄權，自應依我國家事事件法管轄之規定定之。」？又例如當
事人持外國法院的確定民事裁判，向我國法院提起許可執行之訴，我國法
院是否亦應先說明此乃程序問題，按本條之規定，應適用其他法規云云，
然後「因我國涉外民事法律適用法並無外國裁判之承認與執行之規定，故
就具體事件，自應依我國強制執行法之規定定之。」？此種方法荒謬怪誕，
自不待言。

　　此種涉外民事程序問題必須先透過本條規定後始連結到其他程序法規
之方法，論理邏輯有誤，究其原因，在於我國學界或實務界傳統上對於國
際私法學之誤解，亦即認為國際私法就等於涉外民事法律適用法。而不知
國際私法學基本上包含國際裁判管轄、準據法的選擇和裁判的承認與執行
等三個分野，而涉外民事法律適用法性質上係屬選法規則，僅國際私法學
之一部分而已。而涉外民事法律適用法所選出之準據法，其適用對象在於
當事人之間實體的法律關係，而不包括程序問題，此乃基礎理論中之最基
礎的概念。

屬人法的決定基準

實　例

　　我國籍原告、上訴人 X 起訴主張，訴外人、被繼承人 A1（同時具有香港公民與我國籍）生前，依照香港法律立下遺囑，將其在香港和臺灣之動產、不動產遺贈予伊，A1 死亡後，其配偶、訴外人 A2 違背 A1 之遺囑辦理繼承登記，嗣 A2 亦亡故後，由本件被告、被上訴人 Y 擔任 A2 之遺產管理人，爰依遺囑遺贈之法律關係，請求 Y 將上開不動產移轉登記並交付予伊。

　　Y 則主張，A1 乃我國籍，死亡時亦然。其繼承關係與遺囑之成立要件與效力，均應依其本國法亦即我國法決定之。系爭遺囑於形式上為代筆遺囑，未由 A1 指定任何人為見證人與 A1 同行簽名於該代筆遺囑上，顯未有效成立等資為抗辯。

問　題

本件立遺囑人同為香港公民與我國公民，其本國法如何決定？

判決要旨

臺灣高等法院 88 年度上字第 789 號判決

㈠按生時父為中國人者，屬中華民國國籍，國籍法第 1 條第 1 款定有明文。凡符合國籍法第 1 條規定，且未依國籍法規定喪失我國國籍者，具有我國國籍。查 A1 原籍廣東省番禺縣，民國 43 年 9 月自廣州抵達香港僑居地，其父籍貫廣東省番禺縣，為中國人，有內政部警政署入出境管理局函送之影本在卷可稽。A1 於 50 年 12 月在中華民國之臺灣地區設籍，有國民身分證統一編號 Z000000000，至 79 年死亡時，均無其歸化、申請取得及喪失我國國籍註冊資料，亦無其以華僑身分申請在臺居留設戶籍

之情形，足認 A1 係因生時父為中國人，而依法當然具有我國國籍，其為中華民國國民甚明。至 A1 是否另有香港公民之身分，與其具有中華民國之國籍不生影響。

㈡遺囑之成立要件及效力，依成立時遺囑人之本國法，又依涉外民事法律適用法應適用當事人本國法，而當事人有多數國籍時，若依中華民國國籍法，應認為中華民國國民者，依中華民國法律。涉外民事法律適用法第 24 條第 1 項、第 26 條但書定有明文。本件立遺囑人 A1 既具有中華民國之國籍，則其所立遺囑之成立要件及效力，自應以中華民國之法律為準據法。

㈢遺囑應依民法 1190 條至 1195 條之法定方式為之，未依法定方式者，無效。

 相關法條

現行法

第 2 條

依本法應適用當事人本國法，而當事人有多數國籍時，依其關係最切之國籍定其本國法。

第 3 條

依本法應適用當事人本國法，而當事人無國籍時，適用其住所地法。

第 4 條

依本法應適用當事人之住所地法，而當事人有多數住所時，適用其關係最切之住所地法。

當事人住所不明時，適用其居所地法。

當事人有多數居所時，適用其關係最切之居所地法；居所不明者，適用現在地法。

第 5 條

依本法適用當事人本國法時，如其國內法律因地域或其他因素有不同者，依該國關於法律適用之規定，定其應適用之法律；該國關於法律適用之規

定不明者，適用該國與當事人關係最切之法律。

舊法

第 26 條

依本法應適用當事人本國法，而當事人有多數國籍時，其先後取得者，依其最後取得之國籍定其本國法。同時取得者依其關係最切之國之法。但依中華民國國籍法，應認為中華民國國民者，依中華民國法律。

第 27 條

依本法應適用當事人本國法，而當事人無國籍時，依其住所地法，住所不明時，依其居所地法。

當事人有多數住所時，依其關係最切之住所地法，但在中華民國有住所者，依中華民國法律。

當事人有多數居所時，準用前項之規定，居所不明者，依現在地法。

第 28 條

依本法適用當事人本國法時，如其國內各地方法律不同者，依其國內住所地法，國內住所不明者，依其首都所在地法。

 解　析

一、屬人法概說

㈠歷史沿革與概念

　　羅馬法在傳統上將法分成關於人之法與關於物之法。關於人之法，特別是關於身分與能力的問題，一直跟隨著人而有所適用。到了 19 世紀以後，在國際私法的方法論上亦受此種觀念影響，法規分類學說在界定法規地理的適用範圍時，認為物之法只具有屬地的效力，但對於與人有關之一定事項，必然有一與人之關係具有恆久且密切關係之「法」存在，因此，不論人身處世界何處，應經常受同一之法則規範，這種「法」被稱之為屬人法。換言之，屬人法即是指關於人的準據法之總體。

　　屬人法具體的適用範圍，通常以身分與能力問題有關者，我國現行法上的屬人法，原則有關於能力、婚姻、離婚、夫妻財產制、親子、扶養、

監護、繼承與遺囑等。而現行法除了維持舊法關於屬人法的適用範圍外，身分關係上增加了婚約（第 45 條），而財產法上則擴及商品製造人責任（第 26 條）與人格權的侵害（第 28 條第 1 項第 3 款）。

(二)屬人法概念之明文化

從選法理論的構造而言，有學說認為屬人法之概念本身多餘，可以廢矣。蓋國際私法之選法理論，將涉外的法律關係劃分成各個獨立的法律關係，再從其構成要素之中，析出最重要之部分並以之為媒介，決定應適用之法。因此屬人法這種概括性的概念實無存在之必要。

但是，屬人法在國際條約上卻反而有被明文化的現象。若干國際條約將「屬人法」用語予以實定法化。例如 1951 年日內瓦「關於難民地位之條約 (Convention relating to the Status of Refugees)」第 12 條第 1 項規定：「關於難民，其屬人法依住所地國之法律決定之，無住所時依居所地國之法律決定之」。也就是說，屬人法本來只是學理上的抽象概念，但是在國際公約被加以明文規定。通常難民並非無國籍，但是與其本國失去了事實上的關係，甚或難民本身希望與其本國斷絕關係，因此，國際公約對於難民的屬人法之決定，不以國籍為連結因素，而以住所、居所為連結因素。

(三)決定基準

如前所述，不論人身處世界何處，應經常受同一之法則規範。這種「法」被稱之為屬人法。問題是，什麼樣的法能緊跟著人到天涯海角直至其終了一生？這種「法」要如何來決定？一直到 19 世紀初，住所一直是屬人法的決定基準，但是法國在 1804 年的民法典採用本國法主義以來，本國法主義席捲歐陸法系國家（丹麥、挪威則屬例外），國際社會上遂呈現住所地法主義與本國法主義對立之狀況。兩大主義的對立，直到現在都被認為是妨礙國際私法統一運動的障礙之一。

(四)兩大主義各自的理論依據

1.住所地法主義

(1)為個人私法生活的中心地，此點在純粹國內案件與涉外案件並無不同；

⑵住所地法主義的優點在於，住所之概念具有固定性和恆久性，且在法律規定上有明確的概念和要件；

⑶住所地法主義對於外國人、本國人均有所適用。

2.本國法主義

⑴國籍主義反映一國之風土民情、習俗和民族性，且純為國民而規定之；

⑵國籍主義之固定性和恆久性，比較之住所地法主義有過之而無不及；

⑶國籍主義可以保護身處於外國之內國人。

二、屬人法之連結因素

㈠國　籍

1.國籍之確定

國籍云者，將人與特定國家之間相互締結之法律上的紐帶，取得特定國家公民的資格之謂。關於國籍的得喪變更之各國規定，反映該國歷史傳統、政治情勢、人口政策、人權思想以及在國際社會上的處境等整體國情，而各國規定有所不同。國際公法上關於國籍的得喪變更，原則上亦由各國自由制定。

作為國際私法上連結因素，國籍之確定，原則上依各國國籍法之規定決定（領土法說、屬地說）為通說（舊法第 26 條但書之規定為典型的例子，但現行法已經刪除之）。換言之，國籍的確定依各國的國籍法，各國國籍法之內容互異時，往往導致一人擁有數國國籍（國籍的積極衝突）或無國籍（國籍的消極衝突）的情形。因此，解決國際私法上國籍衝突遂有必要。

在國際私法上選擇作為連結因素之國籍，必須從符合當事人利益的角度來判斷。因此，理論上當事人擁有複數國籍時，應選擇與當事人比較有緊密關聯、比較具有實效性的國籍作為連結因素，現行法第 2 條之規定，即是採取此種精神。此時，從複數國籍當中，當事人在何國內有住所或慣居地，往往亦成為納入考量的重要因素。

2.國籍的積極衝突（內、外國籍的衝突）

⑴複數國籍發生的原因

　　一人同時擁有複數國籍，以出生時取得（同時取得）與出生後因歸化、結婚、收養等事實而發生（異時取得、先後取得）為主。同時取得指在採取血統主義（父系血統主義或父母兩系血統主義）的國家，以父或母為該國之國民而出生，抑或是在採出生地主義的國家領土內出生，取得國籍（例如在美國境內出生）。**先後取得**（異時取得）主要在於因國籍不同的婚姻，夫與妻的國籍不同時，夫妻各自可能取得對方國籍。

⑵條文規定

　　舊法第 26 條規定：「依本法應適用當事人本國法，而當事人有多數國籍時，其先後取得者，依其最後取得之國籍定其本國法。同時取得者依其關係最切之國之法。但依中華民國國籍法，應認為中華民國國民者，依中華民國法律。」即是採取上述的方法之規定。

　　現行法第 2 條修正為：「依本法應適用當事人本國法，而當事人有多數國籍時，依其關係最切之國籍定其本國法。」修正理由指出：「至於當事人與各國籍關係之密切程度，則宜參酌當事人之主觀意願（例如最後取得之國籍是否為當事人真心嚮往）及各種客觀因素（例如當事人之住所、營業所、工作、求學及財產之所在地等），綜合判斷之。此外，中華民國賦予當事人國籍，因此而生之法律適用之利益，既得一併於各國牽連關係之比較中，予以充分衡量，已無單獨規定適用中華民國法律之必要，爰刪除但書之規定。」

　　因此對於複數國籍的問題，已經不再區別同時取得或先後取得，如前所述，以符合當事人利益為原則，**當事人擁有複數國籍時，選擇與當事人關係最切者為其本國法，不問國籍所取得的原因**。其結果，讓法院就具體個案來做妥當判斷，使裁量空間大增，可說是修法的特色。

3.國籍的消極衝突

　　⑴在無國籍的情況，有生來無國籍與曾擁有國籍但無法取得新國籍也喪失原來的國籍等兩種情況。對於曾擁有國籍之人因種種的原因而喪失舊國籍時，有學說主張應以其舊有之國籍為連結因素。蓋因後天的因素而喪

失國籍者（即非生來無國籍者）在喪失國籍之前，依本國法主義，與舊國籍之關聯性應較為密切。惟本書以為，既然因後天的因素喪失原有國籍，強加舊國籍於當事人不僅可能違反當事人的意願，從關係最切的角度看來亦不合理。是故，應以住所地法或慣居地法為妥。

⑵條文規定

舊法第 27 條規定：「依本法應適用當事人本國法，而當事人無國籍時，依其住所地法，住所不明時，依其居所地法。當事人有多數住所時，依其關係最切之住所地法，但在中華民國有住所者，依中華民國法律。當事人有多數居所時，準用前項之規定，居所不明者，依現在地法。」

修正後現行法第 3 條規定：「依本法應適用當事人本國法，而當事人無國籍時，適用其住所地法。」

㈡住　所

住所係人為私法生活之中心地。不論我國現行法或舊法的規定，住所在屬人法的決定基準上，係重要性僅次於國籍的連結因素。惟住所的概念、要件等決定基準在各國法皆有不同。不僅住所的概念如此，關於住所的設定或變更、廢止亦因各國之規定而相異。特別是英美法系與大陸法系諸國之間存之差異甚大，所以，國際私法上作為連結點之住所概念如何決定遂成問題。

1.住所之決定基準

⑴領土法說（屬地說）

領土法說將住所與國籍作同樣的處理，認為決定住所應以住所存在之國家的法律來加以決定。換言之，在 A 國內有無住所應以 A 國法決定之，在 B 國內有無住所應以 B 國法決定之。

⑵本國法說

以當事人本國法上關於住所的規定來決定住所。此說無異於以國籍來決定住所，並不恰當。

⑶法庭地（實質）法說

以當事人起訴之法庭地國之實質法，來決定其住所在何國。

⑷法庭地國際私法說

住所不像國籍一樣具有公法的性格，所以在理論上可以依國際私法自己的立場來加以決定，亦即，就國際私法的法規上「住所」進行解釋，來決定其概念等。準此，在國際私法上，一個人的私法生活中心必然只有一個，故只能有一個住所，而不發生住所的積極衝突與無住所的問題。此說又稱之為國際私法獨自說。

以上四說以領土法說為通說，惟國際私法獨自說近年來在學說上受到廣泛的支持，特別在慣居地尚未被明文化作為連結因素的國家。

2.住所的積極衝突（複數住所的決定）

我國舊法第 27 條第 2 項規定，當事人有多數住所時，依其關係最切之住所地法，但在中華民國有住所者，依中華民國法律，係兼採通說屬地法說與法庭地（實質）法說。惟修正後現行法第 4 條規定，當事人有多數住所時，適用其關係最切之住所地法。刪除了舊法但書的規定，僅採屬地法說。同條第 2 項規定當事人住所不明時，適用其居所地法。第 3 項規定當事人有多數居所時，適用其關係最切之居所地法；居所不明者，適用現在地法。

㈢經常居所

1.經常居所的概念

⑴本國法主義與住所地法主義的對立，直到現在都被認為是妨礙國際私法統一運動的障礙之一。海牙國際私法會議於 1896 年創設的第三種連結因素經常居所（habitual residence；我國亦有譯為慣居地或習慣居所），開始被適用在海牙國際私法會議成立的各項國際私法公約，德國於 1938 年、葡萄牙於 1966 年、西班牙於 1974 年、日本於 1989 年分別將之明文化在各該國之國際私法規定中。中國涉外民事關係法律適用法將 habitual residence 譯為「經常居所」，甚至直接以之取代國籍與住所，立法上採為主要的連結因素，甚為前衛。臺灣現行法未見導入，因此在國際私法上仍然停留在學理上的概念，惟在 2012 年 6 月開始施行的家事事件法第 53 條國際審判管轄權的規定中，卻見經常居所之規定，法律用語與中國涉外民

事關係法律適用法之用語相同。以下，本書有鑑於家事事件法既已明文規定，故採用經常居所之用語，合先敘明。

⑵經常居所顧名思義，係指人經常居住之地點。是故，決定一個人的經常居所何在，其判斷的基準為客觀上的居住事實，而不論主觀上的久住意思，這也是當初海牙國際私法會議為了避免各國對於住所等法律概念上的衝突，而創設此第三連結因素的初衷。換言之，經常居所乃事實上的概念，而非法律概念。

⑶國籍作為屬人法的基準，因複數的國籍而發生國籍的積極衝突，對於無國籍人、難民、分裂國家人民之本國法的決定等，問題所在多有。但經常居所必須由法庭地國際私法來判斷，由於其為事實上的概念，不生複數而發生積極衝突的問題。

⑷惟須注意的是，海牙國際私法會議在創設經常居所的同時，並未同時規範其定義。是故，究竟以何種程度的居住期間為必要、居住的目的為何等具體的判斷標準，仍然留給各國獨自決定。以日本為例，雖然日本法務省民事局以行政解釋設定判斷基準，惟學說批判者眾，裁判實務亦有自行判斷，未必遵從。因此，縱使以經常居所作為屬人法的基準，目前現實上仍然必須委由各國在其國內法進行解釋，仍未能達到國際私法上統一連結因素的目標，世界各國的立法，多半將經常居所作為輔助的屬人法連結因素。

2.經常居所之文理解釋

⑴經　常

經常非通常，亦非恆常，到海外度假、出差、短期交換或訪問半年數月、短期打工或受職業訓練，僅成立居所，惟經常居所仍在國內。

⑵居　所

經常居所之居所，必然是指人現實上、物理上存在於特定的國家或法域內，惟單純「停留」或「過境」尚不足成立。又，僅向某一目的地出發亦不該當此概念，蓋旅行不問是否任意，皆有半途而廢或途中變更目的地之可能之故。

⑶決定經常居所之要素

　　經常居所的最重要要素，在於一個人於特定的地點成為在地社會的一份子而生活時，即為已足，而非必以長期居住的事實導出經常居所的成立。準此，因綁架或其他原因違反當事人自由意思而被強制至某外國長期居住的情形，應否定在該外國成立經常居所。惟必須注意的是，在跨國綁架未成年子女 (international child abduction) 的情形，未成年子女在被不法移送或留置之外國就學與生活時，在該外國應被視為已成為該地社會之成員而成立經常居所，縱使係基於因不法而創出之事實，惟考量未成年子女的利益，仍在一定的條件之下成立新的經常居所。

　　家庭生活的中心地與職業上的生活中心地不同的時候，有學說認為應該以前者為重❶，惟本書以為此問題或許不宜一概而論，而須視所發生的涉外法律關係究竟與前者或後者之間關係較為密切來決定，或許較為合理。

　　此外，在經常居所有所變更的情形，在新經常居所成立之前，原經常居所仍應予以維持。理論上，或有討論經常為跨國境之移動而欠缺經常居所的討論，在現實上此種情形實在很難想像，惟倘若真有此情形，則可以居所代之。

三、一國數法

㈠意　義

　　一國數法云者，即一個國家內，並存複數的法秩序之謂。其型態分為地理的一國數法和屬人的一國數法。

㈡地理的一國數法

　　例如美國（各州有獨立的司法系統）、加拿大（魁北克省有自己的司法系統）和中國（大陸和港澳）等。

　　舊法第 28 條（一國數法時適用法律之準據）規定：「依本法適用當事人本國法時，如其國內各地方法律不同者，依其國內住所地法，國內住所不明者，依其首都所在地法。」即是規範地理的一國數法，以住所地法為主，以首都地法為輔。惟對於屬人的一國數法並無規定。地理的一國數法

---

❶　橫山潤，國際私法，三省堂，2012 年 3 月，頁 51。

以住所地法為主要連結因素固無問題，惟在住所地不明的時候逕以首都地法是否妥當，不無疑問。以美國為例，住所地法不明時，直接以首都華盛頓所在地之哥倫比亞特區的法律為準據法，除非當事人剛好身處該處，否則有違密切關聯性原則。因此，舊法的規定並不合理。

㈢屬人的一國數法

一國內因人種、宗教、社會階級等之不同而對人的私法適用上有所區別。換言之，在一國內有屬人的複數私法秩序併存之國家，即發生所謂屬人的一國數法之問題。

例如印度、印尼、巴基斯坦、馬來西亞、新加坡、撒哈拉沙漠以南法語系國家、非洲英語系國家以及中東回教國家。在這些國家中，例如印度，有回教徒、印度教徒、所羅法斯塔教徒、錫克教徒等等而構成不同的宗教社會。而在不同的宗教社會中，各自擁有各自的種族法、婚姻法、離婚法之外，還有世俗法中的特別婚姻法。與這些國家的人民發生私法上的問題時，光依本國法是不足以解決問題的。

通常，在這些國家中，亦存在有解決這種屬人的私法問題之「人際法」存在。因此在理論上，國際私法多數說多以「間接指定方式」來解決此問題（間接指定說）。亦即，發生此問題時，以準據法所屬國之人際法理來解決，而非由法庭地國際私法直接指定準據法（直接指定說）。

現行法第 5 條規定：「依本法適用當事人本國法時，如其國內法律因地域或其他因素有不同者，依該國關於法律適用之規定，定其應適用之法律；該國關於法律適用之規定不明者，適用該國與當事人關係最切之法律。」修正說明明確指出，改採間接指定原則及關係最切原則，來決定地理的以及屬人的一國數法問題。

四、實例說明與檢討

上開實例之爭點，在於 A1 代筆遺囑之效力，其準據法的決定問題，惟因被繼承人具有複數國籍，其本國法的決定遂成問題。

依照舊法第 24 條（遺囑之成立要件及效力）第 1 項規定：「遺囑之成立要件及效力，依成立時遺囑人之本國法。」而立遺囑人 A1 同時具有香港

公民與我國籍的身分，其本國法發生積極衝突，必須依照前述舊法第 26 條決定其本國法。A1 直至死亡時並未拋棄我國籍，故依照上開第 26 條但書規定，但依中華民國國籍法，應認為中華民國國民者，依中華民國法律。故 A1 之準據法為我國法。結論上，本件系爭代筆遺囑因不符合我國民法關於遺囑之法定方式的規定，應被判決無效，駁回 X 之請求。

惟本件案例倘若發生在現行法施行之後，其本國法的判斷則依照第 2 條的規定，由法院裁量判斷關係最切之本國法為何。至於當事人與各國籍關係之密切程度，則宜參酌當事人之主觀意願（例如最後取得之國籍是否為當事人真心嚮往）及各種客觀因素（例如當事人之住所、營業所、工作、求學及財產之所在地等），綜合判斷之。

與本件類似之案例，尚有如福建高等法院金門分院訴字第 8 號民事判決。爭點均在被繼承人同時具有我國國籍和外國籍，其本國法的決定。最後均因被繼承人至死亡前均未喪失我國國籍，故依照舊法第 26 條但書的規定，以我國法為本國法。足見同條但書之規定，實際上使得同條前段處理國籍積極衝突的規定，徒具形式，除非當事人均為不具我國籍之外國籍人，在我國涉訟之情形方有其適用之機會。現行法第 2 條已經不見此但書之規定。

屬人法的適用事項，主要是針對身分與能力問題。本國法主義和住所地法的對立，其癥結不在於何者較具恆久性與固定性。依據關係最切原則，本國法抑或住所地法對於當事人的身分與能力的問題，何者最具有密切的關聯性，何者的適用最符合當事人的意思或利益，毋寧為問題的重心。此外，本國對於身分或能力問題，針對本國民適用本國法之利益，與針對於住所地國內的本國民適用本國法之利益，何者應為優先？

當事人為私法生活的中心地是為住所，特別是當家庭生活的中心地也在住所地的時候，不得不謂住所地法對於身分或能力問題，較之本國法更具有強烈的利害關係，其適用也比較符合當事人的利益和正當的期待。海牙國際私法會議為了緩和兩大主義的對立，創設經常居所之本意，亦類此理。

現行法第 2 條處理因複數國籍所造成的積極衝突，改由法院就個案判斷最密切關聯性之國籍以決定本國法，如同修正理由中的說明，在判斷何為最密切關聯性的國籍時，除了當事人的主觀意思外，住所同為考量之重要依據。惟在 21 世紀的本次修法竟仍未能將經常居所予以立法化，實在與國際社會主流嚴重脫節。

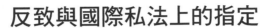

反致與國際私法上的指定

實　例

法國籍人 A 在淡水某大學法國語文學系任教，在臺灣淡水附近定居並置產，某日急病發作不幸在臺去世，遺留下數筆不動產，其法定繼承人來臺辦理繼承不動產事宜。依臺灣的國際私法準據法為法國法（被繼承人之本國法），而依法國國際私法準據法則是臺灣法（不動產所在地法）。

相關法條

現行法

第 6 條

依本法適用當事人本國法時，如依其本國法就該法律關係須依其他法律而定者，應適用該其他法律。但依其本國法或該其他法律應適用中華民國法律者，適用中華民國法律。

舊法

第 29 條（反致）

依本法適用當事人本國法時，如依其本國法就該法律關係須依其他法律而定者，應適用該其他法律，依該其他法律更應適用其他法律者亦同。但依該其他法律應適用中華民國法律者，適用中華民國法律。

問　題

上開第 6 條規定「如依其本國法就該法律關係須依其他法律而定者，應適用該其他法律。」之「其他法律」，是否包括國際私法？抑或係指實質法？

💡 解　析

一、反　致

㈠意　義

　　所謂反致，即指針對同一之法律關係，法庭地國法院依法庭地國的國際私法所選擇的準據法所屬國之國際私法，所指定的準據法反過來為法庭地國法；抑或又指定其他第三國的法律，在最後的結論上，本國法院的準據法依該國國際私法規定之結果，以本國法抑或其他第三國法為準據法。

　　例如我國法院適用我國涉外民事法律適用法後，準據法為法國法，但依照法國的國際私法，同樣的法律關係之準據法卻為我國法；抑或是法國的國際私法所指定的準據法為其他第三國的法律，例如荷蘭法。

㈡類　型

　　傳統學說上和各國的立法例上的反致類型最基本的為下列三種，其他由各國判決實務上所發展出來的二重反致與隱藏的反致等，本書另於其他章節獨立敘述之。

1.直接反致

　　如上例，按法庭地 A 國的國際私法之規定應適用 B 國法，但依 B 國之國際私法，反過來規定適用 A 國法時，A 國法院因而適用 A 國法。此為最典型反致之例。

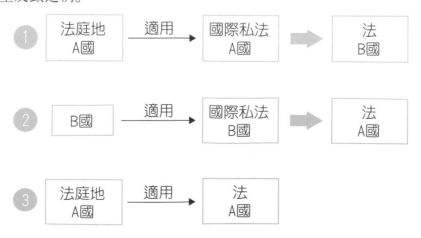

　　我國實務上，關於反致的案例，均以直接反致為主。例如臺北地方法院 88 年度親字第 98 號判決要旨：「按子女之身分，依出生時其母之夫之本國法；依本法適用當事人本國法時，如依其本國法就該法律關係須依其他法律而定者，應適用該其他法律，依該其他法律更應適用其他法律者，亦同。但依該其他法律應適用中華民國法律者，適用中華民國法律，涉外民事法律適用法第 16 條第 1 項前段、第 29 條分別定有明文。經查，被告丙出生時其母之夫即被告甲為日本人，依上開我國涉外民事法律適用法第 16 條第 1 項前段規定固應以日本國法為準據法。**惟依日本國法例（相當於我國涉外民事法律適用法）第 21 條規定即親子間之法律關係依子女之本國法或父或母之本國法，若父母之一方與他方不同國時，依子女之本國法，於其他時，依子女之常居所在地法。是以，日本國法有關親子間之法律關係，並非專以日本國為依據，而是得反致適用其他法律。**」

2.轉致或再致

　　按 A 國的國際私法應適用 B 國法，惟依 B 國之國際私法應適用 C 國法時，A 國法院最後適用的準據法 C 國法。此即轉致，或稱再致。

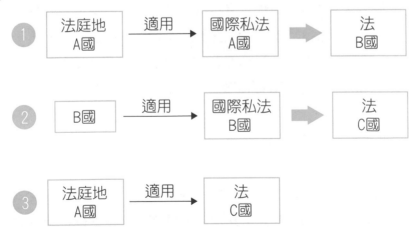

3.間接反致

　　按 A 國國際私法規定應適用 B 國法，依 B 國國際私法則應適用 C 國國際私法，而 C 國國際私法卻規定應適用 A 國法時，A 國法院最後因而適用 A 國法。

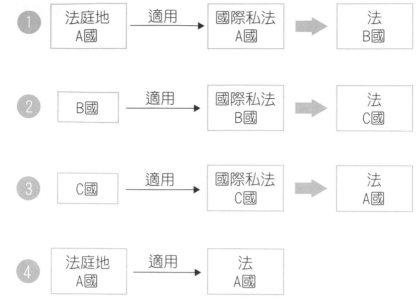

㈢舊法之規定與解釋

　　我國學說對於我國舊法第 29 條關於反致的規定,均認為同時包括了轉致與間接反致,惟對於是否包括直接反致有所爭議。蓋同條前段規定:「依本法適用當事人本國法時,如依其本國法就該法律關係須依其他法律而定者,應適用該其他法律,依該其他法律更應適用其他法律者亦同。」即為轉致的規定;而同條但書所云:「但依該其他法律應適用中華民國法律者,適用中華民國法律。」則為間接反致之規定,而全文找不到直接反致之規定❷。

　　惟本書認為,舊法本條之規定,包括直接反致、轉致與間接反致,殆無疑問。蓋所謂反致,本以直接反致為其基本內容,條文規定之文義雖似只包含轉致與間接反致,惟反致制度本身不論從其固有的意義或論理邏輯觀之,任何類型的反致必然以直接反致為基礎;又採取概括指定說作為反致的理論基礎(下述),在理論上亦不可能發生只承認轉致和間接反致而無直接反致之情形。自上述臺北地方法院 88 年度親字第 98 號判決等我國國

---

❷　修法理由三謂:「直接反致在現行條文是否有明文規定,學說上之解釋並不一致。爰於但書增列『其本國法或』等文字,俾直接反致及間接反致,均得以本條但書為依據。」

內適用反致之國內案例，多為直接反致之案例，反而鮮有轉致與間接反致的案例存在看來，即可佐證此種爭議可謂並無實益。

二、理論基礎

㈠理論背景

如上所舉實例，稱為國際私法的消極衝突，亦即具有關聯性的兩個國家法國和臺灣的國際私法所指定的都是外國法，形成一種「互推皮球」的結果，國際私法為了因應此種消極的衝突所想出來的對策即是反致理論。

㈡理論根據

依照法庭地國的國際私法所指定的準據法為外國法時，所應適用該外國法的範圍並不僅限於該外國之實質法，而應該包括該國的國際私法之法秩序全體，此種理論稱為概括指定說 (Theorie von der Gesamtverweisung)。概括指定說不僅為反致制度的理論根據之一，亦同時影響到承認反致的類型。依照此說，除了狹義的反致之外，勢必同時導致承認轉致與間接反致等兩種類型。

概括指定說除了作為反致的理論基礎之外，亦成為處理先決問題與不統一法國的準據法之間接指定說的理論根據。例如有關涉外繼承的問題，我國涉外民事法律適用法第 58 條前段規定，依被繼承人死亡時之本國法。準此，誰為繼承人，也應該由被繼承人死亡時之本國法來概括決定，如果將先決問題（誰為繼承人）的準據法和本問題（繼承）的準據法割裂分別適用不同的準據法，則有違概括指定說之趣旨，在理論上顯有矛盾。此外，在準據法為外國法，而該外國為不統一法國時，理論上必須依照該國的準國際私法（區際私法）或衝突規則來決定應該適用該外國何一地方之法律。此亦必然以概括指定說作為理論基礎。

㈢概括指定說之問題

對於概括指定說，主要有三點批判：第一、國際私法與實質法的性質與適用階段不同，為何被指定為準據法的外國法中，除了實質法外尚包括國際私法？其理論上的根據薄弱；第二、國際私法云者，係對於涉外的私法關係選擇一個最具密切關聯性的實質法之法律，其所指定的準據法為外

國法時，又將該指定導向該外國的國際私法，在理論上頗值商榷；第三、若國際私法上指定外國為概括指定的話，對於準據外國法的指定亦應為概括指定。惟若做此種解釋，當我國國際私法指定 A 國法為準據法時，亦包括 A 的國際私法，進而依照 A 的國際私法所指定的準據法為 B 國法時則又要適用 B 國的法律，包括 B 國的國際私法，倘若 B 國國際私法又再指定 C 國的法律，而 C 國的國際私法又指定 D 國……如此下去將永無止境，在學說上被譏為「永無止境的循環」或「邏輯的反射鏡」等等。

三、現行規定

修正後現行法第 6 條規定：「依本法適用當事人本國法時，如依其本國法就該法律關係須依其他法律而定者，應適用該其他法律。但依其本國法或該其他法律應適用中華民國法律者，適用中華民國法律。」

本條修正的最大特色有二，亦即第一、為杜絕上述關於現行法第 29 條是否包含直接反致的爭議，本條特於但書增設：「但依其本國法或該其他法律應適用中華民國法律者，適用中華民國法律。」作為直接反致的明文依據；第二、刪除舊法關於轉致的範圍，亦即刪除舊法第 29 條：「依該其他法律更應適用其他法律者亦同」，使得轉致最多發生一次，不會永無止境地一直循環下去。

四、結　論

狹義的反致或間接反致，其結果皆在適用法庭地的實質法，所以反致之制度其實在大開法庭地國法院適用本國法之門，以規避適用外國法的困難。再者，採用反致制度，不僅存在有使對於外國法的解釋和適用徒生困難、讓準據法的決定複雜化、遮蔽當事人的預測可能性等缺點，本國法本位主義的思想，與國際私法選法理論的目的與精神相互衝突牴觸。

雖有學說認為，在關於身分、能力的本國法主義被適用時，就具體的事案上有招來不妥當的結果時，反致可以用來作為緩和法庭地僵硬機械化的選法規則（特別是本國法主義）。惟必須強調的是，利用反致作為修正機械僵化選法規則的概括手段，係屬一種反致的濫用，對不當的選法規則之修正不應由反致來達成，而應從正面修法來解決。

二重反致（雙重反致）

⊙ 實　例

被繼承人英國籍人 A，被長期派駐在我國工作並定居生活長達 15 年，並於 1969 年 1 月 10 日在臺灣死亡，身後在臺灣遺留數筆不動產和高額之動產。　A 無子女、配偶或兄弟，父母、祖父母皆歿，呈現繼承人不明的狀態。Y 因檢察官之聲請而被我國法院選任為遺產管理人。A 之阿姨 X 以 Y 為被告，提起確認遺產繼承權之訴。

原審首先適用我國舊涉外民事法律適用法第 22 條前段之結果，準據法原應為英國法，惟英國國際私法規定，關於不動產繼承依不動產所在地法，不動產以外財產的無遺囑繼承則依被繼承人之住所地法。所以法院適用涉外民事法律適用法第 29 條，結論上認為準據法為我國法，駁回原告之訴。

X 不服提出上訴，主張如下：依英國國際私法規定，關於不動產繼承依不動產所在地法，不動產以外財產的無遺囑繼承則依被繼承人之住所地法。按依英國的判例法上，關於指定親屬繼承之準據法上所確立的判例法理——外國法院理論 (foreign court theory)，英國國際私法關於繼承之準據法上不動產所在地法以及被繼承人住所地法上所謂「法」，包括該外國之國際私法，而非單純指定該外國之實質法。英國國際私法承認反致制度。又當事人對於 A 所有之不動產及其住所皆在臺灣之事實無爭執。也對本件繼承係屬無遺囑之繼承無爭執。第二審法院依照職權調查英國法之結果，發現 X 之主張為真。

💬 問　題

(一)本件之準據法應為何國法？

(二)比較國際私法的判例實務上有無其他理論？

🔍 相關法條

現行法

第6條

依本法適用當事人本國法時，如依其本國法就該法律關係須依其他法律而定者，應適用該其他法律。但依其本國法或該其他法律應適用中華民國法律者，適用中華民國法律。

舊法

第29條（反致）

依本法適用當事人本國法時，如依其本國法就該法律關係須依其他法律而定者，應適用該其他法律，依該其他法律更應適用其他法律者亦同。但依該其他法律應適用中華民國法律者，適用中華民國法律。

💡 解　析

一、二重反致之意義

　　二重反致係指當法庭地國國際私法所指定的準據法為外國法時，該準據外國法包括該國國際私法之結果，亦應該將該國國際私法上反致之規定（或該國雖無成文規定，由裁判實務所形成的相關法則）考慮進去，其結果，發生雙方反致相互抵銷之情形，結論上與未適用反致之結果相同，謂之二重反致，又稱「反致之反致」。

　　舉例言之，例如A國法院依照A國國際私法規定準據法應適用B國法，惟依B國國際私法則應適用A國法，此時A國國際私法上若存在反致制度，適用直接反致的結果，A國法院原本將可得到必須適用A國法的結論。惟B國國際私法亦存在反致時，站在B國的立場，B國法院亦會透過反致而適用B國法。準此，理論上法庭地A國的法院適用B國法為準據法時，範圍上包括B國的國際私法，而B國的國際私法上之反致當然應該被包括進去，是故，最終的結論A國法院還是應該適用B國法。其結果，與最初A國法院適用自己的國際私法而無反致之介入之情形無異。

蓋依照現在的通說，準據法為外國法時，係以該外國的法秩序全體為準據法，包括該外國之國際私法在內，而非單純指定該外國之實質法，此乃為反致制度之理論基礎（請參見前篇）。準此，倘若成為準據法之該外國國際私法規則或裁判實務上所形成之法則時，理論上當然應該被考慮進去並加以適用。此時，適用雙方國際私法上反致的結果，自然發生相互抵銷的效果，與未適用反致的結果相同。因此，國際私法的學說上，又稱此種二重反致為反致的自殺。

二、二重反致之問題

二重反致之理論基礎在於有鑑於各國國際私法內容尚未統一之現況，二重反致之適用，有助於防止國際間裁判矛盾與濫用法院管轄 (forum shopping) 的結果發生。以上開實例為例，適用二重反致的結果，在我國法院起訴如同在英國法院起訴一樣，其結果將會一樣適用英國法為準據法。

二重反致最早源於英國判例法，被稱為「外國法庭法理 (Foreign Court Theory)」。該法理原則上係以前篇所述概括指定說為基礎所發展出來的。擁護反致制度的學者，認為二重反致的結果，無異於反致的自殺，將架空反致的效果。

比較法上，日本的涉外裁判實務亦見若干繼受英國法上二重反致的案例，惟學說上以消極性的意見為多數，最主要的理由在於，第一、日本國際私法的通說不採概括指定說，認為國際私法選法規則指定準據法的對象，係以實質法為對象，不包括國際私法；第二、日本國際私法的選法規則上雖有反致之規定，惟該規定只承認狹義的反致而不包括轉致或間接反致等，亦即當日本國際私法所指定的準據法為外國法，而該外國法之國際私法所指定的準據法為日本法時，成立對日本法的反致而適用日本法；第三、對於日本法是否成立反致，並不受該外國國際私法上的反致制度左右；第四、二重反致在國際社會上並未受到廣泛的認同。是故，日本的國際私法上並無承認二重反致之理論基礎之必要。

三、檢　討

二重反致在我國國際私法上應如何評價，所涉及者為我國法上所承認

的反致範圍與對於反致之機能的評價問題。如前篇所述，我國涉外民事法律適用法第 6 條原則上除了直接反致外，包括轉致與間接反致，新法只是針對轉致的適用範圍作了限制性的修正。與日本法只承認狹義的反致不同。我國國際私法所承認的反致範圍，顯然比起日本國際私法要為廣泛，理論上係以概括指定說為基礎。

如前所述，二重反致既以概括指定說為其理論基礎，當準據法為外國法，且該外國法又必須包括該國的國際私法時，理論上自然必須適用該外國國際私法上關於反致之規定或法則。反過來說，此時倘若解為準據外國法的範圍內既然包括該國國際私法而不考慮該國國際私法上的反致規定或法則，在論說上顯然欠缺一貫性，令人難以理解。是故，在概括指定說的理論架構下，二重反致在論理上具有其相當的邏輯性。

我國的條文規定和日本法不同，所承認的反致類型和範圍可謂相當廣泛，二重反致在我國國際私法條文的解釋上並非毫無根據，反而有相當的理論空間存在。學說上有稱二重反致為反致之自殺者，肇因於其效果回歸到法庭地國際私法最初步之選法結果而無反致之介入，使反致的功能形骸化。本書以為，在全世界不論學說或立法上皆朝向限制或排斥反致的適用之潮流中，二重反致倒不失為一種可以用來調整具體個案妥當性的判例法理。

四、實例說明

綜上，本件之準據法的適用如下：

㈠依照我國現行法第 58 條前段的規定，繼承應依照被繼承人死亡時之本國法，即英國法。

㈡惟英國國際私法規定，關於不動產繼承依不動產所在地法，不動產以外財產的無遺囑繼承則依被繼承人之住所地法。準此，依我國現行法第 6 條但書規定之結果，英國國際私法的規定對我國法成立反致，似應適用我國法為準據法。惟適用我國法之結果，本件被繼承人的財產將會成為無人繼承之財產，A 所遺留在我國的財產將歸繳我國國庫。

㈢我國現行法第 59 條的規定意旨，必須在被繼承人 A 之本國法英國

法為無人繼承時，才依照我國法律處理。而依照被繼承人 A 之本國法英國法，有 A 之阿姨主張其繼承權，此時，倘若因適用我國國際私法上反致之規定，直接以我國法為準據法之結果，勢必有違前開第 59 條規定之意旨。

　　㈣按本件被繼承人 A 死亡時之本國法即英國的判例法上，關於指定親屬繼承之準據法的外國法院理論 (foreign court theory)，英國國際私法關於繼承之準據法上不動產所在地法以及被繼承人住所地法上所謂「法」，包括該外國之國際私法，而非單純指定該外國之實質法，是故，英國國際私法亦承認反致無誤。其結果，我國國際私法和英國國際私法之間成立二重反致，準據法仍應適用被繼承人之本國法亦即英國法。

隱藏性反致

實　例

　　美國籍收養人丙與丁欲收養我國籍之乙，臺灣高等法院 94 年家抗字第 63 號裁定謂：「本件收養人丙、丁為美國公民，被收養人乙為中華民國國民，故應適用美國法及我國法，惟美國國際私法關於收養事件，係採法庭地法，依反致規定，仍應以我國法為其準據法（美國國際私法關於收養事件採法庭地法，參照聲請狀所引法務部 70 律字第 7354 號函）。」

問　題

㈠「美國國際私法關於收養事件係採法庭地法」究竟何所指？

㈡何謂隱藏性反致？

相關法條

現行法

第 6 條

依本法適用當事人本國法時，如依其本國法就該法律關係須依其他法律而定者，應適用該其他法律。但依其本國法或該其他法律應適用中華民國法律者，適用中華民國法律。

舊法

第 29 條（反致）

依本法適用當事人本國法時，如依其本國法就該法律關係須依其他法律而定者，應適用該其他法律，依該其他法律更應適用其他法律者亦同。但依該其他法律應適用中華民國法律者，適用中華民國法律。

💡 解　析

一、意　義

　　所謂隱藏性反致，即是關於離婚或親子等涉外身分關係事件，法庭地大陸法系國家的選法規則所指定的準據法為英美法時（實務上以發生在美國法的情形較為常見），美國法上關於當涉外身分事件的選法理論，係採「管轄權決定準據法理論 (jurisdictional approach)」，亦即，有管轄權之法庭地（州、國）適用其法庭地（州、國）之實質法（州法或內國法）為準據法。美國法就收養係採法庭地法之真意，在於美國法上，就涉外收養係由管轄權決定一切，有管轄權法院直接適用法庭地實質法，故收養本身並不成為選法的對象❸。此時，在大陸法系國家的選法理論上，即發展出一種見解，認為該理論係於裁判管轄規則之中同時隱藏有選法規則（即當事人住所地法），所以若依該裁判管轄規則認為我國有國際裁判管轄權（亦即當事人的住所地國為我國）的話，即是對我國法成立反致，而得適用我國法。

　　自國際私法的傳統看來，反致亦可歸因於屬人法決定基準的不統一，亦即本國法主義和住所地法主義的對立，為了調和此種對立而發展出來的制度。蓋早期，英美法國家的衝突法則未必明確且多未明文化，特別是針對特定的身分事件，美國各州多採此種有管轄權者即適用其法庭地法為原則 (lex fori in foro proprio)。而管轄權決定之基準，又係以當事人的住所為基準。準此，可謂住所地法主義之選法法則同時隱藏在管轄規則其中。是故，倘若當事人的本國法為此等英美法，而法庭地國為採取本國法主義之國家如我國，在當事人的住所在我國時，法院即可透過反致的制度，認為對我國法成立反致，而直接適用我國法為準據法。

---

❸ "The conflict of laws issues involved relate, first, to the particular court's jurisdiction to grant an adoption and, second, to the effects (incidents) of the adoption in another forum. Choice of law issues are not involved in the adoption itself as the court applies the law of the forum", see EUGENE F.SCOLES & PETER H.HAY, CONFLICT OF LAWS 559 (1992).

二、我國的案例

　　我國涉外裁判實務中，臺北地方法院 95 年度監字第 84 號民事裁定中關於準據法的適用部分，即為採用隱藏的反致之例。

　　本件聲請改定子女權利義務之行使負擔之聲請人 X（住所位於我國之我國籍女性），在美國與本件相對人 Y（住所位於美國紐約州之美國籍男性）相識後，雖無婚姻關係，2003 年 10 月 21 日於美國生育一未成年子女 A（美國與我國雙重國籍）。Y 於 2004 年 1 月 28 日獲得紐約州法院判決確定 Y 為 A 之生父在案，Y 同時於 2003 年 10 月 31 日獲得美國紐約州家事法庭裁定禁止 X 離開美國國境之限制命令。惟 X 於 2004 年 9 月 7 日仍然將 A 攜回我國。美國紐約州法院則以 X 違反限制命令為由，於 2004 年 11 月 29 日判決 A 之監護權由 Y 行使，該判決因逾法定上訴期間而為確定。接而，Y 向我國法院聲請禁止 X 復將 A 帶離我國國境之假處分後（臺中地院 94 年度家全字第 22 號民事裁定，2005 年 11 月 28 日），向我國法院起訴，由我國法院於 2005 年 12 月 16 日予以承認美國紐約州判決並准予強制執行（臺中地院 94 年度家訴字第 253 號判決）。

　　我國法院雖然完成將 A 交付予 Y 之終局執行程序（臺北地院 95 年度執字第 11977 號民事裁定），惟 X 復向我國法院提起聲請改定 A 之權利義務之行使負擔之外，並向我國法院聲請在改定事件未確定之前，禁止 Y 將 A 帶離我國國境之假處分（95 年度家全字第 35 號民事裁定）。Y 雖然向我國法院主張前開 95 年度家全字第 35 號裁定抵觸臺北地院 95 年度執全字第 11977 號交付子女之強制執行，並聲請排除之（95 年度執字第 11977 號裁定），惟我國法院以「本院 95 年度家全字第 35 號假處分裁定，其本案為兩造改定……（中略）監護之事件，此觀諸該裁定書甚明，並由本院執全字第 1785 號案件執行在案，顯然是前開交付子女強制執行事件終結後，所新生之事由，兩者亦無相衝突之情形」為理由，而予以駁回。爾後，我國法院將 A 之權利義務之行使負擔，均改由 X 獨立行使，是為本件。

　　臺北地院在自本件中關於選法的論述中，首先依舊法第 19 條（現行法第 51 條）父之本國法之規定，初步得到本件應適用美國法，又依舊法第

28 條一國數法的規定（現行法第 5 條），得到紐約州法為準據法之初步結果。次按美國為 1996 年海牙「關於兒童保護措施與父母責任之管轄權、準據法、承認、執行與合作公約（Convention on Jurisdiction, Applicable Law, Recognition, Enforcement and Cooperation in Respect of Parental Responsibility and Measures for the Protection of Children，以下簡稱 1996 年公約）」公約締約國之一，本事件應適用相對人之本國所簽訂之海牙公約相關規定，而 1996 年公約第 15 條由兒童之慣居地國有管轄權並適用慣居地國法，查 A 之慣居地既為我國，其慣居地法律即為我國法，故依舊法第 29 條（現行法第 6 條）的規定，認為對我國成立反致，最後得到本件應適用之準據法為我國之民事法。

三、檢　討

　　國際私法的法律政策上對於涉外財產與涉外身分的區分非常顯著。自我國現行法的規定觀之，關於涉外身分的選法規則，採取本國法主義之規定者眾。這種傾向反映出國際私法上身分爭訟之特徵，除了與一國之傳統文化、民情風俗等問題牽涉甚深之外，一旦包含涉外的因素，則又牽動血統血緣觀念、民族意識甚或保護本國民的緊張情緒。因此實務上，涉外身分法律關係的裁判成為跛行性的裁判之情形遠高於涉外財產訴訟案件。

　　如前述，隱藏性反致在比較裁判實務上多見於涉外身分爭訟，特別以離婚和爭奪子女權利義務之行使負擔案件最多，我國亦然。以爭奪子女為例，往往是女性在美國已經或即將輸掉當地的訴訟以後，違反當地法律，帶著子女回到其娘家本國，並在本國法院另外請求改定子女權利義務之行使負擔。本國法院往往以考量「子女最佳利益」之名，行保護本國民（父母之最佳利益）之實，而成就其個案正義。而所謂隱藏性反致，可謂充分利用本國法主義和住所地法主義的衝突，對於採取本國法主義法庭地國法院，提供其早已預設立場之裁判合理化的基礎。

　　隱藏性反致，係源自於德國裁判實務，後來亦被日本裁判實務所繼受。日本的實務雖有若干案例存在，惟學說與實務仍以批判性的見解為多數。其中東京家庭審判所於東京家審昭和 41 年（1966 年）9 月 2 日判決（家裁

月報 19 卷 4 号 110 頁）就愷切指出，此等英美法上的「管轄權決定準據法」之方法，性質上係屬單方的衝突規則，並非得以決定法庭地法律適用之雙方的衝突規則，如何對於法庭地法成立反致，其理論根據值得商榷。學說上反對的理由歸納起來，主要有四：第一、隱藏性反致本身就是一種對於外國法適用的法律迴避；第二、大開適用法庭地國法之門；第三、對於國際私法所欲達到國際社會間判決的一致不僅有害無益，反而製造判決的衝突與對立；第四、管轄決定選法乃單方的衝突規則，對於隱藏性反致之基礎理論的說明欠缺之處仍多。

　　隱藏的反致係反致制度之一環，其贊成或反對，亦取決於對於反致制度之贊否。我國實務上雖已見隱藏性反致的案例，惟學說上的檢討比起德日仍然有限。隱藏性反致所求之法律價值與制度目的究竟為何？與反致制度在理論上如何整合？其適用要件為何？支持此理論者，除了享受其法律效果之便利性之外，日後勢必須對於這些問題提出其正當化的理論基礎。

第 7 條　規避法律

⊘ 實　例

　　我國籍 X 雖有配偶與子女，因工作關係在國外出差途中認識訴外人 B，仍與 B 陷入熱戀並談及婚嫁，為求得與臺灣的元配離婚，X 飛往美國亞利桑那州，於入境滿 6 個月後，向該州法院起訴請求與我國籍之元配 Y 離婚，因 Y 未到庭 X 遂取得准予離婚之缺席判決，並於判決確定後，持該判決回國向戶政事務所登記離婚。

🔍 相關法條

第 7 條

涉外民事之當事人規避中華民國法律之強制或禁止規定者，仍適用該強制或禁止規定。

💡 解　析

一、意　義

　　為求得對自己有利的結果，並企圖逃避原來本應適用的準據法，遂透過變更連結因素，來得到規避法律的目的。換言之，依照法庭地選法規則選擇準據法的結果，本來應該適用的是 A 國實質法，但是 A 國實質法對當事人不利，所以當事人故意變更連結因素（例如住所或國籍），使其導向一個對自己有利的準據法 B 國法，以規避 A 國法的適用，並求得一個對自己有利的結果。準據法上的規避法律和管轄問題上的濫用法院管轄 (forum shopping) 兩相對應，所謂變更連結因素實則等同於變更法庭地國，都是一種利用涉外民事事件構造上的脫法行為。國際私法的教科書上多舉比較法的案例來加以說明，例如英國法中結婚必須得到父母同意，但當事人為了避開必須得到父母同意的要件而刻意將婚姻舉行地改為蘇格蘭；又以美國

內華達州為例，只需要待六個月以上就可以取得離婚的判決❹；抑或公司法上將總公司設在德拉瓦州；海商法上便宜船籍等等。

　　規避法律之概念，最早源自於法國國際私法，法國最高法院的判例認為，此種規避法律的行為係該當羅馬法上之「法律詐欺 (fraus legis)」，所以應該歸於無效，法院在決定準據法的過程中應該對於當事人是否規避法律予以判斷。比較法上，有若干國家對此問題予以明文規定，例如西班牙民法第 12 條第 4 項、匈牙利國際私法第 8 條、葡萄牙民法第 21 條、羅馬尼亞國際私法第 8 條、比利時國際私法第 18 條等等。

　　規避法律之理論基礎，主要建立在權利濫用和公序之上。亦即，倘若本來應適用之法規未被適用，該法規原本規範之目的未能達到，有違社會正義而成立權利濫用；從公序的角度而言，外國法的適用倘若與內國的強行規定牴觸，即可解為違反內國的公序而排除之。就傳統國際私法上的規避法律理論，其成立要件為：

　　1.規避法律之故意（主觀要件）

　　2.人為的變更連結因素（或連結因素之法律要件事實）之事實（客觀要件）

　　3.變更的結果有違國際私法公平正義。

　　至於規避法律的對象，葡萄牙的立法上並不僅限於葡萄牙本國法，而西班牙的立法則採取僅限於規避西班牙法之立場。

　　現行法增設第 7 條,規定涉外民事之當事人規避中華民國法律之強制或禁止規定者，仍適用該強制或禁止規定。立法理由二指出「涉外民事事件原應適用中華民國法律，但當事人巧設連結因素或連繫因素，使其得主張適用外國法，而規避中華民國法律之強制或禁止規定之適用，並獲取原為中華民國法律所不承認之利益者，該連結因素或連繫因素已喪失真實及公平之性質，適用之法律亦難期合理，實有適度限制其適用之必要。蓋涉外民事之當事人，原則上雖得依法變更若干連結因素或連繫因素（例如國籍或住所），惟倘就其變更之過程及變更後之結果整體觀察，可認定其係以外觀合法之行

---

❹　實例即為我國實務上此等案例。

為（變更連結因素或連繫因素之行為），遂行違反中華民國之強制或禁止規定之行為者，由於變更連結因素或連繫因素之階段，乃其規避中華民國強制或禁止規定之計畫之一部分，故不應適用依變更後之連結因素或連繫因素所定應適用之法律，而仍適用中華民國之強制或禁止規定，以維持正當適用中華民國法律之利益。現行條文對此尚無明文可據，爰增訂之。」就我國的立法而言，顯然將規避法律的對象，採取以規避我國法為限之立場。

二、檢　討

本條之新增是否有其實益，實在不無疑問。我國的涉外民事事件實務上，未曾有法院適用規避法律理論於實際案件者。就鄰近亞洲各國的狀況為觀察，除了我國以外，沒有一個國家有所謂規避法律的立法。例如中華人民共和國涉外民事關係法律適用法第 4 條之規定：中華人民共和國對涉外民事具有強制性規定者，直接適用該強制規定❺。此非規避法律之立法，而係有關即刻適用法之立法；香港的制度內無規避法律之立法，只有針對公序良俗條款的案例存在；印尼無相關立法，但學者見解認為規避法律的問題依公序良俗條款處理即為已足；日本國際私法雖有相關理論存在，然並未有立法，且學說通說並不認為規避法律是個問題；韓國國際私法第 7 條：「依本法為準據法時，大韓民國之強制規定其立法目的，依其立法目的應被適用時，應適用大韓民國強制規定。」此一規定亦非規避法律之規定，而係屬於即刻適用法之規定；菲律賓亦無規避法律之規定，但有公序良俗之適用；新加坡無成文規定，惟學者關於契約解釋上，契約上準據法顯然是為了規避另一個法律，包括法庭地法新加坡法之時，當事人將被解釋為非善意；泰國有成文之國際私法規定，但是亦無規避法律之成文規定；越南國際私法係規定於民法中，然亦無規避法律規定。

本書以為，我國法本條之規定，似乎與傳統國際私法理論之規避法律的概念與要件亦有落差。按規避法律理論，在訴訟上必須證明當事人變更連結因素之事實係具有規避法律之故意，在訴訟的舉證上並不容易，且另

---

❺ 中華人民共和國涉外民事關係法律適用法第 4 條：中華人民共和國法律對涉外民事關係有強制性規定的，直接適用該強制性規定。

外有公序良俗條款和即刻適用法兩相配合，是否尚須規避法律之規定，實在不無疑問。

　　與其增設不具實益之規定，不如採取防止連結因素形骸化之對策，在立法上防止法律安定性為當事人任意變更連結因素所左右。而於法規的解釋上，針對法的目的論不採失去實效意義的連結因素，而以反映關係最切的實質性連結因素或概念取而代之，或許才是最為有效的防治法律規避的方法。在我國實務上有若干的案例，夫妻之一方於我國法律上為有責配偶，為達到裁判離婚的目的刻意飛往美國，待滿當地法律所要求的期間後向美國法院提起訴訟請求離婚，而在臺配偶可能因為訴狀送達、工作無法請假或看不懂外文而現實上無法前往美國應訴或者無法理解寄來的是美國法院的傳票等問題，原告很快於美國取得缺席判決確定，然後回到我國依照我國戶籍法第 34 條，單方的為離婚登記完畢之後拍拍屁股走人。在臺的他方配偶往往被蒙在鼓裡，直到繳稅或選舉的時候才知道自己被休掉了。譬如最高行政法院 91 年度判字第 525 號判決、或最高法院 70 年台上字第 952 號判決，即為典型的例子。此種類型雖然為外國裁判的承認與執行之問題，惟適用民事訴訟法第 402 條第 1 項第 3 款公序良俗時，在實體上的公序即可以規避法律論之。

　　這種案例，外形上雖然為外國裁判承認的問題，實則即為規避法律的問題。蓋傳統規避法律必須具有規避法律的故意外，在客觀要件上必須具有變更連結因素的事實（例如住所或國籍，其實即等同於變更法庭地國，本條實例則是飛到美國待滿美國法上所要求的期間）。而如前所述，準據法上的規避法律和管轄問題上的濫用法院管轄 (forum shopping) 兩相對應，所謂變更連結因素實則等同於變更法庭地國（從 A 國變更為 B 國，從我國變更為美國），都是一種利用涉外民事事件構造上的脫法行為。換言之，規避法律往往伴隨濫用法院管轄，濫用法院管轄係方法，而規避法律為目的，惟我國涉外裁判實務上從未意識規避法律之問題。

　　本法修正雖然增設規避法律之規定，惟本書基於前述理由，對於增設本條是否具有實益，立場上有所保留。

➔ 實 例

一、涉外財產訴訟事件

　　本件上訴人、原審原告 X（我國籍人）主張，被上訴人、原審被告 Y（美國法人）在臺招攬 X 到美國拉斯維加斯賭博，並由 X 簽發發票日民國 79 年 9 月 28 日、到期日空白、面額美金 30 萬元之本票乙紙，交付 Y 作為賭金之擔保。然賭博為法令禁止之行為，因賭博所生之債之關係，無請求權可言，系爭本票自不生效力。詎料，Y 執系爭本票聲請強制執行，顯有不當等情。故 X 回國向我國法院起訴，求為確認 Y 就系爭本票債權不存在之判決。

二、涉外身分事件

　　㈠菲律賓國籍男性 Y 與菲律賓國籍女性 X 因來到我國工作，在我國教會相識後分別於我國與菲律賓依照天主教的儀式結婚，結婚後兩人同時返回我國工作地點，並在我國生育一子。數年後兩人婚姻關係發生破綻，Y 無故曠職並且離家出走不知去向。X 女繼續在我國工作並獨立扶養其子 A，其職場同事，同為菲律賓國籍之男性訴外人 B 對之照顧有加，兩人日久生情。X 女為了與 B 男追尋其人生第二春，向我國法院起訴，請求法院判准與 Y 離婚。

　　我國法院依職權調查之結果，依涉外民事法律適用法修正前第 14 條前段與第 15 條第 1 項的規定，菲律賓法應為準據法。惟依天主教國家的菲律賓，離婚是被法律所禁止的。請問我國法院應如何判決？

　　㈡我國籍女性 Y（非回教徒）因公被派到中東受訓時，與埃及國籍男性（回教徒）、被繼承人 A 結婚，15 年來兩人均定居於杜拜。A 男在第一次波斯灣戰爭時喪生於科威特，身後分別在中東各國與我國留下多筆龐大遺產。A 男之父母本件原告 X 向我國法院提起確認 AY 間婚姻無

效訴訟。法院調查結果，Y 仍然具有我國國籍，惟其住居所均不在我國，依照我國涉外民事法律適用法修正前第 12 條之規定，準據法應為 A 男之本國法埃及法，而依埃及法，異教徒間的婚姻是被禁止、無效的。我國法院應如何判決？

💬 問　題

我國國際私法上適用公序良俗條款之要件為何？適用公序條款排除準據外國法的適用後應該如何處理？

◎ 判決要旨

最高法院 83 年度台上字第 130 號判決

涉外民事法律適用法第 25 條（修正前）規定，依本法適用外國法時，如其規定有背於中華民國公共秩序或善良風俗者，不適用之。係指適用外國法之結果，與我國公序良俗有所違背而言。並非以外國法本身之規定作為評價對象。上訴人為閱歷豐富，有充分辨識能力之完全行為能力人，既明知遊樂性賭博行為為美國內華達州法律所允許之行為，在該地遊樂賭博，為尊重行為地之秩序，自應受該地法律規範。

🔍 相關法條

現行法

第 8 條

依本法適用外國法時，如其適用之結果有背於中華民國公共秩序或善良風俗者，不適用之。

舊法

第 25 條

依本法適用外國法時，如其規定有背於中華民國公共秩序或善良風俗者，不適用之。

🔅 解　析

一、何謂國際私法上的公序良俗？

依現行國際私法的選法構造，在完成法律關係的性質決定後，一律透過連結因素來抽象的指定準據法，不問準據法的規範內容如何，必須到了適用準據法的階段，才知道準據法的內容。惟國際社會間除了有大陸法系和英美法系並存之外，尚有因信奉天主教而完全不承認離婚之國家（過去的西班牙、馬其頓等等，現在則有菲律賓），以及採取男子專制離婚（只有男人可以休妻，女人不得主動求去）的伊斯蘭法系國家。是故，透過連結因素而被指定的準據法之內容，與內國法秩序之基本理念、政策不相容的情形所在多有。

例如依修正前本法第 11 條第 1 項前段與第 12 條前段的規定，依當事人或夫之本國法的時候，對於當事人為伊朗人的情形則必須承認一夫多妻制，又埃及的法律禁止異教徒通婚，規定異教徒之間的婚姻無效。其結果將與我國的婚姻法秩序扞格不入，自不待言。因此，對於本來以普遍主義為基本論調的國際私法，在有必要維護內國法秩序或價值的情況下，例外的讓國家主義有介入的空間。換言之，以違反本法第 8 條為理由而排除外國法的適用。此種規定，被稱為公序條款 (public policy; ordre public) 或保留條款。

在國際私法理論上，公序可分兩種型態，第一種即我國涉外民事法律適用法所採之公序良俗條款，亦即在立法形式上，單純排除外國法的適用之條款；第二種稱為保留條款，亦即保留適用內國法的餘地，積極的規定應適用內國強行規定的要件，並把判斷是否排除外國法的適用保留給內國法。

二、公序良俗條款之適用要件

㈠外國法適用結果之反公序性

在國際私法的法律政策上，公序條款係為因應各國法律的異質性以及國家主義而生之產物，亦可說在現行國際社會的狀況下，各國法律內容不一致所導致不得不然的結果。惟從國際私法選法規則的基本理念，亦即內外國法平等原則與選擇關係最切地法原則觀之，對於動用公序條款來排除

外國法的適用亦應謹慎、自我克制。極力避免動輒以違反公序為理由而加以濫用，造成擴大適用內國法的機會 (homeward trend)。各國學說在立法論上不乏刪除公序條款者之主張。在海牙國際私法會議所訂立的多項關於國際私法的國際公約，對於公序條款的適用，在條文上皆特別加入「『明顯』違反公序時」等文言，並在條約的立法理由上開宗明義表示此為防止濫用公序條款而來。修正前本法第 25 條條文雖無「『明顯』有背於中華民國公共秩序」之規定，但我國的學說見解與涉外裁判實務皆與國際社會對動用公序條款的保守趨勢一致，採取謹慎的立場。

　　公序條款的目的不在非議外國法的內容。外國法的內容係該外國行使主權的結果，不容他國妄加干涉。惟該外國法的規定在法庭地之我國被指定為準據法而適用，發生令法庭地之我國難以漠視不管的結果時，即發生動用公序條款排除外國法適用的必要。換言之，外國法適用結果之反公序性之判斷，即為公序良俗條款的適用要件。上開最高法院 83 年台上字第 130 號判決要旨所謂：「係指適用外國法之結果，與我國公序良俗有所違背而言。並非以外國法本身之規定作為評價對象。」可謂符合通說之見解。故修正後本法第 8 條亦規定，依本法適用外國法時，如其適用之結果有背於中華民國公共秩序或善良風俗者，不適用之（底線為作者所加）。

㈡內國牽連性？

　　除了上述外國法適用結果之反公序性之外，學說上尚有認為內國牽連性為動用公序條款的第二個要件。依此要件，倘若涉外案件與法庭地國內國牽連性薄弱時，則沒有必要動用公序條款排除外國法的適用。例如本篇實例之二、涉外身分事件之㈠，離婚之兩造皆為菲律賓人，其共同屬人法皆為菲律賓法，故關於其離婚之法律關係解釋上比起㈡，與法庭地國之我國之內國牽連性就較為薄弱。其結果，縱使準據法為菲律賓法律而使得兩造不得離婚，但依照此要件有解為無適用公序良俗條款以排除適用菲律賓法之空間。

　　關於此要件之存否，同時涉及國際私法上的公序究竟是國內的公序抑或是普遍的公序（國際的公序）之爭論。採國內公序說者，認為國際私法

上能排除外國法的適用，係因其適用而使法庭地國的基本法秩序受到破壞而難以維持。準此，國際私法上所謂公序良俗的概念應與國內法上的公序內容無異。反對說則主張從普遍主義的立場，國際私法上的公序應脫離個別國家的立場而屬一超越國界的法律概念，換言之，應屬一種文明諸國所公認的法原則，例如一夫一妻制度在文明先進諸國已成婚姻制度之本質；又例如婚姻關係發生破綻時，應准許雙方當事人解除婚姻關係。如前述，我國涉外民事法律適用法第 8 條的規定，係以有背於中華民國公共秩序或善良風俗者為要件，在條文文義上係採國內公序至為明顯。

關於此要件是否有必要，本書認為不無疑問。雖不論本法修正前後的條文皆規定此所違反之公序乃我國中華民國之公序，適用外國法結果的反公序性，的確有解為只有在與我國具有內國牽連性時，始動用公序條款而排除準據外國法的適用。惟本書以上開實例二、涉外身分事件之㈠為例說明，當事人之共同屬人法縱使為菲律賓法，其婚姻關係似乎與我國較不具內國牽連性，惟在無締結國際公約或與菲律賓之間未締結雙邊條約的情況之下，我國法院並非為國際社會或菲律賓的涉外離婚之法律關係為裁判，而僅限於針對我國國內之涉外民事法律關係而為私法判斷而已。準此，雖與我國內國牽連性較為薄弱，惟其適用結果一旦與我國內國法律秩序有違背者，當然應該動用公序良俗條款以排除菲律賓法的適用，亦符合個案的具體妥當性。

三、我國的實務案例

我國的涉外裁判實務上關於公序之案例，似以觀光性娛樂性賭博案件最多。亦即我國國民到美國拉斯維加斯的賭場去賭博，欠下巨額賭債後企圖回國主張依照我國法律，賭債非債以規避清償。我國法院除上開最高法院判決之外，結論上均認為此等涉外賭博契約並不違反我國公序良俗。例如臺灣高等法院 89 年度上字第 396 號判決中，上訴人、原審被告 Y（我國籍人）赴被上訴人、原審原告 X（美國內華達州法人）設於美國內華達州之酒店遊樂場從事賭博娛樂時，為換取籌碼以供賭博娛樂之用，乃以信用方式向 X 商借美金 15 萬元整，為證明該借貸債務金額，Y 並簽具合計面

額為美金 15 萬元之本票二紙，及以 X 為受款人面額合計美金 15 萬元之 Marker 九紙。後因 Y 未清償上開金額即返回我國，X 為此依消費借貸法律關係及票據利得償還請求權，向我國法院起訴求為命 Y 給付借款美金 15 萬元及利息之判決。原審判決 X 勝訴，Y 不服提起上訴。

　　Y 在上訴聲明中主張：賭博危害社會至鉅，依我國學說與實務，向認賭債非債；且縱令承認因適用美國內華達州法而主張本案之賭債具合法性，然其適用之結果，亦應屬違背我國之公序良俗，依我國涉外民事法律適用法（舊）第 25 條應屬無效。

　　同法院之要旨謂：「次按所謂賭博，係指藉偶然事實之成就與否，決定財物得喪之射倖行為。美國內華達州拉斯維加斯，素以經營賭博聞名於世，為眾所周知。賭博行為固為我國法令所禁止，然在美國內華達州為法律所允許之行為，此為上訴人所自認在卷，則上訴人在該地遊樂賭博，自應尊重行為地之秩序，受該地法律規範，本國法律自無予以保護之必要。則關於上訴人因遊樂性之賭博行為與被上訴人所生之債之關係，即應適用內華達州法律，而不得認為係因賭博之非法行為所生之債務，於法無效。」

四、排除適用外國法規之後的處理

　　我國法所採者，乃單純排除外國法適用的公序良俗條款，已如前述。而法庭地法院一經動用公序條款來排除準據外國法的適用之後，將發生準據法欠缺的情況，此時學說多認為此乃發生法規欠缺的情形，而必須加以補充。學說和實務上多半以法庭地實質法來加以填補此法規欠缺的情形。準此，如上開涉外身分事件中的㈠或㈡，我國法院在排除適用菲律賓法或埃及法後，即以我國民法代替之。

　　以公序條款排除外國法的適用後，應解為發生對內國法補充的引致，以法庭地實質法為準據法來加以解決。其理論基礎在於，以公序條款來排除外國法的適用，即是表示在外國法被排斥的範圍內，適用內國法的公序法。例如，以公序條款來排除外國不准離婚的結果，即是適用了我國民法准許一定條件之下解除婚姻關係的法秩序；以公序條款來排除外國法律容許一夫多妻之結果，即表示是適用了我國內國民法上禁止重婚的法秩序。

　　此外，除了法庭地實質法以外，尚有認為應該以所謂關係最切之法律為代替的準據法之見解。比較法上，義大利國際私法第16條第2項前段即採此種規定。此種見解的優點是給予法院裁量權，得針對個案的特殊情形為判斷，因此判決往往能夠兼顧個案的妥當性。例如上開涉外身分事件的實例中㈠的情形，排除菲律賓法的適用後，因當事人皆在我國工作並且設有住居所或經常居所，可謂與我國具有密切關聯性，所以結論上仍然可以適用我國法。

　　本文以為，動用公序良俗條款排除準據外國法的適用後，原則上應該以法庭地實質法代替之，其理由如同上開理論基礎之說明，在外國法被排斥的範圍內，係適用內國法的公序法。而最切關係法則不妨作為第二順位，補充性質的連結因素。

五、實例說明與檢討

　　實例中的涉外財產訴訟事件所引案例，為我國最高法院就修正前涉外民事法律適用法第25條的適用要件，亦即外國法適用之結果反公序性之解釋，不但與國際私法通說之主張相符，其判決內容亦被修正後的第8條予以明文化。結果值得贊同。

　　惟上述臺灣高等法院89年度上字第396號判決理由：「美國內華達州拉斯維加斯，素以經營賭博聞名於世，為眾所周知。賭博行為固為我國法令所禁止，然在美國內華達州為法律所允許之行為」，因此，「則上訴人在該地遊樂賭博，自應尊重行為地之秩序，受該地法律規範，本國法律自無予以保護之必要。」如前所述，惟在無締結國際公約或與菲律賓之間未締結雙邊條約的情況之下，我國法院並非為國際社會或外國的涉外法律關係為裁判，而僅限於針對我國國內之涉外民事法律關係而為私法判斷而已，這也是為何我國法第8條與第25條文義上皆以「中華民國公序」為範圍。上述判決理由以該外國之法律秩序應予以尊重而我國法律無干涉之必要為主要理由，或有欠妥。

　　惟公序良俗條款是否應非僅限於我國國內公序，而應以國際社會所共通的原理原則為基準，乃修法問題，本書樂觀其成。

第二章

權利主體

第9條　權利能力

相關法條

第9條

人之權利能力，依其本國法。

解　析

一、權利能力

　　人之一般權利能力，亦即人格之存否等問題，一般而言係依其屬人法決定之。比較法上縱有若干國家針對自然人的權利能力有準據法的規定，惟我國在修正前之涉外民事法律適用法上並無關於權利能力之明文規定。其理由在於，在今日的文明各國，人即為私法上之權利主體而具有一般權利能力，採取否定自然人權利之國家可謂令人無法想像。準此言之，關於自然人權利能力並無所謂的法律衝突存在，故原則上國際私法不生針對自然人的權利能力之準據法的問題。

　　縱使有若干國家的制度中仍然存在奴隸制度，但是選法的結果倘若適用這些國家的法律為準據法，也會遭到國際私法上公序良俗條款之排除。是故，在國際私法的層面而言，自然人的權利能力可說並無太大問題。比較法上，瑞士國際私法第34條第1項規定：「權利能力，依瑞士法」，而非依人之屬人法，亦可謂以瑞士法上之公序直接否定此問題有法律適用之必要。

二、權利能力的開始與消滅

　　雖然對於自然人的一般權利能力，在國際私法上可說並無衝突存在，但是對於若干的問題，各國的法律仍然存有差異。例如關於人格的始期與終期者是。

㈠人格的始期

　　自然人取得人格的開始，亦即權利能力的始期，因各國的法律規定不同而有所差異。例如我國民法第6條規定，自然人之權利能力，開始於出生，但西班牙民法第30條規定，必須在出生經過24小時後，才取得人格，也才取得損害賠償請求權或繼承權等。因此關於權利能力的規定，因國家而內容有所不同時，對於國際私法的準據法選擇，亦會發生影響。

　　人格的始期等法律衝突問題，或可解為國家法規的強行規定而在法庭地國的公序架構內主張應適用法庭地國法（法庭地法主義）。但多數見解仍然主張應該依照屬人法加以決定之。

　　惟必須注意的是，針對有無繼承權或有無損害賠償請求權等而發生權利能力的始期等問題時，國際私法的理論上，係將這些問題與權利能力切割開來，視為獨立的問題來決定其準據法。換言之，關於人格的始期與終期所衍生的相關問題，例如關於胎兒的贈與，則適用關於契約的準據法，關於胎兒的繼承，則適用關於胎兒繼承的準據法；關於損害賠償請求權，則適用侵權行為法等來加以解決。以瑞士的立法例來說明，該國國際私法第34條第2項的規定：「人格的始期與終期，依以權利能力為之具備為要件之法律關係之法。(The beginning and termination of legal personality shall be governed by the law applicable to the legal relationship which presupposes legal capacity.)」此規定在國際私法理論上即為效果法主義 (lex causae)。

　　綜上所述，針對權利能力的始期之選法問題加以規定可謂並無實益，縱使針對人格之取得與否發生疑問，準據法即依當事人的屬人法決之即可。

㈡人格的終期

　　在國際私法上發生人格的終期問題，即是針對同死的情形。亦即，因同一事故或災難之發生造成複數人的死亡，就死亡的時間之前後順序無法確定時，不得不針對死亡的順序為推定。例如我國民法第11條關於（同死推定）規定，二人以上同時遇難，不能證明其死亡之先後時，推定其為同時死亡。惟關於此問題各國規定不一，故發生法律衝突的現象，似有準據法選擇的必要。

關於死亡順序的推定之準據法，似乎亦應以屬人法決定之。惟如同前述人格的始期一般，此問題多半不會獨立存在，往往涉及繼承或損害賠償請求等權利義務關係，是故其準據法亦應依所涉及之權利義務關係之法律決定即可。

第 10 條　行為能力

⊙ 實　例

㈠ **Y18 歲時因歸化取得我國籍，17 歲時為移民我國而準備**，在原國籍國尼泊爾當地訂購大量傢俱，依該國法的規定，**Y 滿 16 歲時為完全行為能力人**。惟在貨物運送到我國後，Y 拒不認帳，主張依照我國法其為限制行為能力人而拒絕付款接受貨物。尼泊爾之賣家 X 向我國法院起訴，請求判決 Y 如數給付價金等。依照現行法的規定我國法院應如何判決？

㈡**我國籍 18 歲之 Y**，到法國遊學時在當地覓購名牌精品皮包，並與 X 訂購店內缺貨之全部當季商品，約定由 X 負責空運商品到我國後，由 Y 一併給付商品價金與運費。Y 返國後即對其浪費行為心生懊悔，當商品運到我國後，**Y 以其為限制行為能力人且其父母拒絕承認為由，主張其在法國所為法律行為無效，惟 18 歲之 Y 依照法國法律已經成年**。問依照現行涉外民事法律適用法的規定，應如何決定 Y 有無行為能力？

🔍 相關法條

現行法

第 10 條

人之行為能力，依其本國法。

有行為能力人之行為能力，不因其國籍變更而喪失或受限制。

外國人依其本國法無行為能力或僅有限制行為能力，而依中華民國法律有行為能力者，就其在中華民國之法律行為，視為有行為能力。

關於親屬法或繼承法之法律行為，或就在外國不動產所為之法律行為，不適用前項規定。

舊法

第 1 條

人之行為能力，依其本國法。

外國人依其本國法無行為能力或僅有限制行為能力，而依中華民國法律有
行為能力者，就其在中華民國之法律行為，視為有行為能力。

關於親屬法或繼承法之法律行為，或就在外國不動產所為之法律行為，不
適用前項規定。

 解　析

一、行為能力

㈠概　說

　　行為能力云者，係指人為法律行為之能力。行為能力又分為財產上行
為能力與身分上行為能力。針對財產上的行為能力，各國實質法上皆以年
齡或受監護來作為所有財產上行為能力的共同障礙事項，但針對身分上的
行為能力，則無共同的障礙事項，而必須視個別身分行為而定，我國民法
上，身分行為的行為能力，當事人僅須理解身分關係之意義與能力即可，
不以必須是完全行為能力人為必要，且代理人針對限制行為能力人之身分
行為行使同意權，係在保護限制行為能力人之利益，而非行使能力補充權。
未成年人縱有財產上的行為能力，但為身分行為時，仍需法定代理人的同
意（我國民法第 1049 條）。準此，身分行為能力之問題，無法與各該身分
行為切割而論，應解為各該身分行為的實質成立要件而依其準據法決定之。

㈡解釋與適用

1.適用範圍

　　綜上所述，本條之適用範圍如下：

　　⑴本條係關於自然人行為能力之規定。本條之行為能力，專指法律行
為能力，而不包括侵權行為能力。

　　⑵而本條所謂法律行為能力，專指財產法上的法律行為能力而言，不
包括身分上法律行為能力。本條第 4 項規定，關於親屬法或繼承法之法律
行為，或就在外國不動產所為之法律行為，不適用前項規定。本條之適用，

專指財產法上的法律行為，不包括身分法上的法律行為，前已述及，因此第 4 項關於親屬或繼承法的規定，只是一種注意性質的規定，不具實質上的意義。

至於所在位置於外國之不動產無本條第 3 項適用之理由，在內國買賣位於外國的不動產，例如在我國境內為買賣美國紐約的辦公大樓之法律行為，在法律的概念上很難認為是一種內國交易，觀念上仍然是買賣外國不動產的法律行為，因此，排除第 3 項的適用，仍然回歸第 1 項依本國法決定法律行為能力具備與否的原則。又必須注意的是，本項所云就外國不動產所為之法律行為，不僅包括物權行為，亦包括買賣契約或租賃契約等債權行為在內。

(3)關於財產上的法律行為能力之問題，又分為兩大類。第一為依年齡而為限制，亦即成年與否的問題；第二為因精神上障礙而生對法律行為能力的限制，即有關監護宣告的準據法規定（本法第 12 條）。相對於此，關於身分的法律行為之限制，則依該身分法律關係的效力，例如有關妻之行為能力之限制，則依婚姻的效力之準據法（本法第 47 條）之規定決定之。換言之，本條所適用的範圍，僅及於依年齡而對法律行為之行為能力所為限制的問題，亦即成年與否的問題而已。

㈢依本國法原則

1.意　義

本條第 1 項規定：人之行為能力，依其本國法。此乃基於大陸法系國家傳統上所採取的「身分及能力依屬人法」原則，反映出無法律行為能力者之制度係以保護無行為能力者為目的之法律政策。惟對於此種以保護無行為能力人為目的之屬人法主義，是否危害國際性的交易安全，不無疑問。是故，各國在立法上多採有保護內國交易的例外規定（本條第 2 項），而這種例外規定，實際上使本國法主義原則之實質意義喪失殆盡。此外值得注意的是，既然本條係以本國法為準據法，因此有反致規定之適用。

2.國籍變更與行為能力

本條所謂本國法云者，係指法律行為當時之本國法。世界各國的立法

例中,例如葡萄牙民法第 29 條、西班牙民法第 9 條第 1 項第 2 款和德國民法施行法第 7 條第 2 項,採取當事人一旦具備行為能力,其後不因國籍之變更而有所影響,此被稱之為「一旦成年即永久成年 (semel major, simper major)」原則。

我國國際私法修正前並非採取此種立法原則,因此依舊國籍國法上縱使為行為能力人,但在行為當時的本國法為無能力人時,仍然以無能力人處理。惟必須注意的是,此次修正後第 10 條第 2 項規定,有行為能力人之行為能力,不因其國籍變更而喪失或受限制。顯已經改採一旦成年即永久成年之立法。以國籍變更為例,當事人在舊國籍時因 18 歲而成年,19 歲時取得新國籍,而新國籍國的民法規定 20 歲為成年,此時適用本條本項之結果,並不因為國籍變更而喪失行為能力。

3.本國法原則的具體適用範圍

關於行為能力的本國法適用之具體範圍,為成年之年齡、法定代理人的同意權等能力補充權、未成年人所為法律行為之效力與未成年人之營業許可等問題。至於誰為未成年人的法定代理人,則為親權或監護的問題,應依本法第 55 條或第 56 條的規定決之。

4.因婚姻而取得行為能力

未成年人因婚姻而成為有行為能力人之問題(以下稱為成年擬制),在學說上,有將之認為係婚姻效力的問題之見解,與認為係屬各當事人行為能力的問題之見解對立。前說將成年擬制制度之目的解為係為了促進婚姻共同生活的順利,所以擬制當事人為成年;後說認為成年擬制之趣旨在於,婚姻可使當事人身心趨於成熟。基於世界各國多採因婚姻而取得行為能力之制度,多採倘日後離婚,亦不喪失行為能力,應以後說為當,準此,應依夫妻當事人各自的本國法決之,而非依婚姻效力的準據法決之。

㈣保護內國交易主義

1.意　義

以年齡區分行為能力之制度,倘若貫徹本國法主義,則在國際社會間的交易,皆必須對於外國人在其本國法上是否具有行為能力之問題,一一

加以確認，有違交易現實與安全。因此在多數的國家立法例與判例，多在本國法主義之外設有例外規定。

本法第 3 項亦從世界各國之通例，規定外國人在我國為法律行為，倘若依其本國法為無行為能力人或限制行為能力人者，而依我國法為有行為能力人時，視為有行為能力人。此規定即為限制本國法主義之規定，亦即所謂保護內國交易主義。

保護內國交易原則，最早肇始於法國最高法院 1861 年之判例 (l'affaire Lizardi)，有一 23 歲之墨西哥人 Lizardi 在法國購買寶石並簽發 8 萬法郎之支票，其後，該墨西哥人主張依其本國法即墨西哥法當時規定 25 歲為成年，伊為未成年人，所以其支票無效。按當時法國民法第 3 條第 3 項規定，身分及能力依照本國法。是故，適用本國法墨西哥法的結果，Lizardi 所簽之支票無效。但法國最高法院基於保護內國交易主義，適用法國法 21 歲為成年之規定判決支票有效，而限制了本國法主義之適用。爾後，法國判例法的見解受到各國國際私法廣泛的採用。

而在票據法的部分，關於票據的行為能力，基於保護交易安全，國際私法上多採依行為地法，而限制本國法的適用。

㈤保護內國交易主義與行為地法主義

1.解　釋

惟本條第 3 項規定，外國人依其本國法無行為能力或僅有限制行為能力，而依中華民國法律有行為能力者，就其在中華民國之法律行為，視為有行為能力。本項規定在適用上，係以在我國為法律行為之外國人為對象，解釋上所謂在我國之法律行為，應解為現實上，客觀上該外國人身處於我國境內時所為的法律行為的情形而言。

2.善意、惡意或無過失?

本條第 3 項規定之適用，亦不問相對人是否善意與否或有無過失，其理由在於訴訟上，善意與否以及有無過失之舉證困難，因此，縱使相對人知情本人之外國人在其本國法上為無行為能力人，或兩個外國人在我國境內為法律行為，皆有本條之適用。

因此，對於此種立法是否妥當，在學說上迭有批評。最近有若干國家之立法，例如葡萄牙民法第 28 條，德國民法施行法第 12 條和瑞士國際私法第 36 條，皆以相對人必須為善意為要件。

二、對我國立法上之檢討

此次修法，除了與民法相同在國際私法亦改採一旦成年即永久成年之立法外，其他關於行為能力的規定基本上與修正前舊法的規定大致相同。對此，本文認為值得檢討者，為保護內國交易安全的規定，未能擴大至保護交易安全，殊為可惜。所謂保護交易安全，應不以保護內國交易安全為限，尚應保護在外國之交易安全。

舉例言之，保護內國交易安全，如上所述係針對外國人在我國為交易之情形。而保護交易安全，則不分內外國之交易，包括本國人或外國人在外國所為交易之情形。例如我國籍之限制行為能力人在外國為法律行為，其後返回我國後拒不認帳，其法定代理人亦拒絕承認時，在外國相對人向我國法院起訴，適用本法之結果，只能夠依照本條第 1 項之規定適用其本國法即我國法，因法定代理人拒絕承認而歸於無效，對於交易安全之保護，顯有未洽。

比較法上，日本國際私法選法規則之法律適用通則法第 4 條第 2 項規定，法律行為人依其本國法行為能力受限制者，依行為地法為有行為能力人時，以該當法律行為當時所有當事人皆在同一法律之地為限，法律行為人，不受前項之限制，應視為有行為能力人。即是將過去的內國保護主義，擴大到不分內外國，一律保護交易安全之立法，可供我國參考。

三、實例說明

㈠實例一

按本法第 10 條第 1 項所謂本國法云者，係指法律行為當時之本國法。本件被告 Y 在行為當時之本國法為尼泊爾法，依照該國法律 16 歲為成年，是以 Y 訂購傢俱當時為 17 歲已經成年。次按同條第 2 項規定，有行為能力人之行為能力，不因其國籍變更而喪失或受限制。此乃本法修正後已經改採一旦成年即永久成年之立法。是故 Y 雖因歸化取得我國國籍，其因成

年而取得完全行為能力之地位並未因而喪失，對其在尼泊爾所為之法律行為，應負完全行為能力人之責任。

㈡實例二

依照本法第 10 條第 1 項規定，準據法為我國法。故 Y 之法定代理人不為承認時，XY 間的法律行為即無效。

此種結果，對於保護交易安全，顯有未洽，已如前述。立法上，應該考慮將僅僅保護內國交易安全，擴大到保護交易安全，不分內外國之交易，行為人依照行為地法為有行為能力人時，應視其為有行為能力，以保護交易安全。

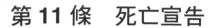

第 11 條　死亡宣告

⊙ 實　例

　　A 夫與 B 妻為荷蘭國籍，在荷蘭結婚之後，夫被其服務之荷蘭企業派駐我國長達 10 年，B 妻亦與 A 夫一同住在我國生活長達 9 年。惟 A 在第 11 年後突然失蹤，音訊全無生死不明，而 B 妻於 A 失蹤滿 7 年後欲向我國法院提起 A 之死亡宣告。問，我國法院應否准許？

🔍 相關法條

現行法

第 11 條

凡在中華民國有住所或居所之外國人失蹤時，就其在中華民國之財產或應依中華民國法律而定之法律關係，得依中華民國法律為死亡之宣告。

前項失蹤之外國人，其配偶或直系血親為中華民國國民，而現在中華民國有住所或居所者，得因其聲請依中華民國法律為死亡之宣告，不受前項之限制。

前二項死亡之宣告，其效力依中華民國法律。

舊法

第 4 條

凡在中華民國有住所或居所之外國人失蹤時，就其在中華民國之財產或應依中華民國法律而定之法律關係，得依中華民國法律為死亡之宣告。

前項失蹤之外國人，其配偶或直系血親為中華民國國民，而現在中華民國有住所或居所者，得因其聲請依中華民國法律為死亡之宣告，不受前項之限制。

解　析

一、意　義

當人陷入生死不明，音訊全無的狀態達一定期間時，法律上推定其死亡，俾以使不確定之財產上或身分上之法律關係得到確定之制度，謂之死亡宣告。日本法上稱之為失蹤宣告，法國法則分為不在宣告與裁判上死亡宣告兩種。

關於其要件與效力各國各有不同，法律衝突於焉而生，例如韓國民法上的一般要件為 5 年，德國民法為 10 年，我國為 7 年；而關於其效力，日本和韓國係擬制死亡，我國和德國則是採推定死亡。

二、基礎理論

關於涉外死亡宣告，國際私法學說在傳統上認為應以本國管轄說為原則。我國之規定，係繼受自日本舊國際私法選法規則法例第 6 條之規定而來，日本的學說通說認為該條之規定係採本國管轄權為原則，日本法院有管轄權乃例外規定。蓋失蹤宣告屬權利能力問題，自然人之人格存否惟有本國關係最切，本國法院才具有失蹤宣告的管轄權，是故日本國際私法上對於外國人在日本境內的財產與法律關係為失蹤宣告乃例外規定❶。

又關於涉外非訟事件，過去在德國曾有部分學者主張所謂併行理論 (Gleichlauftheorie) 或併行原則 (Prinzip des Gleichlaufens)。所謂併行理論，係主張關於非訟事件，例如死亡宣告、監護宣告、指定親權人或監護人、選任遺囑執行人等，管轄權與準據法應該併行的規定。其結果，在非訟裁判上有管轄權即適用該國內國法為準據法。其理論根據在於，非訟裁判和訴訟事件不同，其目的不在於確定權利義務關係，而在於實質法的範圍內為裁量性質的處分，是故相對於訴訟所具有的司法作用，非訟裁判的性質實為行政作用的一環，非訟裁判的法院僅在於助成或監督民事上的生活關係而已。準此，非訟裁判上，實體與程序密不可分，兩者若不一致法律適用上將迭生困難。其結果，準據法為內國法時，內國也同時具有管轄權。

---

❶　溜池良夫，國際私法講義第 3 版，2005 年 6 月，頁 260–261。

此說在德國最初係為了適用德國法為前提所創設之理論，混淆準據法和管轄權的概念，實際上困難叢生無法解決問題，在德國已經無人主張。

三、現行規定

如前所述，涉外死亡宣告在日本傳統學說上認為係以本國管轄權說為原則。惟此說之本意在於權利能力的存否與本國關係最切，故應由本國法院審理，日本法上針對在日本境內的外國人之規定乃例外規定。因此，我國有部分學說認為，本條係涉外死亡宣告之管轄權的規定，實乃誤解。死亡宣告固然必須由法院為之，惟本條並非管轄權之規定而係準據法規定，本條係以在我國境內之外國人為對象，要件上該失蹤之外國人必須在我國有住、居所為限，始有本條之適用。而在我國必須有住、居所之要件，從程序法上來看，其結果，我國法院自然具有死亡宣告之國際管轄權（家事事件法第154條第1項以失蹤人住所地法院有專屬管轄權）。亦即，本條係準據法之規定，只是要件上要求住、居所，其結果同時符合程序法上管轄權的要件而已，據此稱本條為管轄權之規定，實乃倒果為因。林秀雄教授指出：「涉外民事法律適用法僅為法律衝突規則，屬準據法選擇之問題，無關國際民事訴訟之問題。在我國國際私法或民事訴訟法中尋求管轄權規定之根據，是不可能❷。」

我國法上關於死亡宣告之法律效果，並非消滅失蹤人之權利能力，僅以住所為中心消滅其權利能力而已。準此，本條係「得依中華民國法律為死亡之宣告」，其法律效果發生權利能力消滅之範圍，僅以我國境內為限而已，並非完全剝奪該失蹤之外國人之人格，且其效力僅具有推定的效果，與日本法上採擬制死亡的效果不同。

按本條第1項之規定，最重要的要件如下：

(一)其在中華民國之財產

外國人在我國之財產，係指其動產或不動產現實上存在於我國境內而

---

❷　故，林秀雄教授指出，現行涉外民事法律適用法第11條（舊法第4條）僅於例外的情形之下，得以我國法律為該涉外案件之準據法，而為死亡宣告，並未言及管轄權的問題。請參閱林秀雄，論涉外死亡宣告之國際裁判管轄權，收錄於國際私法論文集——慶祝馬教授漢寶七秩華誕，1996年，頁75。

言。倘若為債權，則裁判上的請求之地必須為我國。因此，債務人的住所地為我國或我國為債務履行地的情形屬之。若為智慧財產權，則出版地或登記地在我國時，即可解為外國人的財產在我國。

㈡應依中華民國法律而定之法律關係

所謂應依我國法律而定之法律關係，係指我國國際私法上我國法為準據法之法律關係而言。例如國籍不同但住所為我國之夫妻的婚姻關係、我國人對外國人遺贈或準據法為我國法之契約等是。

四、立法上的問題

按上開通說之解釋，居住於我國之同國籍外國人夫婦，倘若有在我國失蹤的情形，將無法在我國為死亡宣告。蓋夫婦間之法律關係，係夫妻之共通本國法，即應依外國法的法律關係（本法第 47 條、第 50 條）而非「應依中華民國法律而定之法律關係」。當然，當其財產在我國境內時雖符合「其在中華民國之財產」的要件，惟縱使我國法院為死亡宣告，其效力亦不及於上開所述應依外國法的法律關係。亦即，我國法院所為死亡宣告之效力僅及於我國境內之財產與應依我國法律而定之法律關係，而不及於在外國之財產和應依外國法律定之之法律關係，其結果，在我國之同國籍之外國人的婚姻關係將無法消滅。

綜上所述，我國此次修法，本條仍然維持舊條文之規定，並無修正，在下次修法時，要件上似宜另設一例外的處理規定。

五、實例說明

如前所述，本條第 1 項在適用的要件上，必須符合應依我國法律而定之法律關係之要件。所謂應依我國法律而定之法律關係，係指我國國際私法上以我國法為準據法之法律關係而言。例如國籍不同但住所為我國之夫妻的婚姻關係。而針對國籍相同但住所為我國之外國夫妻，其婚姻關係係依照其共通本國法之外國法定之，並非上開應依我國法律而定之法律關係，而係應依外國法而定之法律關係，準此，無法依照本條向我國法院請求死亡宣告。

第 12 條　監護宣告

➔ 實　例

　　我國籍人 A，住所位於美國，因在當地車禍傷及頭部而入院，呈現植物人狀態，其妻 X 不堪龐大醫療費之負擔，欲處分 A 在我國的不動產：

1. X 向我國法院對 A 聲請監護宣告時，我國法院是否能對 A 為監護宣告？

2. 美國法院對於 X 之聲請而對 A 為監護宣告，並以 X 為 A 之監護人時，X 得否直接來我國處分 A 所有之不動產？

💬 問　題

㈠本條之規定為居住在我國境內的外國人，對於居住在外國之我國民的監護宣告問題，應如何處理？

㈡本條與本法第 56 條的規定之間的關係如何？

🔍 相關法條

家事事件法第 164 條第 1 項本文

下列監護宣告事件，專屬應受監護宣告之人或受監護宣告之人住所地或居所地法院管轄；無住所或居所者，得由法院認為適當之所在地法院管轄。

家事事件法第 177 條第 1 項本文

下列輔助宣告事件，專屬應受輔助宣告之人或受輔助宣告之人之住所地或居所地法院管轄；無住所或居所者，得由法院認為適當之所在地法院管轄。

本法第 12 條

凡在中華民國有住所或居所之外國人，依其本國及中華民國法律同有受監護、輔助宣告之原因者，得為監護、輔助宣告。前項監護、輔助宣告，其

效力依中華民國法律。

 解　析

一、基礎理論

法院得對於因精神障礙或其他心智缺陷，致不能為意思表示或受意思表示，或不能辨識其意思表示之效果者為監護宣告；得對於因精神障礙或其他心智缺陷，致其為意思表示或受意思表示，或辨識其意思表示效果之能力，顯有不足者為輔助宣告。此種監護、輔助宣告制度（以下以監護宣告統稱），在於針對欠缺正常判斷能力之人而為醫療看護或財產保護，並將其法律地位透過公示的方法告之於社會以為交易安全之保障，世界各國國內法普遍有之。

過去的傳統學說，從管轄權開始，多認為涉外監護宣告係屬能力問題，應該由本人所屬之本國法院有管轄權。其理由不外乎下列幾點：

1.監護宣告制度係對行為能力為限制之制度，針對當事人應該由擁有對人主權的本國來管轄；

2.監護宣告屬於非訟事件，行使固有的司法作用並非法院之目的，只是在實質法的範圍內，發揮監護或輔助性質的功能而已。是故，管轄權必須和準據法併行考量；

3.又家事事件法第 164 條、第 177 條，除了住所、居所之外，尚有「無住所或居所者，得由法院認為適當之所在地法院管轄」之例外規定，此規定針對居住在外國之我國人應該得類推適用而成立我國的國際裁判管轄權。

倘若採取上述見解，則會發生法院對於在本國境內之外國人無管轄權，而無法給予保護的結果。是故，縱使採本國管轄權說之立場，勢必發生必須承認法院對於居住在本國境內之外國人亦有管轄權之例外的必要。基於上述理由，晚近的學說，多採以住居所地國管轄為原則，本國管轄為例外之立場。其理由如下：

1.行為能力的限制乃私法上的問題，以對人主權的觀念為管轄權的基

礎並不妥當。監護宣告制度之目的在於對當事人本人與社會交易安全為保護，與當事人財產上的保護關係最切者，當屬其居住地國；

　　2.非訟事件，縱使法院只是扮演補充實質法功能之角色，國際裁判管轄權的問題仍然應與準據法的問題加以區分而不宜混為一談；

　　3.本國法院對於居住在外國之本國民的精神狀態或身心狀況之判斷，顯有困難；

　　4.縱使本國法院對居住在外國之本國民為監護宣告，是否受到居住國的承認，不無疑問。縱使在居住國受到承認，惟為宣告之本國法的效力在居住國是否具有保護當事人的實效性，亦不無疑問；

　　5.本國法院所為之宣告，在居住地國並不容易為社會大眾知悉，對於交易安全的保護仍有疑慮。

二、現行規定

　　現行法第 12 條規定，凡在中華民國有住所或居所之外國人，依其本國及中華民國法律同有受監護、輔助宣告之原因者，得為監護、輔助宣告。前項監護、輔助宣告，其效力依中華民國法律。

　　本法之規定，僅針對在我國境內有住居所之外國人，累積適用其本國法與我國法，皆認為有監護宣告或輔助宣告之原因時，得由我國法院為監護或輔助宣告，以保護該外國人的財產安全與我國社會的交易安全。

　　又本條第 2 項規定，宣告之效力依照我國法律定之，準此，舉凡受宣告後的法律地位、能力的限制、能力的補充方法、所為法律行為的效力、誰為監護人及其權利義務等，皆以我國法為準據法。必須注意的是，本條第 2 項的規定與本法第 56 條第 1 項但書的規定前後呼應，相互整合，效力的準據法皆為我國法。

　　又本條規定係準據法之規定，我國有學說認為此係監護宣告的管轄權規定，顯有誤會。

三、實例說明

1. X 向我國法院對 A 聲請監護宣告時，我國法院是否能對 A 為監護宣告？

　　如上所述，現行法並未針對在外國之我國國民發生監護宣告原因的情

形而規定。就實例 1 的情形，按類推適用家事事件法第 164 條第 1 項本文「無住所或居所者，得由法院認為適當之所在地法院管轄」之規定至涉外監護事件，我國法院尚非完全無管轄權，此時，由我國法院對 A 為監護宣告，並由其妻為監護人來處分在我國境內之不動產以支付其龐大的醫療費用，並不違背監護宣告制度保護 A 之本旨。

2.美國法院對於 X 之聲請而對 A 為監護宣告，並以 X 為 A 之監護人時，X 得否直接來我國處分 A 所有之不動產？

　　美國法院基於 X 之聲請，對 A 為監護宣告時，其效力應該是依照美國當地衝突法上的法則。有問題者，依照外國法院所為的監護宣告而在我國境內所為法律行為是否有效，不無疑問。在現行體制上，並無針對外國法院所為之監護宣告於我國行公示之方法，是故認其有效或有違我國之交易安全。

　　惟本例之情形，並非受監護宣告人本人所為之法律行為有效性之問題，而係外國法院所為監護宣告所選任之法定代理人在我國境內所為法律行為之問題，對於交易安全之保護並無違背，無否認其有效性之理由，應解為有效。此外，我國非訟事件法第 49 條對於外國的非訟裁判本有承認之規定，X 亦可持美國法院監護宣告的裁判來向我國的法院聲請承認，之後，外國監護宣告裁判的效力即可及於我國，自不待言。

第13條－第15條　法　人

 實　例

　　被上訴人（義大利銀行）X 起訴主張：上訴人 Y（我國法人）於 1992 年分別與 A 銀行簽訂保證契約，約定就 Y1（香港公司）向 A 銀行借款之一切債務（含本金、利息、手續費及已支付之法律費用等），於美金 150 萬元之範圍內，共同擔任 Y1 公司對該 A 銀行之保證人，嗣 A 銀行於 1996 年將上揭消費借貸與保證契約債權全部讓與被上訴人 X。而 Y1 未按期清償借款本金港幣 116 萬及美金 53 萬 4600 元，經被上訴人 X 向香港法院對 Y1 提起訴訟，香港法院於 1996 年判決 Y1 應給付 X 本金港幣、美金若干，及至判決日之利息港幣、美金若干，以及算至清償日止之利息及相關法律費用，為此本於保證契約之約定及債權讓與法律關係，求為命 Y 連帶清償港幣及美金若干，及其中港幣及美金若干及利息之判決。

　　上訴人 Y 則以：上訴人 Y 公司無保證能力，且其法定代理人甲代表該公司為保證時，未經 Y 公司董事會認定及決議；系爭保證契約違反公平互惠及誠信原則，對 Y 顯失公平，**依我國消保法之規定**，應認為無效，香港法院此部分判決既與我國消保法規定不符，我國法院自不受其拘束；Y 有先訴抗辯權；香港法院判決命 Y1 香港公司給付之金額包括判決前該公司應給付之利息，X 竟將前揭判決所載之利息再加計利息，有悖我國民法第 207 條第 1 項之規定；否認 X 所提律師費用相關單據之真正，且 X 並無聘請律師處理法律事務之必要；香港政府不承認我國判決，若准 X 以香港法院准許之利率計算利息，無異承認香港判決，此與我國民事訴訟法第 402 條規定相違背等語，資為抗辯。

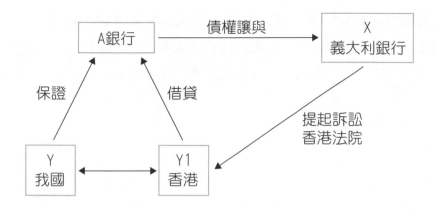

問　題

㈠法人的屬人法如何決定？

㈡法人的行為能力之準據法，應如何決定？

判決要旨

臺灣高等法院 88 年重上字第 413 號判決

1. 「查被上訴人係於西元 1605 年於義大利羅馬設立之有限責任銀行，其地址係位於義大利羅馬明海提街 17 號，郵政區號 00187，此有香港政府依當時有效之銀行條例第 155 章第 7 條第 1 項規定核發之營業執照，及於西元 1992 年時香港公司註冊組核發與被上訴人之海外公司註冊證可稽（見原審卷㈠第 276 至 279 頁），且為兩造所不爭，其雖未在我國設立登記營業並經我國認許，屬未經認許之外國法人，惟依前揭規定及判例意旨，仍應認為被上訴人為非法人團體而有當事人能力。上訴人抗辯被上訴人無當事人能力云云，委無足取。」

2. 「按人之行為能力，依其本國法，涉外民事法律適用法第 1 條第 1 項（現為第 10 條第 1 項）定有明文。故在我國國際私法上，『公司屬人法』應為公司設立之準據法。上訴人大宇公司係依我國法律設立之公司，是該公司之行為能力，自應適用我國法律定之，其得否擔任保證人，為法律對公司為法律行為能力之限制，應依我國法律定之。而依我國公司法第

16 條第 1 項規定，公司為保證人者，以依其他法律或公司章程規定得為保證者為限，故上訴人大宇公司簽訂之系爭保證契約是否有效，胥視該公司章程或其他法律是否允許其為保證人而定。」

相關法條

現行法

第 13 條

法人，以其據以設立之法律為其本國法。

第 14 條

外國法人之下列內部事項，依其本國法：

一、法人之設立、性質、權利能力及行為能力。二、社團法人社員之入社及退社。三、社團法人社員之權利義務。四、法人之機關及其組織。五、法人之代表人及代表權之限制。六、法人及其機關對第三人責任之內部分擔。七、章程之變更。八、法人之解散及清算。九、法人之其他內部事項。

第 15 條

依中華民國法律設立之外國法人分支機構，其內部事項依中華民國法律。

舊法

第 2 條

外國法人經中華民國認許成立者，以其住所地法為其本國法。

 解　析

一、國際私法上之法人

法律上具有一般權利能力之權利主體，除了自然人之外，即是被賦與法人格之社團或財團。惟有問題者，在於何種要件之下，始承認社團或財團之法人格，又法人的種類與內容，因國家而異。因此，針對特定的團體判斷其是否具有法人格時，究竟應該依據何國之法律，遂成問題。此問題為關於準據法之決定問題，乃國際私法（衝突法）應處理的範疇，自不待言。

　　此外，在目前國際社會上，各國的實質法上對於內國法人與外國法人之對待，是有差別的。例如我國法上關於外國法人之認許（民法總則施行法第 11 條），權利能力的享有（民法總則施行法第 12 條第 1 項），和我國法人是有差別待遇的。是故，法律上究竟如何區別內國法人與外國法人？

　　上述關於判斷法人格之有無的問題，和如何區別內外國法人的問題，在本質上是不同的，前者乃國際私法上的問題，後者乃內國實質法的問題。亦即，論理邏輯上，在國際私法上應先決定某團體是否具有法人格，其一般權利能力之準據法應如何決定？在依照準據法得到其具有法人格的結論後，始有區別其為本國法人或外國法人之必要。而其區別之基準，則已非屬國際私法準據法的問題，而係直接依我國的實質法（民法、民法總則施行法、公司法或銀行法等等）來加以判斷。

二、法人的屬人法

　　法人在國際私法上的問題，即是指法人的屬人法之決定，以及其適用範圍之問題。

　　法人的屬人法 (personal law)，即指規範法人是否具有一般權利能力之準據法。法人的屬人法，又被稱之為法人之本國法或從屬法。法人是否具有法人格，而為法律上之權利主體，完全依照其屬人法決定之。其結果，屬人法為外國法而有效成立之法人格，係屬適用該外國法後之效果，在內國被當然加以承認，此在全球皆然。

三、法人的屬人法之決定

　　國際私法上如何決定法人的屬人法，傳統上有設立準據法主義，為英美法、日本、荷蘭、瑞士、舊蘇聯、波蘭、匈牙利與舊南斯拉夫等東歐各國所採，與根據地法主義（又稱之為住所地法主義），為德國、奧地利等西歐國家所採。

㈠設立準據法主義

　　所謂設立準據法主義，即指法人不論是依特許主義、許可主義或準則主義，法人之設立，係依特定國家的法律來設立，而被賦與法人格。準此，應該將法人設立之際所依據之法律，作為法人的屬人法，決定某法人是否

具有法人格。

㈡住所地主義

法人的住所地法主義，認為與法人最具有密切關聯性者，即為法人的根據地。此外，從保護與法人有交易關係之相對人的角度看來，法人的根據地亦應該被作為判斷法人屬人法的基準。準此，決定某法人是否具有法人格，應該依據其經營、指揮的中心地（總部）根據地之法律決之。

兩種主義各有優缺點。就法人的住所地法說而言，法人以其總部之所在地為法人的住所。惟在規模較大的跨國企業，其總部如何決定，在現實上容易發生曖昧不明的情形。例如學說上，決定法人總部的學說，計有法人的業務中心地說，法人的經營指揮中心地說。又關於後者，又有事實上的經營指揮中心地說和章程上的經營指揮中心地說兩說。

依設立準據法說，法人的屬人法連結因素較為固定，不易隨意變更。惟設立準據法說最大的缺點，在於實務上，有很多公司依 A 國法而設立，但其事實上的活動範圍其實都在 B 國，而和 A 國之間並不具有任何的關聯性。這種情形，從保護交易安全、法人意圖法律迴避、逃漏租稅的觀點來看，設立準據法並非全無漏洞。

四、法人屬人法之適用範圍

法人的屬人法除了決定法人是否具有法人格外，還適用在哪些事項，係屬法人屬人法的適用範圍。採設立準據法說者之立場，屬人法既然賦予法人格，倫理上從法人的成立到消滅之間的所有問題，皆為法人屬人法的適用範圍所規範。具體言之，包括法人的內部組織與外部關係、行為能力與對侵權行為之責任能力等是。

㈠法人的權利能力、成立、內部組織與內部關係

法人的屬人法，對於有關於法人的成立問題有所適用。例如，成立法人的要件、章程的訂定與應記載事項、主管機關的許可、登記的效力問題等等。此外，屬人法尚規範法人內部組織與內部關係。例如，法人的機關之種類、社員人數、對內的職務權限、法人與社員之間的關係、社員的管理義務關係、社員資格可否轉讓等等問題。

㈡法人的行為能力

關於法人的行為能力之問題，即是指法人機關職務上的權限之問題，亦即法人機關代表權之有無與其代表權的範圍之問題。原則上此問題亦應依其屬人法決定之。惟，從保護交易安全的觀點看來，屬人法的適用必須受到行為地法適當的限制。

質言之，當法人的行為能力成為爭點的時候，例如，法人只有何種機關才能為法律行為（亦即前述法人機關代表權之有無與其代表權的範圍之問題)？成為爭點時，有鑑於交易之相對人的保護，應該擴張第 10 條第 3 項內國交易保護主義的立法目的，類推適用於法人的行為能力問題，以行為地法「依中華民國法律法人有行為能力者，就其在中華民國之法律行為，視為有行為能力」。

舉例言之，倘若我國為法律行為之行為地，該法人的章程上對於董事有所限制，依該法人的屬人法之規定，若得對抗善意第三人時，應該解為不得對抗善意第三人（我國民法第 27 條第 3 項）。在立法例上，瑞士的國際私法即是採取類似的立法。

㈢法人的侵權行為能力

關於法人的侵權行為能力，亦即，何人所為的侵權行為，得視為法人的侵權行為，而與該行為人連帶負損害賠償責任？在學說上有兩說，一為依法人的屬人法說（依法人的屬人法來決定)；一說認為應與自然人的侵權行為相同，適用第 25 條之規定。

前說乃過去的多數說，後說在近來學界有壓倒前說的趨勢。而兩說最主要的差別在於，前說著重的是，防止屬人法上，法人或其社員遭到無法預測的損害賠償責任；而後說則從保護受害人的立場出發，認為就算依法人的屬人法不應該負侵權行為責任，但依侵權行為地法，法人應該負損害賠償責任時，則應該令法人負侵權行為之損害賠償責任。

㈣法人的消滅

法人的屬人法，對於有關法人的消滅，例如解散原因或清算程序等問題，亦應有所適用。

五、我國之立法

　　修正前舊法第 2 條規定外國法人之本國法：外國法人經中華民國認許成立者，以其住所地法為其本國法。針對法人，僅此一條。依本條之規定，可見修正前我國國際私法上對於法人的屬人法並未規定，但規定經過我國認許之外國法人，以其住所地法為本國法。換言之，對於本條係屬規定外國法人之屬人法，以住所地法為其連繫因素。惟有問題者，何謂外國法人，國際私法上並無規定。「外國法人」之定義，如前所述，乃區別內外國法人不同之問題，乃內國實質法上的問題，而非國際私法上的問題。

　　在國際私法的論理邏輯上，首先應該依選法理論來定法人的屬人法，以確定法人是否具有法人格。確定得為權利主體之後，該法人究竟是內國法人抑或是外國法人，再依法庭地國的實質法來決定該法人究竟是否屬於「外國公司」❸。準此言之，舊法第 2 條之立法，在國際私法的選法理論上乃一不當之立法。

　　修正後現行法第 13 條明定，法人，以其據以設立之法律為其本國法，顯係採設立準據法主義之立場。是故，關於法人的內部事項與外部關係，皆依照其本國法（屬人法）決定之，乃當然之理，準此，第 14 條針對外國法人的內部事項，規定依其本國法之規定，似乎沒有必要。

六、實例說明

　　本件判決，係在現行法修正之前舊法時代之案例，如前所述，舊法對於法人的屬人法如何決定，並無明文規定，且本件之爭點，涉及法人的法律行為能力問題，本件判決要旨謂：「按人之行為能力，依其本國法，涉外

---

❸　若我國是法庭地國的話，則先依我國的國際私法判斷該法人是否具有法人格，在獲得肯定的答案之後，再依我國的實質法來辨別，該法人究竟是內國法人還是外國法人。我國的實質法中就外國法人有所規範者，例如公司法第 4 條：「本法所稱外國公司，謂以營利為目的，依照外國法律組織登記，並經中華民國政府認許，在中華民國境內營業之公司」；外國人投資條例第 3 條第 1 項：「本條例所稱外國人包括外國法人」。第 2 項：「外國法人依其所據以成立之法律，定其國籍」；銀行法第 116 條規定（定義）：「本法稱外國銀行，謂依照外國法律組織登記之銀行，經中華民國政府認許，在中華民國境內依公司法及本法登記營業之分行」。

民事法律適用法第 1 條第 1 項定有明文。故在**我國國際私法上**，**『公司屬人法』應為公司設立之準據法**。上訴人大宇公司係依我國法律設立之公司，是該公司之行為能力，自應適用我國法律定之，其得否擔任保證人，為法律對公司為法律行為能力之限制，應依我國法律定之。而依我國公司法第 16 條第 1 項規定，公司為保證人者，以依其他法律或公司章程規定得為保證者為限，故上訴人大宇公司簽訂之系爭保證契約是否有效，胥視該公司章程或其他法律是否允許其為保證人而定。」

　　值得注意的是，本件法院似乎認為在舊法時代第 1 條的規定，同時規範自然人與法人的法律行為能力，皆應依照本國法，而法人之設立本國法亦即屬人法，則應採設立準據法，在當時欠缺明文規定的情況之下，本件我國法院所為法律欠缺之補充解釋，與本法修正後所採之立場不謀而合，是一參考價值極高之案例。

第三章

法律行為之方式及代理

第 16 條　法律行為的方式

實　例

從 C 國到臺灣留學的 X 和 Y，在臺灣以口頭締結了 C 國幣 100 萬（等值於新臺幣 500 萬）的消費借貸契約，雙方之間並達成以下的合意：即「關於本契約之成立和效力依 C 國法」。而依 C 國法，超過 100 萬金額的消費借貸契約必須作成書面，且須公證。問，XY 在臺灣發生爭執時，當事人間的消費借貸契約是否有效？

相關法條

現行法

第 16 條

法律行為之方式，依該行為所應適用之法律。但依行為地法所定之方式者，亦為有效；行為地不同時，依任一行為地法所定之方式者，皆為有效。

第 22 條

法律行為發生指示證券或無記名證券之債者，其成立及效力，依行為地法；行為地不明者，依付款地法。

舊法

第 5 條

法律行為之方式，依該行為所應適用之法律，但依行為地法所定之方式者，亦為有效。

物權之法律行為，其方式依物之所在地法。

行使或保全票據上權利之法律行為，其方式依行為地法。

解　析

一、國際私法上之法律行為

　　國際私法上，法律行為的問題，區分為實質的問題和方式的問題兩種。所謂法律行為的實質，係指法律行為中實質的成立要件與法律行為的效力問題；法律行為的方式，係指法律行為中形式的成立要件。而在國際私法上，要將兩個問題加以區別的理由在於，對於法律行為的實質要件問題，並無對於所有法律行為共通的一般性規則，而必須依照個別的法律行為來規範其準據法；而對於法律行為的方式，則存在有一共通適用於所有法律行為的一般性規則存在，於我國法，規定在本法第 16 條。

　　至於法律行為的實質要件以及其效力問題，如前所述，並無一個得共通適用於全部法律行為的規則，物權法上的法律行為依物權的準據法、債權法上法律行為依債權的準據法、親屬法上的法律行為依親屬關係的準據法、繼承上的法律行為則依照繼承的準據法決之。

　　此外，有關於法律行為的成立要件之意思表示的問題，應該各依不同的法律行為之準據法來決定。亦即，意思表示的內容是否可能、合法、意思表示是否有瑕疵（例如有無心中保留，通謀虛偽的意思表示，錯誤、詐欺與脅迫等，究應為無效或得撤銷），還有例如意思表示的生效時期，應採發信主義、到達主義還是了解主義，各國規定不同，應由個別之法律行為的準據法來決定。

二、解釋與適用

㈠「法律行為」

　　本條本文所云之法律行為，包括債權行為、物權行為和準物權行為。雖然在實務上關於法律行為的方式發生爭議者，多涉及契約事件，但本條並非專指契約，係針對法律行為全體之一般性的規定。

　　舊法第 5 條第 2 項規定，物權之法律行為，其方式依物之所在地法。此項之規定顯然和舊法第 10 條第 1 項有所重疊，第 2 項在立法上是否有必要，不無疑問。修法前即有學說認為，立法的方式上，似可將第 2 項併入

第 10 條，由第 10 條統一規範物權的（方式和效力）準據法，第 3 項則另外獨立規定。而本次修正，即是採取上述方向進行修法。

㈡「法律行為的方式」之意義

所謂法律行為的方式，係指當事人為意思表示時，其外部的形式問題。例如債權的契約是否口頭也可成立、是否以書面為必要、又書面是否必須簽名與蓋章、此書面是否必須政府機關的公證；物權的法律行為是否應該登記、契約是否應由公證人作成公證書、贈與是否應以書面為之、婚姻是否以宗教上的儀式為必要、遺囑的成立是否需要證人在旁等等。

而實務上，法律行為方式之準據法，其爭議最常發生於契約之成立問題。蓋各國法律關於何種契約應為要式契約，其方式如何，以及不備法定要式或約定要式之契約，其法律效果如何，規定不一。

㈢「方式」依「效力」的準據法

本法第 16 條前段規定，法律行為之方式，依該行為所應適用之法律。亦即，關於契約，依當事人的意思所選擇的法律（第 20 條第 1 項），關於物權的法律行為依物之所在地法（第 38 條第 1 項）。**換言之，方式的問題，基本上屬於關於效力的準據法的適用範圍。**

在我國的涉外裁判實務上有若干案例值得參考，例如最高法院 57 年度台上字第 2771 號判決要旨：被上訴人向日商千○田會社承買系爭船體且在日本訂約，係一涉外民事案件，依涉外民事法律適用法第 5 條（現行法第 16 條）規定，法律行為方式，依該行為所應適用之法律，但依行為地法所定之方式者，亦為有效，而依日本商法海商編規定，船舶全部或一部之讓與，只須當事人合意，即生效力，非以書面之作成或經承買人所屬國家之駐日領事館蓋印證明為生效要件，又沈沒於海底之動產之讓與，如於當事人間有讓與書面之作成，且為授受時，則應解為已有民法上所稱之支付，是被上訴人即已取得系爭壽光丸輪船體之所有權。

此外，最高法院 74 年度台上字第 2801 號判決要旨謂：兩造間之買賣契約係在加拿大訂立，依我國涉外民事法律適用法第 6 條第 2 項（舊法）規定，自應適用加拿大法。又訟爭匯票四紙係在加拿大作成，依同法第 5

條第 1 項但書（現行法第 16 條）及第 6 條第 2 項（舊法）規定，亦應適用加拿大法。該匯票四紙之形式與內容皆符合加拿大票據法第 17 條第 1 項規定，均合法生效。上訴人係在我國於訟爭匯票四紙正面蓋章，並記載其日期，有該匯票四紙可稽，依我國票據法第 43 條規定，即生承兌之效力。

㈣行為地法的適用

綜上所述，法律行為的方式，是否不依效力的準據法，即無法成立？本條但書之規定，但依行為地法所定之方式者，亦為有效。此種以行為地來作為第二階段的連結因素之立法，係基於自古以來即被廣為肯認的「場所支配行為」原則之思想。

1.「場所支配行為」原則

「場所支配行為 (locus regit actum)」係指於某地發生的法律關係，應依當地之法律決之。這個自古以來受到廣泛肯認的原則，原係法律行為之成立的一般指導原則，但是當準據法上的方式在行為地法上無法實行時，將導致當事人必須選擇一個能夠實行的場所來進行行為（例如在無公證人制度的國家必須作成公證書），對當事人而言發生極大的不便。因此，這個原則的適用，現在已經被限縮在僅適用於法律行為的方式問題，亦即，「場所支配行為的方式 (locus regit formam)」。

其結果，法律行為的方式之準據法，不論是依效力的準據法，或是依行為地法都可以有效成立，這種依其中之一的準據法即可有效成立的規範，在立法上係一種選擇性的適用。反過來說，在國際私法上，法律行為的方式不具效力的情形，只有在依效力的準據法無效，而且依行為地法也無效的情形下才有可能發生。

2.立法上之理由

關於法律行為的方式在立法上採取如此寬鬆的理由，最主要在於保護當事人對於系爭契約為有效的期待，並促進確保國際間交易的安全，因此在法政策上必須採取使涉外法律行為易於成立的寬鬆政策。

三、跨地的法律行為

本條但書後段規定，行為地不同時，依任一行為地法所定之方式者，

皆為有效。此為關於跨地的法律行為之規定。理論上，行為地有複數的情形，行為地應如何決定，不無疑問。我國舊法上並無規定，修正後現行法第 16 條填補了此一法律欠缺。

（一）概　說

在適用舊法第 5 條第 1 項但書「場所支配行為」之補充規定時，所會發生的問題為，倘若該法律行為係一種跨國或跨越不同法域 (jurisdiction) 的法律行為，例如發出要約之地點在紐約，臺北為承諾之地點，此時所發生之問題為，何者才是所謂的「行為地」？

在跨地的法律行為當中，有跨地的單獨行為和跨地的契約兩種。**關於跨地的單獨行為，其意思表示的發出地，即是所謂的行為地，固無問題。**惟在跨地的契約，發出要約之地點和發出承諾的地點橫跨兩個法域或國家時，何者才是行為地，影響準據法的決定。

有學說認為，於此情形，關於法律行為的方式，「場所支配行為」在跨地的法律行為的情形並無適用。

（二）學　說

1. 雙方行為地說

此說認為，原則上要約地和承諾地兩方都算是行為地，是故，法律行為的方式，必須同時具備要約地法和承諾地法兩方所規定的方式。

此說要求表意地法的累積性的適用，這種見解將造成法律行為的方式之履行更加困難，和依行為地法之原意有所違背。依行為地法來決定法律行為的方式之原意，在於提供當事人最大的方便，使契約易於成立。若採此說，倘若發生依 A 地之法律，B 地法上所要求的方式是不被允許的時候，將發生適用上的困難。因此，此說並不妥當。

2. 要約地說

此說認為，若雙方行為地說不妥當時，只好從要約地和承諾地之間兩者擇一來作為行為地。因此，應該以要約地為行為地。

惟此說最大的困難在於，若以要約地為行為地，如何要求承諾人按照要約地法律所規定的方式來為承諾？其履行在現實上並不容易，又如果承

諾地法並不承認要約地法上所規定的方式時，此說之見解在現實上根本不可能達成。

3.擇一說（有利地法）

此說主張，法律行為的方式，只要依要約地法或承諾地法的任何一方有效時，即得有效成立。依此說，從要約地法和承諾地法當中，選擇一對當事人有利的一方之法律作為準據法，因此，在學說上又被稱之為有利地法說。

在國際公約的實踐上，1980 年羅馬公約第 9 條第 2 項規定：「處於不同國家的當事人之間的契約，……（中略），依任何一方之國家的法律所定的方式為之時，方式上皆為有效」。

惟必須注意的是，此說仍然無法解決前述之困難：即，如選擇的是要約地法，就算要約得依要約地法，但是承諾卻無法依要約地法的情形；反之，若選擇的是承諾地法，承諾雖得依承諾地的方式，但要約依要約地法的規定卻不能依承諾地法的方式為之的情形。我國現行法本條但書係採此說。

4.各方行為說

此說主張，要約依要約地法上規定的方式，承諾依承諾地法上規定的方式。依此說，在實際上比較不可能發生前述之困難，因此，此說目前在理論上被認為是較為妥當的學說。

四、方式不備之效果

法律行為，不論是依該法律行為的效力規定，抑或是依行為地法，其方式皆有不備的情形時，其效果應該依何種法律來加以決定？原則上，應該朝寬鬆的方向去解釋，儘量讓當事人之間的法律行為得以成立。例如，若一方的法律規定，方式不備之法律行為無效，而另一方的法律規定，方式不備者並非當然無效，而係得向法院聲請撤銷，此時，應該朝適用後者的規定去選擇準據法。

五、票據、證券

在現行法修法之前，舊法規定對於行使或保全票據行為的方式，依行為地法。最高法院 72 年度台上字第 2019 號判決要旨：「票據係在香港作成，付款地亦在香港，則依涉外民事法律適用法第 5 條第 2 項及第 6 條第

2 項規定，認定系爭字據是否屬於本票，應以行為地即香港法律為準據法。查該字據係以英文作成，內稱：被上訴人願於民國 64 年（即西元 1975 年）10 月 10 日起算二年後，給付上訴人美金 50 萬元，以換取由文〇克林頓公司出具同額借據。該借據所載權利及利息應讓與於被上訴人。並指定香港美國銀行西角分行為付款人。經原審函請外交部囑託我國派駐香港地區之機構中〇旅行社調查，認為依香港法律規定，被上訴人出具之上開字據，應具有本票之效力。雖其中載有上訴人應為對待給付之條件，其票據並不因而歸於無效，上訴人於提示付款時，應證明該記載之條件經已履行（成就），付款人始可付款。故上訴人因行使追索權，請求被上訴人給付票款時，仍應依本票所載為對待給付，所附條件始屬成就。」

　　現行法增設第 22 條規定，法律行為發生指示證券或無記名證券之債者，其成立及效力，依行為地法；行為地不明者，依付款地法。

　　稱指示證券者，謂指示他人將金錢、有價證券或其他代替物給付第三人之證券。稱無記名證券者，謂持有人對於發行人，得請求其依所記載之內容為給付之證券。現行法新設第 22 條，關於其成立與效力，依照行為地法，行為地不明時依付款地法。本條之立法理由二指出：「各國法律在票據制度之外，多設有指示證券及無記名證券之制度，以補票據制度之不足，而關於指示證券及無記名證券之規定，各國法律並非一致。爰仿票據之例，明定其成立及效力，依行為地法，行為地不明者，依付款地法。」可以得知，我國關於指示證券與無記名證券之債的準據法，係「仿票據之例」。

　　惟票據和證券係屬要式行為，關於判斷其方式的準據法之行為地，應以「簽名地」為行為地，而所謂簽名地，係指事實上的簽名地，票據上所記載的行為地僅具有推定的效果❶。

六、實例說明

　　上開實例，依效力之準據法 C 國法，系爭消費借貸契約即便無從以口頭的方式成立契約，依行為地法之我國法倘若口頭契約係屬有效，則系爭契約亦成立而且有效。

----

❶　川又良也，手形，涉外判例百選第 3 版，頁 89。

第 17 條－第 19 條　代　理

🔍 相關法條

第 17 條

代理權係以法律行為授與者，其代理權之成立及在本人與代理人間之效力，依本人及代理人所明示合意應適用之法律；無明示之合意者，依與代理行為關係最切地之法律。

第 18 條

代理人以本人之名義與相對人為法律行為時，在本人與相對人間，關於代理權之有無、限制及行使代理權所生之法律效果，依本人與相對人所明示合意應適用之法律；無明示之合意者，依與代理行為關係最切地之法律。

第 19 條

代理人以本人之名義與相對人為法律行為時，在相對人與代理人間，關於代理人依其代理權限、逾越代理權限或無代理權而為法律行為所生之法律效果，依前條所定應適用之法律。

💡 解　析

代理關係中，有三個法律關係必須釐清，即：

1.本人與代理人內部之間，可能存在委任、僱傭或承攬的契約關係（內部關係）。

2.代理人對相對人所為之代理行為。

3.本人對於代理人所為授予權力之授權行為（外部關係）。

而代理的準據法之決定，即是針對上述 3.外部關係所為。

學說理論上，最主要有兩大代表性學說，一為授權行為準據法說，一為代理權行使地法說。

一、概　說

代理云者，代理人於代理權限內，依本人之名義為意思表示，而其效力直接發生於本人。

法律行為是否可以代理？此係法律行為的實質問題，應該依各法律行為之準據法來決定之。例如，關於物權之處分，是否可以代理，應該依物權的準據法，也就是物之所在地法來決定。

又在任意代理，本人與代理人之間、代理人與相對人之間、本人與相對人之間，存在所謂的三面關係。在國際私法上，這三面關係的任何一面，其準據法如何決定，不無疑問。

二、法定代理

㈠本人與法定代理人之間的關係

法定代理，係基於法律規定而發生，誰具有代理權，其代理權限制範圍如何等問題，**應該依代理權發生原因之法律關係的準據法**。

例如，父母之法定代理權，應該依照規範父母子女關係之親權的準據法，也就是父母子女之間的法律關係之準據法（舊法第 19 條，現行法第 55 條）來決定。監護人之代理權，應該依照監護的準據法（舊法第 20 條，現行法第 56 條）來決定。準此，本人與法定代理人之間的關係，應該本於上述原則所定之準據法來決定。

㈡本人與相對人之間的關係

而法定代理人所為法律行為之相對人與本人之間的關係，原則上亦依前開 1.所述之準據法來決定。

㈢法定代理人與相對人之間的關係

法定代理人與相對人之間的關係，亦即法定代理人對相對人為法律行為時，其代理行為之成立與效力的問題，應依照其代理行為的性質來決定其準據法。例如，當代理行為係屬買賣契約時，則關於其成立與效力，依照契約的準據法（現行法第 20 條）；代理行為若為物權行為，則依照物權的準據法（現行法第 38 條）。

三、任意代理

㈠本人與代理人之間的關係

於任意代理的情形，是否有代理權的授與（授權行為是否存在），又代理權授與的範圍如何，基本上，依本人與代理人之間的明示合意的授權行為（依照法律行為授與代理權）之準據法來決定。

通常，任意代理之代理權授與，存在於本人與代理人的外部關係之中，代理權之有無，即是依照本人與代理人之間明示授權行為的準據法。倘若無此明示的準據法，而在本人與代理人的內部關係之間存在有契約的關係（內部關係），例如委任契約或僱傭契約。此時，關於其授權行為的準據法（是否有代理權的授與，代理權的授與範圍如何），即應解為當事人之間存在有依內部契約關係的準據法為準據法之默示的意思表示。

㈡本人與相對人之間的關係

在本人與相對人之間，針對誰是代理人，該人有無代理權或代理權範圍到哪裡發生爭執的時候，其準據法應如何決定，有下列四說：

1.關於代理權是否存在及其範圍，應依照授權行為的準據法決之。所以代理人與本人之間的關係，也應該依照授權行為的準據法決之。

2.相對人對於授權行為的準據法之內容如何，未必知悉，也不容易了解，自保護交易相對人的立場，應該要依照代理行為的準據法決之。

3.同樣從保護交易相對人的立場，應該要依照代理行為的行為地法決之。

4.關於代理權是否存在及其範圍如何，原則上，應該要依照授權行為的準據法決之。惟基於保護交易相對人之理由，縱使依授權行為的準據法而得到代理權不存在的結果時，倘若依代理行為的行為地法而能得到代理權存在的結果時，應解為代理權存在；此外，依授權行為的準據法而得到逾越代理權的結果時，依照代理行為的行為地法若能得到不逾越代理權的結果時，應解為在授權的範圍內，不逾越代理權的範圍。

以上四說，除了第一說係基於保護代理人的立場之外，其餘三說，皆是從保護交易相對人的立場出發。其中，第四說對於交易相對人之保護最

為完善，且在法學方法上較為完整。

(三)代理人與相對人之間的關係

代理人與相對人之間的關係，與上述法定代理的部分同。亦即，代理人與相對人之間的代理行為，必須依其代理行為所為之法律行為的性質決定之。例如，當代理行為係代理而為買賣契約時，則關於其成立與效力，依照契約的準據法；代理行為若係物權行為，則依照物權的準據法。

四、表見代理與無權代理

首先，依照本人與代理人之間關於授權行為的準據法縱使被認為有表見代理或無權代理的情形時，在代理行為的行為地法上，代理人卻成立有權代理時，應解為有權代理，蓋從保護交易安全的立場，倘若行為地法對相對人有利時，應依行為地法之故。

又，在表見代理或無權代理時，就本人與相對人之間的關係，特別是關於本人對相對人之責任問題，學說上有下列各說：

1.授權行為準據法說：為了保護本人，應依照授權行為的準據法；

2.代理行為準據法說：此為代理行為的效力問題，應該依照代理行為的準據法；

3.代理行為準據法與授權行為準據法的累積適用說：為保護本人，故應累積適用代理行為準據法與授權行為準據法後，兩個法律皆認為本人應該對相對人負責時，才成立本人的責任；

4.代理行為之行為地法說：該受保護者，為相對人，故應適用代理行為行為地法；

5.以代理行為的行為地法限制授權行為準據法說：本人對相對人之責任，原則上應依照授權行為的準據法，惟為圖相對人之保護，應以代理行為的行為地法加以限制之。

上述 5 說，在日本以第 5 說得到的支持較多。此說在法學方法上，係基於保護交易安全，擴張解釋行為能力關於內國交易的保護（第 10 條第 3 項）之規定並加以類推適用。

惟晚近日本學說通說的見解，逐漸趨向於認為沒有將代理行為之行為

地法介入之必要。其理由在於：倘若授權行為的準據法上表見代理成立時，縱使代理行為的行為地法上不成立表見代理，仍不影響表見代理的成立，且在授權行為的準據法上，代理行為對本人發生效力，並不需要本人事後承認時，縱使在代理行為的行為地法上需要本人的事後承認，但就結果而言不需要本人的事後承認仍然發生效力；又，倘若在授權行為的準據法上不成立表見代理，而在代理行為的行為地法上卻成立表見代理時，結果上表見代理仍然成立，且代理行為對本人發生效力，倘若授權行為的準據法上必須要本人的事後承認，但代理行為的行為地法上卻不需要本人的事後承認即發生效力時，在結果上縱使無本人的事後承認，代理行為仍然對本人發生效力。

　　惟在本人與代理人之間就有無代理權以及代理權範圍發生爭執的情形，應依授權行為的準據法決定之。在代理人的行為被認為逾越授權行為時（亦即逾越代理權而生之表見代理或代理權消滅後所生之表見代理），皆依授權行為的住居法來決定。惟因代理權之授與而生之表見代理或本人與代理人間毫無任何法律關係，卻使本人獲得利益或蒙受損害時，則應依無因管理或侵權行為的準據法處理之。

　　綜上，晚近日本的通說針對是否必要區分有權代理與表見代理而區別準據法，已經改採否定的見解。蓋依照授權行為準據法說，代理權的有無首先應依授權行為的準據法來決定，授權行為無明示合意的準據法時，依照其原因關係（內部關係）亦即契約關係的準據法。在依照上述方法仍然無法肯定代理權存在時，則發生表見代理或無權代理的問題，此時與固有的代理權問題分離，依照買賣等契約關係的代理行為準據法來決定其法律效果。而依照代理權行使地法說，有無代理權之判斷，應從保護相對人的交易安全為優先，依照相對人所可能熟悉的代理行為行使地法來加以決定。此時，依照代理行為行使地法無法肯定代理權存在時，即發生表見代理或無權代理的問題，而在結論上，與授權行為準據法相同，其法律效果應依照買賣等契約的代理行為準據法來加以決定。是故，無權代理或表見代理之本人責任問題亦應被解為係屬代理權的效力問題，有權代理與表見代理

不應異其準據法而為相異之處理，而應該適用同一準據法處理之。

五、現行法的規定

　　本次修法，針對任意代理增加了三個條文。第 17 條前段的規定，代理權係以法律行為授與者，其代理權之成立及在本人與代理人間之效力，依本人及代理人所明示合意應適用之法律，係反映學說通說見解之立法❷。惟在欠缺明示的合意時，本條後段規定，無明示之合意者，依與代理行為關係最切地之法律。並非直接依照本人與代理人之間的內部關係之準據法，解釋上，可解為代理行為的行為地法，似乎可認為本條立法係原則上採授權準據法說，例外採代理權行使地法說❸。本書以為，在後段規定，關係最切之地法，就個案的情形而言，也有解為依當事人內部之契約關係準據法的餘地。

　　第 18 條規範任意代理中，本人與相對人之間發生問題時的準據法。前段規定，在本人與相對人間，關於代理權之有無、限制及行使代理權所生之法律效果，依本人與相對人所明示合意應適用之法律；顯然並非採授權行為準據法說，亦非採代理權行使地法說，而仍以本人與相對人之間所明示應適用之法律，在無明示之合意時，則「依與代理行為關係最切地之法律」。本條的立法理由針對此部分，說明為：「法院於認定某地是否為關係最切地時，應斟酌所有主觀及客觀之因素，除當事人之意願及對各地之認

---

❷　立法理由指出：「代理權之授與，與其原因法律關係（如委任契約）本各自獨立，並各有其準據法。本條係針對代理權授與之行為，明定其應適用之法律，至其原因法律關係應適用之法律，則宜另依該法律關係（如委任契約）之衝突規則決定之。代理權係以法律行為授與者，本人及代理人常可直接就其相關問題達成協議。……（中略），明定代理權之成立及在本人與代理人間之效力，應依本人及代理人明示之合意定其應適用之法律，以貫徹當事人意思自主原則。」

❸　上開立法理由指出：「至於當事人無明示之合意者，則由法院就具體個案中之各種主觀、客觀因素及實際情形，比較代理行為及相關各地之間之關係，而以其中與代理行為關係最切地之法律，為應適用之法律。例如 A 國人甲（本人）授權在 B 國營業之 B 國人乙（代理人）處分甲在 B 國之財產，甲、乙未明示合意定其應適用之法律，則就甲、乙之間關於其授權之內容及範圍之爭議，B 國法律乃關係最切地之法律。」

識情形外，尚應包括該地是否為代理人或其僱用人於代理行為成立時之營業地、標的物之所在地、代理行為地或代理人之住所地等因素。例如 A 國人甲（本人）授權在 B 國營業之 B 國人乙（代理人）處分甲在 C 國之財產，並由 C 國人丙（相對人）買受，如甲、丙未明示合意定其應適用之法律，則就甲、丙之間關於乙所受授權之內容及範圍之爭議，C 國法律關於保護丙之信賴具有重要之利益，可認為關係最切地之法律。」

　　針對相對人與代理人之間，**關於代理人依其代理權限、逾越代理權限或無代理權而為法律行為所生之法律效果**，第 19 條規定，**依前條所定應適用之法律**。換言之，原則上係依照本人與相對人之間明示合意之準據法，例外則依照關係最切之法。本條規定，則回歸到學說通說之見解，亦即，代理人與相對人之間的代理行為，必須依其代理行為所為之法律行為的性質決定之。例如，當代理行為係代理而為買賣契約時，則關於其成立與效力，依照契約的準據法，代理行為若係物權行為，則依照物權的準據法。

第四章

債

第20條　契　約

實　例

1. 原告甲國籍空姐 X 與被告法國航空 Y 之間在臺北締結「雇用地為臺北，並在臺北分公司上班」為內容的勞動契約。在此契約中，載有「因本勞動契約所生之所有問題依法國法決之」之明示的準據法指定條款。在 X 拒絕 Y 要求將 X 調至巴黎上班後，Y 將 X 解雇。

　　此解雇在法律上的效力如何？若此項解雇之法律效力在法國法上為有效，而在甲國法上係一種權利濫用而無效時，該如何處理？

2. 我國實務案例

⑴新竹地方法院 91 年度勞訴字第 5 號

案由摘要：確認聘任關係不存在

要旨：本件被告為外國人，是原告於聘僱被告時雖應依就業服務法之相關規定獲得行政許可，被告始可在本國從事許可範圍內之工作；然就業服務法於聘僱期間，兩造間之權利義務，或期滿時不續聘之必要與程序，既未為相關之規定，自應適用教師法相關之規定。而本件原告不續聘被告案，被告既依教師法之規定向中央申評會提起申訴而尚未確定，則兩造之聘任關係自尚未消滅，從而，原告訴請確認兩造間自起訴時即 91 年 1 月 18 日起之聘任關係不存在，自無理由，應予駁回。

⑵最高法院 85 年度台上字第 2487 號

案由摘要：損害賠償事件

要旨：㈠按法律行為發生債之關係者，其成立要件及效力，依當事人意思定其應適用之法律；當事人意思不明時，同國籍者依其本國法，國籍不同者依行為地法，行為地不同者以發要約通知地為行為地，涉外民事法律適用法第 6 條第 1 項、第 2 項前段（現行法第 20 條）定有明文。本件上訴人為荷蘭籍之公司，被上訴人為我國公司，上訴人依據系爭買賣契約請求給付遲延之債務不履行損害賠償，涉及外國人及外國地，為一

基於國際貨物買賣契約所生之涉外民事事件，上訴人致函被上訴人之右開買賣契約確認函註記欄上雖記載準據法為荷蘭法律，然此乃上訴人單方所表示之意思，不能認係雙方當事人之約定，尚無涉外民事法律適用法第 6 條第 1 項（現行法第 20 條）之適用，上訴人亦係依我國民法第 227 條、第 229 條、第 231 條規定提起本件訴訟，而兩造對於系爭國際貨物買賣契約之發要約通知地為我國臺北，並不爭執，自應依發要約通知地即我國法為本件國際貨物買賣契約之準據法。㈡三氯乙烷係蒙特婁議定書列管之化學品，輸入三氯乙烷應檢附經濟部工業局核發配額文件，且限由蒙特婁議定書之締約國，或經行政院環境保護署公告認可之國家或地區進口，廠商申請進口三氯乙烷應本此規定向經濟部國際貿易局申請輸入許可證，憑以報關進口，兩造係約定以三氯乙烷以外虛偽之名義進口，既違反申請輸入三氯乙烷許可證應循之規定，且影響政府對三氯乙烷配額之管制，該履行契約方式之約定，違反前揭強制性之規定，且有背於公共秩序，依民法第 71 條及第 72 條之規定，應屬無效。

⑶**臺灣高等法院 84 年度重上字第 345 號**

案由摘要：給付信用狀款

要旨：按法律行為發生債之關係者，其成立要件及效力，依當事人意思定其應適用之法律，當事人意思不明時，同國籍者依其本國法，國籍不同者，依行為地法，涉外民事法律適用法第 6 條第 1 項及第 2 項前段（現行法第 20 條）定有明文。本件被上訴人依上訴人所開發之信用狀請求上訴人給付信用狀款，係屬法律行為發生債之關係者，而兩造依系爭信用狀條款，並無合意定其應適用之法律，且兩造當事人一為在香港設立之外國法人，一為我國法人，其國籍不同，依前揭說明，其成立要件及效力，自應適用行為地法，即我國法。而我國民法關於信用狀交易並未加以規定，本件係國際貿易，應有國際貿易習慣即信用狀統一慣例之適用。被上訴人主張本件信用狀係由本國公司，向上訴人申請開發，非屬涉外事件，其契約之準據法應為本國法云云，惟是否屬涉外事件，係以訴訟當事人為判斷之基準，被上訴人所稱，殊非可採。

🔍 相關法條

現行法

第 20 條

法律行為發生債之關係者，其成立及效力，依當事人意思定其應適用之法律。

當事人無明示之意思或其明示之意思依所定應適用之法律無效時，依關係最切之法律。

法律行為所生之債務中有足為該法律行為之特徵者，負擔該債務之當事人行為時之住所地法，推定為關係最切之法律。但就不動產所為之法律行為，其所在地法推定為關係最切之法律。

舊法

第 6 條

法律行為發生債之關係者，其成立要件及效力，依當事人意思定其應適用之法律。

當事人意思不明時，同國籍者依其本國法，國籍不同者依行為地法，行為地不同者以發要約通知地為行為地，如相對人於承諾時不知其發要約通地者，以要約人之住所地視為行為地。

前項行為地，如兼跨二國以上或不屬於任何國家時，依履行地法。

💡 解 析

一、概 說

㈠立法上的主義

　　關於債權契約的準據法，在立法上有兩大主義併存。一為客觀主義，又稱之為非意思主義；一為主觀主義，又稱之為意思主義。

　1.客觀主義（非意思主義）

　　所謂客觀主義，係指債權契約的成立與效力之準據法，不以當事人之間的意思為決定的基準。在此主義之下，決定債權契約的基準，有契約締

結地法主義、契約履行地法主義、和債務人的屬人法主義等等。

契約締結地主義，為美國若干州法所採；而契約履行地法主義，為中南美洲國家之間所成立的國際民法公約第 37 條所採；而債務人的屬人法主義，則有若干學說加以主張。

2.主觀主義（意思主義）

所謂主觀主義，指關於債權契約的成立與效力之準據法，係依照當事人之間的意思來加以決定。採此主義者，為法國、德國、英國、日本、美國若干州，以及 1980 年羅馬公約等。

本條所謂法律行為之成立與效力，專指債權的法律行為，是故，關於契約債權之成立和效力的準據法之決定，原則上應該依當事人之間的意思來決定。本條的立法，以主觀主義為原則（第 1 項），以客觀主義為輔助（第 2、3 項）。

(二)當事人意思自主原則

1.理論根據

本法第 20 條第 1 項規定：法律行為發生債之關係者，其成立及效力，依當事人意思定其應適用之法律。此即為當事人意思自主原則之規定。本條本項所謂「法律行為發生債之關係者」，係指因契約而生之法律關係，學理上殆無疑義。當事人間若有明示的合意時，尊重當事人的選擇來適用法律，不僅符合當事人的預測可能性，且能達成對於正當期待的保護，是當事人自主原則最主要的理論根據。

此外，在國際私法上適用當事人意思自主原則，讓當事人在事先即能選擇法院適用之法律，使當事人能夠安心從事國際交易，對涉外私法關係的安全與保障有所助益。對法院而言，適用當事人約定之準據法，使準據法之決定明白確定，同時維持了法的安定性。

2.意思表示的有效性

國際私法上依當事人的意思為準據法的指定，必須依當事人的意思有效為前提。若因錯誤、詐欺或脅迫等情事發生時，難謂有效的當事人之意思，自不待言。而判斷當事人準據法合意的有效性，目前國際社會上的通

說為準據法說，亦即，以當事人所合意的準據法來加以判斷。我國法亦採取此立場，修法理由三指出：「此外，為減少本條適用上之疑義，現行條文第二項關於『當事人意思不明』之用語，亦修正為『當事人無明示之意思或其明示之意思依所定應適用之法律無效』，以重申第一項當事人之意思限定於明示之意思，<u>且當事人就準據法表示之意思，應依其事實上已表示之準據法，決定其是否有效成立之問題。</u>」（底線為本書作者所加）

3.主契約與準據法約定條款之效力

在國際契約中，除了主契約的部分之外，通常還有準據法約定條款的部分。以買賣契約為例，當事人除了契約內容中的具體約定之外，在買賣契約中通常會有一條「關於本契約之……依……國之法律決之」的條款，此條款即為準據法約定條款。

形式上，準據法指定條款看似附屬在主契約之中。惟必須注意的是，從論理邏輯上來看，指定準據法之合意條款若非有效成立，則無法判斷依當事人合意約定之準據法，主契約是否有效。

倘若準據法約定條款無效時（即當事人約定準據法之合意無效時），主契約之效力如何，不無疑問。理論上，當事人無明示之合意時，應探求當事人之間是否具有默示的合意，來判斷主契約的效力。惟我國法第 20 條第 2 項之規定僅以「明示」的合意為限，立法上有意排除默示的合意之適用，此觀本條修法理由三甚明。

本書以為，此問題乃意思表示的有效性問題之一環，倘若意思表示有錯誤或不自由的情形，或對於約定的準據法之合意發生錯誤、詐欺或脅迫，且準據法的內容對於主契約的內容有重大的關聯性時，主契約的有效性亦應該同準據法約定條款的效力作相同之解釋。除非當事人有相反的意思表示，欲維持主契約的有效性。

二、當事人自主原則的限制

(一)與強行法規的關係

國際私法上對等當事人之間的私法關係，當事人意思自主原則雖然具有原則上的支配地位，但仍應有一定的限制。例如在勞動契約、不動產租

賃、消費者契約等為了保護經濟上的弱者而制定國家強行規範以修正，在傳統方法上雖有質的限制論、量的限制論等等，惟較具有代表性的，仍然以下列兩者為主：

1.公序論

當事人意思自治原則在遇有違反公序的情形下，動用公序條款來否定當事人的法選擇。特別是對於限制契約當事人對等性的定型化契約，比較法在日本的涉外勞動契約之判決實務上，採此立場的裁判相當多。在繼續性的勞務給付地為日本的時候，日本法院並非直接以當事人間的勞動契約違反日本的勞動法為理由，而係依日本國際私法上的公序良俗條款來排除當事人間契約效力的準據法規定，亦即就適用外國法的結果，是否破壞日本勞動法規所欲維持的社會秩序，一一就個案來做認定。

2.強行法規之特別連結理論

(1)當事人地位不對等

債權契約的類型繁多，在理論上是否應該適用概括性的連結因素在所有的契約類型，不無疑問。一般而言，就個別的債權契約，依其法律關係的特性，似乎可以得到其具備密切關聯性的特徵為何。例如關於不動產的買賣契約或租賃契約，可以得到物之所在地法；買賣契約中涉及批發或零售的買賣契約，可以得到買主的營業所所在地法；關於勞動契約，以勞務給付地法；貿易中心或公開的市場上所進行的交易，則適用貿易中心或公開市場的所在地法等等，得出個別債權契約之法律關係中具有密切關聯性的連結因素。是故，在學說上，遂針對當事人意思自主原則開始出現檢討，就維護這些連結因素所代表的法秩序，與系爭契約事件的密切關聯性是否比起當事人的意思還要重要，特別是在契約當事人雙方處在不對等的地位之契約類型。

尤其，世界各國實質法在 19 世紀所確立的契約自由原則，在今日自由主義經濟和資本主義的發達之下，社會上出現經濟的強者和經濟的弱者，而使契約自由原則的基礎開始動搖。蓋契約自由原則的基礎，必須建立在當事人雙方地位的對等之上。因此，國家是否仍然應該保持消極不介入私

人債權契約的法律關係，完全任由當事人自行解決，在學說上開始多所檢討。除了前述不動產租賃、保險、銀行、勞動基準法和勞動組織法、消費者保護之外，運送契約、石油、大眾運輸（民用航空、公共汽車、鐵路經營）等等也開始有檢討聲浪。

⑵強行法規排除當事人之合意

　　當事人就契約的準據法雖有合意約定適用某一國家的法律，惟在涉及前述當事人地位不對等，必須考量弱者的保護或維護其他公益的強行法規（例如牽涉金融貨幣秩序或外匯管理管制）時，若該契約與他國有實質上的關聯性時，應連結該他國相關強行法規並加以適用；又法庭地國本身的強制禁止規定亦得排除當事人的準據法合意。

　　1980 年羅馬公約便是採此理論。羅馬公約原則上仍然以當事人的意思為連結因素，惟第 7 條規定，依照本公約約定某國之準據法時，於他國之強制禁止規定關係更切之情形，該他國之強制禁止規定必須取代當事人之約定而被適用（第 1 項前段）；縱然當事人另有約定準據法，本公約並不限制法庭地國強制禁止規定之適用（第 2 項）❶。

三、準據法的決定

㈠當事人的意思

　　本條第 1 項規定，法律行為發生債之關係者，其成立及效力，依當事人意思定其應適用之法律。此係採私法自治原則之立法。本項規定明確界

---

❶　Article 7 Mandatory rules

　1. When applying under this Convention the law of a country, effect may be given to the mandatory rules of the law of another country with which the situation has a close connection, if and in so far as, under the law of the latter country, those rules must be applied whatever the law applicable to the contract. In considering whether to give effect to these mandatory rules, regard shall be had to their nature and purpose and to the consequences of their application or non-application.

　2. Nothing in this Convention shall restrict the application of the rules of the law of the forum in a situation where they are mandatory irrespective of the law otherwise applicable to the contract.

定範圍在「法律行為發生債之關係」者，並不包括物權行為和身分行為等其他法律行為，在解釋上甚明。

又法律行為發生債之關係者，包括雙方行為與單獨行為，特別是後者，僅依當事人一方的意思而成立之債權債務關係，縱無相對人，當事人亦有私法自治原則的適用❷，在國際私法上亦無問題。

(二)解釋上的問題

1.準據法的分割 (depecage)

就債權契約的準據法約定，究竟只能約定一個準據法，抑或就分割可能的契約約定不同的準據法？例如，契約的成立與效力分別約定不同的準據法；或契約的一部分約定締結地法，另外一部分約定履行地法。是否允許此種分割的合意即是準據法分割 (depecage) 的問題。

從國際規範上來看，海牙國際動產買賣準據法公約係採否定的立場，而採取單一準據法 (loi unique) 的原則，惟羅馬公約第 3 條第 1 項規定，當事人能就契約之全部或一部選擇準據法，顯然採肯定的立場。

我國的規定從文義上來看並無不可，只要當事人的意思表示並無瑕疵，亦無違反公序良俗或強制禁止規定，針對分割可能的部分為不同的準據法合意，無不許之理。

2.當事人的意思

⑴合意的時期

準據法合意，是否僅限於契約締結時方為有效？可否在事後變更合意？或是在訴訟中達成合意？在條文的規定與國際私法理論上並無不可，又比較法上羅馬公約第 3 條後項前段亦採肯定之立法。

⑵凍結條款（石化條款）

當事人為選法合意時約定以某國法為準據法，嗣後該國的法律修正，該國新法發生溯及的效力時，所合意的準據法究竟應適用新法或舊法？又，當事人為選法合意的時候，可否約定以契約當時的法律為固定的適用，不受往後法律修正變動之影響？此在學理上所涉及者，為「石化條款」或「凍

---

❷　溜池良夫，國際私法講義，頁 371。

結條款 (freezing clause)」的有效性問題。

　　針對凍結條款的有效性問題，有贊否兩見解對立。贊成說認為，當事人的法律選擇反映當事人的意思，只要選法當時該法律確實存在即可。亦即，當事人所認識且欲適用者，為選擇當時的法律，應適用者為當時的狀態。

　　否定說認為，國際私法上的準據法合意，一般而言係以具有實定性的法律為限，當事人約定的準據法所屬國的法律發生修正的時候，新舊法的適用關係應該依照該國的時際法為準，在法律修正後新法發生溯及的效力時，舊法因失效而失去實定性，是故此種石化條款應為無效，乃通說的見解，本書從之。

(3)意思的確定

　　訴訟上當事人的意思乃準據法合意的前提，而意思的存在應屬事實問題而由當事人負舉證責任，抑或認為應屬準據法的確定問題而由法院職權探知？比較法上日本的通說認為此為法律解釋的問題，應該可以上訴到法律審❸。

(4)默示的意思

　　國際私法的理論上，在當事人無明示的意思表示時，尚應探求默示的合意。惟我國的立法顯然排除默示的合意，僅以明示的合意為限，此觀立法理由甚明。

(5)意思的推定

　　當事人的明示的意思無效或不明的時候，應該如何解決？國際私法的理論上有兩種方法，第一種方法認為應窮盡所有方法探求當事人的意思來決定準據法，被稱之為絕對意思主義，此為少數的見解。此種方法在實際上往往演變成由審理的法官來決定準據法，故又被稱之為法官意思主義；第二種方法為推定意思主義，為多數國家的國際私法立法上所採，亦即，另外設定推定當事人意的規定，又被稱之為立法者意思主義，我國採此種立場。本條第 3 項規定：「法律行為所生之債務中有足為該法律行為之特

---

❸　溜池良夫，國際私法講義，頁 367。

徵者，負擔該債務之當事人行為時之住所地法，推定為關係最切之法律。但就不動產所為之法律行為，其所在地法推定為關係最切之法律」即屬推定意思主義的立法。

(三)關係最切

本條第 2 項規定，當事人無明示之意思或其明示之意思依所定應適用之法律無效時，依關係最切之法律。關係最切之地並無客觀的判斷基準和定義，係開放給法院針對個案的情形為個案性的判斷，修法理由指出：「由法院依具體案情個別決定其應適用之法律，並在比較相關國家之利益及關係後，以其中關係最切之法律為準據法」❹。

(四)特徵給付

本條第 3 項規定，法律行為所生之債務中有足為該法律行為之特徵者，負擔該債務之當事人行為時之住所地法，推定為關係最切之法律。但就不動產所為之法律行為，其所在地法推定為關係最切之法律❺。此立法即為「特徵給付」理論，係參考 1980 年羅馬公約第 4 條之精神，規定法律行為

---

❹　修法理由三謂：「現行條文關於債權行為適用之法律，於當事人意思不明時係以硬性之一般規則予以決定，有時發生不合理情事。爰參考德國民法施行法第 28 條規定之精神，於本條第 2 項改採關係最切之原則，由法院依具體案情個別決定其應適用之法律，並在比較相關國家之利益及關係後，以其中關係最切之法律為準據法，以兼顧當事人之主觀期待與具體客觀情況之需求。」

❺　修法理由四謂：「本條第 2 項關係最切之法律之認定，各國法院常有漫無標準之困擾，為兼顧當事人對於其準據法之預測可能性。爰參考 1980 年歐洲共同體契約之債準據法公約（即羅馬公約）第 4 條之精神，規定法律行為所生之債務中有足為該法律行為之特徵者，負擔該債務之當事人行為時之住所地法，推定為關係最切之法律。至於具有特徵性之債務之判斷，則宜參考相關國家之實踐，分別就個案認定，並逐漸整理其類型，以為法院優先考量適用之依據。法院就既已定型之案件類型，固應推定負擔該具有特徵性之債務之當事人行為時之住所地法，為關係最切之法律，並以其為準據法，但如另有其他法律與法律行為之牽連關係更密切，仍得適用之，其應說明比較此二法律與法律行為之牽連關係，乃屬當然。就不動產所為之法律行為，該不動產之所在地法，與負擔具有特徵性之債務之當事人行為時之住所地法相較，仍以該不動產之所在地法關係較切，爰於但書推定其為關係最切之法律。」

所生之債務中有足為該法律行為之特徵者，負擔該債務之當事人行為時之住所地法，推定為關係最切之法律。

所謂特徵給付，係指雙務契約中，金錢給付和非金錢給付處於對價關係時，以非金錢給付之一方為該契約關係之特徵之謂。就以物和權利之移轉為內容之契約，移轉構成特徵性給付。例如，買賣動產的情形係以動產之移轉為特徵性給付；又例如動產租賃或不動產租賃契約等允許使用之契約，則以為允許使用之當事人的行為為該特徵性的給付。

四、準據法的適用

㈠契約的成立

本條所涉及契約的成立問題，包括除了能力與方式之外所有的問題。例如，意思表示的瑕疵、契約內容是否妥當、確定等等。惟必須注意的是，針對要約保持沈默，是否視為承諾，在各國的規定迄有不同，究竟應屬契約成立的問題或應採取其他連結因素，學說上亦有不同見解。羅馬公約第 8 條第 2 項規定，契約準據法將沈默視為承諾時，當事人亦得主張依其經常居所地法主張並未達成合意❻。

㈡契約的效力

契約的準據法適用於所有契約效力的問題。惟在下列問題並非適用契約的準據法而應該適用其他的準據法，例如交易日、時間、支付貨幣的種類、度量衡等等問題，應依照履行地法。

---

❻ Article 8

Material validity

1. The existence and validity of a contract, or of any term of a contract, shall be determined by the law which would govern it under this Convention if the contract or term were valid.

2. Nevertheless a party may rely upon the law of the country in which he has his habitual residence to establish that he did not consent if it appears from the circumstances that it would not be reasonable to determine the effect of his conduct in accordance with the law specified in the preceding paragraph.

第 23 條　無因管理

➡ 實　例

　　住所在我國之甲在夏威夷有一公寓，隔壁公寓為住所在紐約之乙所有。甲返臺工作期間管理員通知甲其鄰居乙的公寓水管爆裂漏水，恐怕會滲到甲公寓屋內，且乙人正在歐洲洽公不克趕回。甲情急之下就從臺北致電其在夏威夷所熟識的當地水電業者丙前往處理，丙前去將乙公寓內的爆裂水管加以修繕完畢。

🔍 相關法條

現行法

第 23 條

關於由無因管理而生之債，依其事務管理地法。

舊法

第 8 條（法律事實而生之債）

關於由無因管理不當得利或其他法律事實而生之債，依事實發生地法。

💡 解　析

一、概　說

　　無因管理，係一種並無義務卻為他人管理事務，而於當事人間發生一定權利義務關係之制度。

　　因法律事實之發生而發生之債，以無因管理和不當得利最為典型，涉外民事法律適用法舊法第 8 條規定，其準據法依事實發生地法。在國際社會上，事實發生地法主義，亦即管理地法主義，乃最為廣泛所採之原則❼。

　　採事實發生地法主義，學說通說認為，其原因事實之發生，和該地的

---

❼　溜池良夫，國際私法講義，頁 383。

公益具有密切的關聯性之故❽。惟晚近有學說認為，其理由在於事實發生地和當事人雙方同時具有關聯性而對當事人而言具有預測可能性，且具有中立性之緣故❾。現行法將無因管理和不當得利分別立法，不當得利仍然沿用「事實發生地」為連結因素（本法第 24 條），而無因管理則改成依「事務管理地」法（本法第 23 條）。立法理由三稱係衡酌無因管理法律事實之重心，而採事務管理地法❿。惟如前所述，事實發生地法主義即為管理地法主義，縱使現行法將事實發生地法更改為管理地法主義，仍然發生何地為「管理地」之解釋問題。

二、準據法的決定

因無因管理而生之債，性質上係一種非契約的法定債權債務關係。而涉外無因管理的準據法，本法第 23 條規定係依事務管理地法。惟解釋上何為事務管理地，不無疑問。所謂事務管理地，應解為現實上為管理行為之地點，亦即無因管理客體的所在地⓫。質言之，在財產管理的情形，為財產所在地；為管理營業的情形，為營業所在地；為人之管理的情形（例如救助），通常係以該人之所在地。倘若客體為複數，而存在數個法域的情形，應將各個法域視為發生個別的無因管理。

惟有問題者，在無因管理的事實發生後，而客體所在地發生變更的情形，應依管理開始當時的所在地法，或管理結束後客體最終的所在地法，值得檢討。解釋上，應以管理開始當時的所在地法，而非管理結束後客體

---

❽　溜池良夫，國際私法講義，頁 383。

❾　横山潤，國際私法，頁 221。

❿　「本法對於法律行為及侵權行為而生之債，均單獨規定其應適用之法律。現行條文第 8 條就關於由無因管理、不當得利或其他法律事實而生之債，固明定應依事實發生地法，但無因管理與不當得利之法律事實之性質未盡一致，有對其個別獨立規定之必要。爰將現行條文第 8 條關於由無因管理而生之債部分移列第 23 條，關於由不當得利而生之債部分移列第 24 條，並衡酌無因管理之法律事實之重心，參考奧地利國際私法第 47 條、德國民法施行法第 39 條等立法例之精神，修正其應適用之法律，為其事務管理地法。」

⓫　溜池良夫，國際私法講義，頁 383。

最終的所在地法。其理由在於，若以**管理結束後客體最終的所在地法為準**
據法，將使管理人得以操作準據法，將客體移動到對於自己最有利的地點。

三、準據法的適用

(一)適用範圍

　　在本條所規定的「無因管理」云者，包含從其成立到關於效力的各項
問題在內。準此，是否必須具備主觀上係為他人為管理行為之意思？是否
必須不得對本人不利或不得違反本人之意思等無因管理之要件問題皆在範
圍之內。此外，管理行為人管理的方法、是否具有繼續義務、注意義務的
要否或程度、費用償還義務、違反本人意思所為管理之法律效果等等，皆
在本條的適用範圍之內。

(二)無因管理人的能力問題

　　關於無因管理人之能力，值得檢討者為，無因管理人是否必須具備行
為能力等問題，應依本法第 10 條決定之，抑或應依本條之規定？解釋上應
依本條之規定，而非依第 10 條之規定。其理由在於，第 10 條係關於法律
行為之行為能力的規定，而無因管理非關法律行為，故不僅應依本條之規
定，而且不生類推適用第 10 條之問題。

(三)無因管理與其他的法律關係

　　在無因管理的過程中，因管理人的行為而導致的損害賠償責任，應依
本條之規定，抑或應依第 25 條侵權行為之規定？此問題應定性為無因管理
的損害賠償問題，而不應定性為侵權行為的問題。

　　又，因為無因管理而為之個別的行為，應與無因關係本身加以區別，
適用依該行為之性質所定之準據法。例如，因管理財產而為債權契約時，
該契約依照契約的準據法；因無因管理而為物權行為時，該物權行為應依
照物之所在地法；而此時為法律行為的行為能力，則依照第 10 條的規定決
定之。

(四)管理義務消滅後之無因管理

　　如果無因管理之無法律或契約上之義務，並非自始即無此等義務，而
是由於原有之管理義務已經消滅，但管理人不知，抑或是管理人逾越了原

有之義務範圍，此等情形應如何決定其準據法？

　　例如管理人和本人原本訂有委任契約，其效力之準據法必須依本法第
20條，但如訴訟標的是無因管理之請求，而管理人和本人之間原來有某種
契約關係或法定債權關係，而管理人之管理行為卻逾越其義務或權限時，
此時應適用無因管理的法律關係，依管理地法來決定其是否符合無因管理
之要件。

　　此際，必須先決定管理人是否無義務（委任契約存否之問題）而為管
理行為，故宜從先決問題的方法來謀求解決。換言之，本法上關於無因管
理之準據法適用，應以直接和無因管理有關者為限，其他之問題仍然應以
原因法律關係之準據法為準。例如關於逾越委任契約權限之受任人的行為
本身，仍應依委任契約之準據法決定其法律效果。

第 24 條　不當得利

問　題

㈠死亡宣告經撤銷後，所生之不當得利之問題，應適用關於死亡宣告的效力問題？或依照本條不當得利的規定？

㈡因無行為能力而導致法律行為無效、或被撤銷所生不當得利的返還，其效力應適用何種規定？

㈢因意思表示有瑕疵而導致法律行為無效或被撤銷，其效力應依？

㈣違反強制禁止規定，或有違公序良俗而使法律行為無效，所生不當得利應依？

㈤解除契約，其效力問題應依？

㈥因添附所生之不當得利返還之請求，和對果實占有人之返還請求，應依？

㈦解除婚約後之不當得利問題，其效力應依？

㈧婚姻的無效或撤銷後所生的不當得利問題，其效力應依？

㈨請求過去給付的扶養費用，主張其為不當得利，其效力應依？

相關法條

現行法

第 24 條

關於由不當得利而生之債，依其利益之受領地法。但不當得利係因給付而發生者，依該給付所由發生之法律關係所應適用之法律。

舊法

第 8 條（法律事實而生之債）

關於由無因管理、不當得利或其他法律事實而生之債，依事實發生地法。

解 析

一、準據法的決定

在有關不當得利準據法的理論上，世界各國所廣泛採納者，為事實發生地法主義，亦即不當得利地法主義。舊法第 8 條亦採之。現行法基本上亦仍採此事實發生地法主義，惟只是將所謂「事實發生地」的定義更加明確化而已，此部分容後敘述。

㈠不當得利地法主義

如前所述，不當得利的準據法係採不當得利地法主義，蓋發生「得利」之地點，顯然在不當得利的法律關係上具有較密切的公益，對於維護當地的法秩序而言，發生不當得利地法最具有正當性。準此，不當得利發生的地點，亦即，不當得利的事實所發生的地點──「事實發生地」作為準據法的連結因素最具密切的關聯性。惟，所謂不當得利之事實發生地究係何所指？學說上有兩說：

1.原因事實發生地說

依照此說，在發生不當得利之地和損失的發生地為不同的地點時，以前者為不當得利之地。而所謂不當得利的原因事實地，係指導致發生不當得利的直接原因行為之行為地而言。亦即，此原因事實乃支配利益取得之法律上之原因事實。例如，撤銷贈與所生不當得利的情形，應以贈與契約的準據法；因添附、加工所生之不當得利，則必須以上開事實發生當時標的物之所在地法為準據法。

是故，此說之主張，只是透過不當得利的連結因素之方式，但在結果上其實即是適用基礎原因事實法律關係的準據法。

2.不當利益受領地說

此說主張，所謂不當得利之事實發生地，係指不當得利之結果，換言之，因原因行為所導致現實上利益的移轉發生地（即利益的受領地）。依上例，不當得利地為美國，應該依美國法。我國修正後新法亦採此說。

二、準據法的適用

㈠基本範圍

本條關於不當得利，關於其成立和效力的所有問題，均有適用。

㈡不當得利的定性

惟在判斷不當得利成立與否時，常常發生如何判斷其前提問題之原因關係。而關於原因關係的判斷，究竟應定性在不當得利的問題內，還是應另外定性為其他問題而適用其他的準據法？例如：因添附而使得所有權發生移轉（例如我國民法第 811 條至第 816 條），應依本條還是第 38 條關於物權的規定？契約解除後發生不當得利的情形，或撤銷婚姻後所發生的不當得利之問題，究係本條之問題，抑或是應各依第 20 條和第 47 條？關於此問題，大別之有下列學說：

1.不當得利說

在過去的多數學說主張，不當得利的概念應該廣泛的解釋，而包含原因關係的發展或其衍生性的問題。此說一般認為，係將民法上的不當得利之概念，完全擴張適用到國際私法上所導出來的理論。

2.原因關係準據法說

此說主張，就關於原因關係的判斷，不應屬於適用不當得利準據法的問題。不當得利準據法的規定，應解為僅適用於未依存於任何原因關係之請求不當得利返還之問題。而具有原因關係而生不當得利返還之問題，則應該適用該原因關係準據法的規定。例如，因添附而使得所有權發生移轉（我國民法第 811 條至第 816 條），應依第 38 條物權的規定而非依本條。契約解除後的情形，或撤銷婚姻後所發生的不當得利之問題，並非本條之問題，而應各依第 20 條契約的準據法和第 47 條婚姻的準據法來定其準據法。

是故，關於不當得利準據法規定的適用範圍，應僅限於「未依存任何原因關係而獲有利益之情形」，例如，債務人誤認第三人為債權人而為債務清償，而向該第三人依不當得利的規定請求返還之情形是。

目前學說的立場，應以後說為多數。國際私法上的定性問題，在理論

上本就不應被實質法所拘束，應從國際私法獨自的立場，參酌相關衝突規則的趣旨、目的，而為法律關係的性質之決定。亦即，原因關係的延長或事後衍生而出的不當得利，不應定性在不當得利的問題，而應定性在該原因關係的法律性質之內。此種不當得利的問題類型，其特徵為，問題發生當時在當事人之間已經存在有特定的法律關係（例如契約、婚約、繼承甚至無效的法律關係等），而不當得利和該特定法律關係具有實質上關聯性時，其返還之問題，應定性在該特定法律關係的問題。

三、現行法的規定

本條的適用範圍，其實與不當得利的定性亦有關係。第 24 條但書規定：但不當得利係因給付而發生者，依該給付所由發生之法律關係所應適用之法律。即在區分本文和但書的適用範圍。本條之立法理由四：「關於由不當得利而生之債，有因當事人對於不存在之債務提出給付而發生者，亦有因其他原因而發生者，凡此二種法律事實是否構成不當得利，受領人所受利益應返還之範圍等問題，均有必要明定其應適用之法律。按因當事人之給付而生之不當得利，例如出賣人為履行無效之買賣契約，而交付並移轉標的物之所有權，其所發生之不當得利問題，實際上與該給付所由發生之法律關係，即該買賣契約之是否有效之問題，關係非常密切，其本質甚至可解為該買賣契約無效所衍生之問題，故宜依同一法律予以解決。非因給付而生之其他不當得利，其法律關係乃因當事人受領利益而發生，法律事實之重心係在於當事人之受領利益，則宜適用利益之受領地法，以決定不當得利之相關問題。爰參考奧地利國際私法第 46 條、瑞士國際私法第 128 條、德國民法施行法第 38 條等立法例之精神，規定關於由不當得利而生之債，原則上應依其利益之受領地法，並於但書規定不當得利係因給付而發生者，依該給付所由發生之法律關係所應適用之法律。」

由上開立法說明，我國現行法非常明確地區分具有原因關係（但書）和不具原因關係之不當得利（本文）問題。惟法條之區分係以「給付」為基準。此種區分基準，顯然係採民法上關於不當得利的概念而來。亦即給付係指利益之給與，僅限於財產上之給付而具有金錢價值，得依法律行為

或法律事實為之，前者例如債之移轉或著作權移轉之準物權行為；後者則例如勞務之給付、管理他人之財產或在他人之物加工等❿。

四、例題解說

㈠死亡宣告經撤銷後，所生之不當得利之問題，依照本條但書規定，應適用關於死亡宣告的效力問題（本法第 11 條）。

㈡因無行為能力而導致法律行為無效或被撤銷，依照本條但書規定，其效力應適用第 10 條依行為人之本國法。

㈢因意思表示有瑕疵而導致法律行為無效或被撤銷，依照本條但書規定，其效力應依第 20 條契約的準據法。

㈣違反強制禁止規定，或有違公序良俗而使法律行為無效，因此種原因而為給付係屬一種不法之給付，不當得利地和當地的公序具有密切之關聯性，應依本條本文之規定定其準據法。

㈤解除契約依照本條但書規定，其效力問題應依本法第 20 條的規定。

㈥因添附所生之不當得利返還之請求，和對果實占有人之返還請求，依照本條但書規定，應依第 38 條物權的準據法。

㈦解除婚約，依照本條但書規定，其效力應依第 45 條第 2 項定其準據法。

㈧婚姻的無效和撤銷，依照本條但書規定，其效力應依第 47 條。

㈨請求過去給付的扶養費用，主張其為不當得利依照本條但書規定，其效力應依第 57 條定其準據法。

---

❿　孫森焱，民法債編總論上冊，2005 年 12 月，頁 153。

第 25 條 侵權行為

⊙ 實 例

1. 居住於臺灣之 XY 各自被其任職之公司 A 與 B 派往加拿大安大略省出差，在 Y 向當地租車公司租用一輛自小客車後，Y 好意載 X 一程，同坐該車在當地治公時，因 Y 之過失而出車禍導致 X 重傷。返國後，X 對 Y 提起請求侵權行為損害賠償之訴。Y 主張依安大略省之法律，X 係因 Y 之好意（未收受報酬）而同車搭乘，不能對有過失的駕駛人請求侵權行為的損害賠償。問法院應認 X 之請求有無理由？若 X 為安大略省當地的居民，係 Y 在當地酒吧認識後成為情侶關係，而一同出遊，X 之請求有無理由？

2. 被告 Y 於返回我國後傷重不治死亡，X 是否可以向 Y 之繼承人 Z 主張上開侵權行為的損害賠償？

🔍 相關法條

現行法

第 25 條

關於由侵權行為而生之債，依侵權行為地法。但另有關係最切之法律者，依該法律。

舊法

第 9 條

關於由侵權行為而生之債，依侵權行為地法。但中華民國法律不認為侵權行為者，不適用之。

侵權行為之損害賠償及其他處分之請求，以中華民國法律認許者為限。

解　析

一、準據法的決定

㈠侵權行為地主義

關於侵權行為的準據法規定，現行法第 25 條本文的規定，與舊法第 9 條之規定相同，皆依侵權行為地法，學理上稱為侵權行為地法主義。侵權行為地法主義，乃各國針對涉外侵權行為所採之原則，在各國國內法乃至於國際公約具有相當的普遍性。

侵權行為地主義的理論根據，主要在於：

1.當事人的預測可能性：對侵權行為的加害人和受害人而言，侵權行為地法對事先預測侵權行為的責任和危險，最具有密切的關聯性。

2.侵權行為地對於防止不法侵害之公益最深，並且亦使加害人賠償因其侵害而生損害，使受害人即時獲得損害賠償之法律秩序，具有最密切之利害關係。

3.侵權行為地為何地何處相當明確，倘非網路上侵權行為等特殊情形，不難決定。

㈡侵權行為地之決定

涉外侵權行為的準據法以侵權行為地為原則，惟何謂侵權行為地？在前開案例事實 1 的情形，侵權行為地並不難決定，即加拿大安大略省。但在隔地的侵權行為事件中，也就是實行行為之地（加害行為地）和引起受害人損害之結果的發生地不是同一個地點的時候，侵權行為地究應如何決定，不無疑問。原則上，加害行為地（行為的實施地）和損害結果發生地皆屬侵權行為地，此乃現行學說與實務通說。我國最高法院 81 年度台上字第 935 號判決要旨謂：「『關於由侵權行為而生之債，依侵權行為地法。』所謂行為地，包括實行行為地及結果發生地。上訴人主張因被上訴人之侵權行為，致其在我國發生支出運費等之損害結果，關於此部分自應適用我國有關法律之規定。」可資參考。

以著名的盛香珍事件而言，美國籍的自然人原告 X 以臺灣法人盛香珍

Y 為被告，在美國提起訴訟，主張因 Y 製造的果凍卡在兒童的咽喉導致該兒童腦死成植物人，請求 Y 負侵權行為的損害賠償責任。此時倘若果凍係於臺灣生產製造後輸往美國，則解釋上臺灣屬於加害行為地，美國則係損害結果發生地，則兩者皆為侵權行為地。

(三)對於侵權行為地主義之反動

本條但書規定：但另有關係最切之法律者，依該法律。即可謂反映二十世紀世界各國的理論與實務，對於侵權行為地主義的檢討甚或反動之結果。蓋涉外侵權行為的準據法問題，雖以侵權行為地法為原則，惟近代各國的法律實務開始發生質疑侵權行為地法妥當性之案例，最主要的理由在於，在若干情形，侵權行為地往往只是偶然的、一時性的地點，而與當事人之間未必關係最切。

如實例，加拿大安大略省之立法，其最大目的在於防止乘客和好意之駕駛聯手詐騙保險公司，因此規定，未收受報酬之駕駛，不對同乘之乘客負過失之損害賠償責任。但是在其他的國家或法域，有此種立法者並不多見。倘若採取侵權行為地法，準據法將成為安大略省法，X 將無法主張侵權行為地請求權。而對這兩名被公司派出差的我國人 XY 而言，此商務旅行只是短暫數日，在當地發生車禍僅係偶然，對於 XY 兩人的私法生活，例如住所、工作地點、保險、出差的出發與返回地等等，比起安大略省，或許我國法更具有密切關聯性。

實例取材自引起上開針對侵權行為地法主義之檢討的美國案例 (Babcock v. Jackson, 12 N.Y. 2d 473 (1963))，在美國國際私法的實務上，對於實質上關聯性不高的侵權行為地，已經由判例廢棄傳統的、機械性的、包括性的侵權行為地主義。在該紐約州的判例發展出所謂的「重心」理論或「連結因素集中」理論，認為就此種涉外侵權行為事件中，應考慮和訴訟事件具有關聯性之州的實質法目的，和訴訟事件具體的關聯性 (contacts) 與利益 (interests) 為何，來決定準據法。侵權行為地和當事人並不具有實質上密切關聯性時，訴訟事件的關聯性重心傾向何處？連結因素集中在何處？是決定準據法的重要因素。

　　海牙國際私法會議，對於若干侵權行為的個別類型，例如 1968 年的「關於道路交通事故之準據法公約」，與 1972 年的「關於商品製造人的準據法公約」，皆採取對於侵權行為的準據法予以類型化的立法方式。例如「關於道路交通事故之準據法公約」❸，原則上以事故發生地國的法律（侵權行為地法），例外地對於以下之人的責任，以車籍登記國之法律。亦即第一，駕駛、車輛占有人、車輛所有人或對於該車輛得主張權利之人主張事故責任時，而旅客之被害人原告之常居所（慣居地）在事故發生國以外的國家時。第二，非旅客之被害人（即被撞之人），對於在車籍登記國有常居所之人主張侵權行為責任的情形。

二、準據法的適用

㈠成　立

　　侵權行為的成立與效力，皆依本條之規定。關於侵權行為的成立，例如侵權行為能力（責任能力）、主觀要件（故意、過失）、客觀要件（權利的範圍、損害的發生等等）以及阻卻違法事由和因果關係等等。惟必須注意的是，被侵害的「權利」是否有效成立，準據法並非依本條之規定決定之，此乃先決問題，應依該權利本身的準據法決定之。以智慧財產權之侵害為例，原告向我國法院起訴主張其在美國登記，卻未在我國登記之專利權被侵害的情形，此時其未在我國登記之專利是否即非權利，不無疑問。此時專利權是否有效成立，應依該權利本身的準據法決定之。

㈡效　力

1.請求權競合

　　關於契約責任和侵權行為責任競合的情形，例如因同一事實，而發生依侵權行為的準據法成立侵權行為的損害賠償請求權，同時依契約的準據法而成立債務不履行的損害賠償請求權的情形。例如承租人因過失而毀損租賃物；因運送人的過失而使運送中的旅客受傷或死亡等等。對於此種情

---

❸　此部分在舊法第 9 條第 2 項的規定，理論上有主張該權利亦必須累積適用我國法，我國法和侵權行為地法皆認為該權利有效成立時才成立權利之侵害，惟我國現行法已經不採累積適用的規定，因此就此問題應無再行爭論之實益。

形，究竟應該要和實質法上的請求權競合說一樣，在國際私法上也承認所謂的請求權競合的情形，換言之，承認在國際私法上同時成立兩個準據法上的請求權，抑或是和法條競合說一樣，認為這是定性的問題，只能成立其中一個請求權，當其中一個請求權獲得滿足之後，另一個請求權歸於消滅？茲分述如下：

(1)請求權競合說

　　此說主張，在國際私法的層面上亦必須承認請求權競合的情形，對於契約之請求部分依契約準據法，對於侵權行為的部分依侵權行為的準據法。

(2)法條競合說

　　此說認為上開問題實為定性問題，應定性為契約的法律關係，因此非本條的適用範圍，而應適用本法第 20 條契約準據法。此說之見解，主要存在德國和奧地利。在這兩國支持上開見解之理論基礎，主要係根據於所謂「**附從的連結理論 (akzessorische Anknüpfung)**」，亦即，在侵權行為的當事人之間存在有一定的法律關係時，應該以肯定連結該當法律關係的準據法同樣的結果來導入決定定性的階段。例如當事人之間有僱傭、寄託、運送等契約關係時，應附從於這些法律關係，而依契約的準據法決❶❹。此說在德奧兩國受到廣泛的支持，在解釋學上相當具有影響力，瑞士國際私法第 133 條第 3 項更是將此理論納入立法。

　　本書採第 2 說。第 1 說在國際私法上，契約的準據法和侵權行為的準據法很有可能為不同國家的法律，將造成現實上法院所處理個案法律關係複雜化，並不妥當。

　　2.至於侵權行為的效力問題，原則上亦應依侵權行為的準據法。亦即，損害賠償的請求權人損害賠償的範圍與方法等屬之。惟必須注意的是，可否逕向侵權行為的賠償義務人之保險人直接請求？學說有認為應依保險契約的準據法❶❺，我國立法上從之。惟比較法上瑞士國際私法第 141 條則採依侵權行為的準據法或保險契約皆可❶❻。

---

❶❹　溜池良夫，國際私法講義，頁 398–399。

❶❺　溜池良夫，國際私法講義，頁 398。

本法第 29 條規定,侵權行為之被害人對賠償義務人之保險人之直接請求權,依保險契約所應適用之法律。但依該侵權行為所生之債應適用之法律得直接請求者,亦得直接請求❶。立法理由二中指陳參考瑞士國際私法第 141 條之精神,並不完全正確。

    3.外國人在我國短期居留而發生人身傷害事故時,其損害賠償的算定方法原則上應該依照侵權行為地法,也就是我國法,惟倘若該外國人係從國民平均收入水準較我國為低的國家前來者,所失利益的計算應採差額說,亦即,其計算應依照該外國人本國的計算標準為之。比較法上日本最高法院之判例即採取此立場❶。

三、主觀主義的導入

    瑞士國際私法第 132 條規定,侵權行為的兩造,在侵害事實發生以後,隨時可以合意適用法庭地法。採取了承認法庭地法的事後的選擇之立法。學理上有將之稱為主觀主義之立法,亦即依當事人意思來事後的選擇準據法。當事人意思自主原則傳統上本以契約關係為主,瑞士的立法將此當事人意思導入法定債務關係,允許當事人在法定債權債務關係得於法庭地國事後的選擇準據法,影響了晚近世界各國的立法動向,我國亦受影響。是以,本法增列第 31 條,非因法律行為而生之債,其當事人於中華民國法院起訴後合意適用中華民國法律者,適用中華民國法律。

---

❶ 瑞士聯邦國際私法第 141 條規定,依侵權行為之準據法規定或保險契約約定,受害人得直接向賠償義務人之保險人請求。(The injured party may bring his claim directly against the insurer of the liable party if the law applicable to the tort or the insurance contract so provides.)

❶ 立法理由二:「侵權行為人投保責任保險者,被害人並非保險契約之當事人,保險人非為侵權行為之債之當事人,被害人之得否直接向保險人請求給付,有認為應依該保險契約之準據法者,也有認為應依侵權行為之準據法者。惟為保護被害人之利益,宜使被害人得就此二準據法選擇適用,以直接向保險人請求給付,較為妥當。爰參考德國民法施行法第 40 條第 4 項、瑞士國際私法第 141 條等立法例之精神,規定侵權行為之被害人對賠償義務人之保險人之直接請求權,依保險契約所應適用之法律;但依該侵權行為所生之債應適用之法律得直接請求者,亦得直接請求。」

❶ 溜池良夫,國際私法講義,頁 398。

四、實例說明

1.就本件實例，X 向我國法院起訴主張侵權行為的損害賠償請求時，我國法院究竟應該適用本條本文的規定，以加拿大安大略省法律為準據法？抑或適用本條但書的規定，在兩造的侵權行為地法律關係上，以關係更切為理由適用我國法？依前者，X 將蒙受車禍的傷害而無侵權行為的請求權，依後者，有鑑於兩造皆在我國有工作收入，亦應有保險等情事，適用但書的規定依照我國法決定之，或許比較符合個案的妥當性。

2.在第二個問題，攸關侵權行為的準據法和繼承的準據法之間的關係。亦即，被告 Y 的損害賠償債務是否由 Z 所繼承，此為繼承的問題無誤，必須視該債務的性質來決定。按學說通說，依照「個別準據法破總括準據法理論」，繼承準據法上認為得作為繼承的財產發生移轉者，以該個別財產性質上之固有的準據法亦認其相同的效果為限。以本例來說，本法第 58 條繼承的準據法為我國法時，我國法上侵權行為的損害賠償請求債務縱使為被告 Y 的繼承財產，但上開債務是否具有繼承性，必須依個別的準據法（侵權行為的準據法），亦即侵權行為地法加拿大安大略省的法律來決定。安大略省法律倘若規定侵權行為的損害賠償債務不得繼承，則本件向 Z 請求侵權行為的損害賠償必須以請求無理由駁回之。

惟，如同上開實例 1 所述，本件的情形或應適用本條但書的規定，以關係最切之地法亦即我國法為本件侵權行為的準據法較為合理，如此，則結果將有所不同，侵權行為的損害賠償債務將被 Z 所繼承，X 對其有請求權。

第 26 條　商品製造人責任

⊘ 實　例

　　我國法人 Y 生產製造水果口味的果凍外銷到美國，在美國各大華人經營之超市上架販賣。加州居民之小女孩 A 在吞食果凍時，果凍直接滑入卡在咽喉導致 A 窒息成為植物人，其父 X 向我國法院起訴請求 Y 負損害賠償責任。

🔍 相關法條

第 26 條

因商品之通常使用或消費致生損害者，被害人與商品製造人間之法律關係，依商品製造人之本國法。但如商品製造人事前同意或可預見該商品於下列任一法律施行之地域內銷售，並經被害人選定該法律為應適用之法律者，依該法律：

一、損害發生地法。

二、被害人買受該商品地之法。

三、被害人之本國法。

💡 解　析

一、概　說

　　商品製造人責任 (product liability) 係指，商品製造人對於因其商品之瑕疵而受傷害之人所負之損害賠償責任。商品製造人責任的法律關係之性質決定，究竟應該定性在保護消費者的契約責任抑或未必有直接契約關係之人的侵權行為責任，或是介於兩者之法律關係，在各國實質法迭有討論，在國際私法上自有處理法律衝突之必要。

　　倘若將商品製造人責任定性為契約關係，則應該適用關於契約準據法

之規定，惟與瑕疵商品之間並無消費之契約關係之人蒙受損害時，則無法適用契約準據法來加以解決；倘若定性為侵權行為，則往往會適用到損害結果發生地法，當損害結果發生地只是偶然的地點時，亦未必妥當。

本法第 26 條從各國國際私法之潮流，將商品製造人責任單獨立法，立法理由謂：「因商品之通常使用或消費致生損害者，被害人與商品製造人間之法律關係，涉及商品製造人之本國法關於其商品製造過程之注意義務及所生責任之規定，爰規定原則上應適用商品製造人之本國法。此一規定不問商品係經外國製造人事前同意而進口，或經由貿易商依真品平行輸入之方式而進口者，均有其適用。如前述被害人之所以因商品之通常使用或消費而受損害，乃是因為商品製造人之創造或增加被害人與商品接觸之機會所致，或謂其間具有相當之牽連關係者，即有特別保護被害人之必要。爰參考 1973 年海牙產品責任準據法公約第 4 條至第 7 條、瑞士國際私法第 135 條、義大利國際私法第 63 條等立法例之精神，於但書明定如商品製造人事前同意或可預見該商品於損害發生地、被害人買受該商品地或被害人之本國銷售者，被害人得就該等地域之法律選定其一，為應適用之法律。」

二、學　理

在學說理論的討論上，有鑑於商品製造人責任的當事人之間往往是個人對抗法人，特別在商品行銷國際的情形，瑕疵商品的製造者為跨國公司的情形相當普遍，是故，弱者保護乃商品製造人責任法律關係之精神所在。以被害人為中心考量其利益時，被害人的經常居所 (habitual residence) 地法，或許係一妥當的連結因素，惟對於商品製造人而言，卻未必能對於其流通之地有所預見甚至完全掌握，被害人被害的地點乃至於其經常居所往往超越商品製造人的預測可能性，尤其是在有多數被害人且散見各國的情形更是如此。準此，學說上有主張，惟有當事人兩造皆具備預測可能性的連結因素較為妥當，亦即瑕疵商品流通之地之市場地法[19]。

---

[19]　溜池良夫，國際私法講義，頁 401。

三、比較法

㈠瑞士法

　　瑞士聯邦國際私法 (Swiss Federal Private International Law) 第 135 條第 1 項規定，基於商品製造之欠缺或說明不備之請求，應由被害人選擇下列法律：　a.加害人的營業所所在地法，無營業所所在地時依其經常居所地法；　b.商品取得地法，但加害人能證明商品未經其同意而被置於市場流通者，不在此限[20]。

　　由商品責任的被害人在當事人兩造皆具備預測可能性之連結因素，亦即製造人之主營業所所在地或經常居所地、商品取得地之間，選擇對其最有利之法，即反映出對於商品製造人責任，採取最大保護被害人之精神。

㈡羅馬規則

　　關於商品製造人責任，歐盟羅馬規則 II (Regulation (EC) No 864/2007 of the European Parliament and of the Council of II July 2007 on the law applicable to non-contractual obligations (Rome II))[21]適用第 4 條第 2 項的一般規定，以當事人兩造的共同經常居所地法為第一階段的連結因素，而於第 5 條第 1 項規定，　a.以瑕疵商品在該國流通為限，**被害人的經常居所地法**、　b.以該商品在該國流通為限，**商品的取得地法**、　c.以該商品在該國流通為限，**損害結果發生地法**。同項但書規定商品製造人能證明在上開 a、b、c 的任一情形商品的流通超越其預測可能性時，則不在此限。第 2 項則是關係最切條款，亦即有第 1 項規定以外之關係最切地法律時，依該法律。

---

[20]　Art. 135 b. Product liability 1 Claims founded on a product defect or a faulty description of a product shall be governed at the option of the injured party by: a. The law of the State in which the tortfeasor has his place of business or, in the absence of a place of business, his place of habitual residence.; or b. The law of the State in which the product was purchased unless the tortfeasor proves that the product was marketed in that State without his consent.

　　資料來源：

　　https://www.hse.ru/data/2012/06/08/1252692468/SwissPIL%20D0%B2%20%D1%80%D0%B5%D0%B4.%202007%20(%D0%B0%D0%BD%D0%B3%D0%BB.).pdf。

[21]　http://eur-lex.europa.eu/legal-content/EN/TXT/?uri=LEGISSUM:l16027。

㈢海 牙

海牙商品製造人責任準據法公約 (Convention on the Law Applicable to Products Liability) 將被害人的經常居所、生產者的主營業所所在地、商品的取得地、損害發生地等連結因素，以階段性的連結方法，在一定的範圍內讓原告加以選擇❷。

由上開比較法的規定來看，商品的取得地、損害結果發生地乃最為共通的連結因素。

四、我國之規定

本法第 26 條規定，因商品之通常使用或消費致生損害者，被害人與商品製造人間之法律關係，依商品製造人之本國法。但如商品製造人事前同意或可預見該商品於下列任一法律施行之地域內銷售，並經被害人選定該法律為應適用之法律者，一、損害發生地法。二、被害人買受該商品地之法。三、被害人之本國法。

由上開比較法的規定對照我國的現行法，可以發現，我國的現行法可以說是融合了比較法上的精神，但仍固守傳統大陸法系國家屬人法的國籍連結因素，在涉外民事法律適用法並未導入經常居所為連結因素時，亦不採取住所為連結因素，是與上開比較法的規定較為不同之處。在商品製造人為法人的情形，法人的本國法究係何所指，在本法改採設立準據法主義的情形下，將會變成準據法所屬國之法律，而非主營業所所在地的法律，其結果，法人的設立準據法與商品製造人責任之間是否關係最切，實不無疑問。或許仍有觀察實務的實踐加以檢討之必要。

---

❷ 資料來源：https://www.hcch.net/en/instruments/conventions/full-text/?cid=84。

第 27 條　不公平競爭

實 例

X（未經我國認許之西班牙法人）起訴主張：X 公司創立於西元 1877 年，為世界知名之皮件、靴鞋製造商，其所有「CAMPER」商標之靴鞋、皮件相關商品，廣為相關事業或消費者普遍認知，「CAMPER」商標並經經濟部智慧財產局認定為著名商標，Y 公司（我國籍法人、被告、被上訴人）未經上訴人之同意或授權，竟製造並販售使用相同或近似 X 所有系爭二商標圖樣之鞋類產品，侵害 X 之商標權。另經過多年努力，X 產品於我國市場競爭上具有高度獨特性，並擁有一定經濟利益，然 Y 製造販賣之 4 款鞋類，完全高度抄襲 X 產品，積極攀附 X 知名「CAMPER」商品、榨取 X 努力成果，而有違反公平交易法第 24 條之行為。X 曾於 100 年 9 月 1 日委請律師發函請求 Y 停止侵權行為，然 Y 並未理會，且繼續販售系爭產品，顯有侵權故意。X 聲明請求判令 Y 公司不得使用系爭商標，並不得製造、販售系爭鞋子商品及損害賠償等。

相關法條

第 27 條

市場競爭秩序因不公平競爭或限制競爭之行為而受妨害者，其因此所生之債，依該市場之所在地法。但不公平競爭或限制競爭係因法律行為造成，而該法律行為所應適用之法律較有利於被害人者，依該法律行為所應適用之法律。

解 析

一、學 說

各國關於國際不公平競爭的法律制度，在學說上大別有三種立場。一

為將不公平競爭定性為一般侵權行為，其準據法依侵權行為地法，次而檢討不公平競爭特有的侵權行為地為何地之立場；另一則將不公平競爭定性為特殊的侵權行為類型，而對於其「行為地」進行特別的解釋；第三則認為，不公平競爭之國內法為強制禁止規定，有屬地性，應採單面法則，直接適用國內法而無選法的必要。茲分述如下：

㈠一般侵權行為說

此說將不公平競爭定性為一般侵權行為，其準據法即適用一般侵權行為的規定，維持侵權行為雙面法則的適用。按此立場所採之見解，不公平競爭就權利或法益的侵害面看來與一般侵權行為仍然有所不同，其特色在於違反不得以不正當手段來競爭之客觀的行為規範。是故，不公平競爭的侵權行為地不宜單純解為加害行為地或結果發生地，而應該對侵權行為地予以明確化，就侵權行為地之解釋，分兩種情形：一是「因被告不公平行為致原告商品販賣量減少之地點」為行為地，解釋上即「市場地」；另一則是「關於營業之不公平競爭」，例如不公平廣告或營業誹謗等，應依照被害人的營業所所在地法，又「營業上的不公平競爭」在當事人雙方具有共通的屬人法的時候，應適用共通屬人法。

㈡特殊侵權行為說

此說認為不公平競爭係一種特殊侵權行為類型，不應該適用一般侵權行為的規定，而應該獨自立法。而此說的主張即是以市場地為此特殊侵權行為之連結因素。惟此說中亦有主張，在針對企業為對象而侵害其利益的情形，應依照企業營業所所在地法，而關於特定市場因不公平競爭所造成的侵害始依照市場地法[23]。

[23] 小出邦夫，國際私法判例百選第 2 版，頁 83，有斐閣，2012 年。瑞士聯邦國際私法第 136 條即採取此一立場：

Art. 136 c. Unfair competition

1 Claims founded on an act of unfair competition shall be governed by the law of the State in whose market the effects occur.

2 If the act affects exclusively the business of a particular competitor, the applicable law shall be that of the State where the place of business of the injured party is located.

㈢強行法規適用說

此說之立場係將國內法之不公平競爭防止法規與反托拉斯法皆定位為規制市場秩序之強制禁止規範，與反托拉斯法和智慧財產權法一樣具有屬地性，原則上適用屬地主義，立法上只需採單面法則即可。亦即，此說主張不公平競爭的法律關係只能適用國內相關實質法規，而無選擇準據法之必要。

二、我國的立法

本法第 27 條規定，市場競爭秩序因不公平競爭或限制競爭之行為而受妨害者，其因此所生之債，依該市場之所在地法（第 1 項）。我國的立法顯然是採取上開第 2 說，亦即特殊侵權行為說的立場，原則上以市場地法為連結因素。

惟例外於但書規定：「但不公平競爭或限制競爭係因法律行為造成，而該法律行為所應適用之法律較有利於被害人者，依該法律行為所應適用之法律。」不公平競爭或限制競爭既然係因法律行為所造成，法律行為之準據法如何還能對被害人有利，立法理由並無說明[24]，立法理由所稱參考之瑞士法，並無如同本條但書之規定，反而係採上開第二說的見解[25]，歐盟羅

---

3 Article 133, paragraph 3, takes precedence.

[24] 本條修正理由二：「不公平競爭或限制競爭等違反競爭法規或公平交易法之行為，對於藉該等法規維持之市場競爭狀態或競爭秩序，均構成妨害，其因此而發生之債權債務關係，亦與該市場所屬國家之法律密切相關。爰參考奧地利國際私法第 48 條第 2 項、瑞士國際私法第 136 條、第 137 條等立法例之精神，明定其應依該市場所在地法或所屬國家之法律。不公平競爭或限制競爭行為所妨害之市場橫跨二國以上者，各該國均為市場之所在地，就該等行為在各地所生之債，應分別依各該市場之所在地法。如不公平競爭或限制競爭之行為係以法律行為（例如契約或聯合行為）實施，而該法律行為所應適用之法律較有利於被害人者，為保護被害人之利益，自應依該法律行為所應適用之法律。」

[25] 瑞士國際私法第 136 條第 1 項係規定「市場地法」；第 2 項關於特定不公平行為，規定依「受害人之營業地法」：

Art. 136 c. Unfair competition

1 Claims founded on an act of unfair competition shall be governed by the law of the State in

馬規則 II 第 6 條亦無如同本條但書之規定 ❷，是故本條但書之規定，其學理上之理論根據究竟為何，比較法上參考之依據究竟為何，令人不解。

三、檢　討

就本條的規定，顯然是採取特殊侵權行為說的立場，原則上以市場地為連結因素。

不公平競爭在學理上或立法上多半著重在業者之間的競爭關係，而涉及公眾的利益則具各種面向，因此在學理上亦有主張認為，對於不公平競爭的準據法問題應該加以類型化，始能針對不公平競爭的多樣性有所規制。例如不實廣告這種「與市場關聯之不公平競爭」與營業誹謗之「關於營業之不公平競爭」應該有所區別。前者的情形屬於典型的不公平競爭，從保

---

whose market the effects occur.

2 If the act affects exclusively the business of a particular competitor, the applicable law shall be that of the State where the place of business of the injured party is located.

3 Article 133, paragraph 3, takes precedence.

❷ Article 6 Unfair competition and acts restricting free competition 1. The law applicable to a non-contractual obligation arising out of an act of unfair competition shall be the law of the country where competitive relations or the collective interests of consumers are, or are likely to be, affected. 2. Where an act of unfair competition affects exclusively the interests of a specific competitor, Article 4 shall apply. 3.(a) The law applicable to a non-contractual obligation arising out of a restriction of competition shall be the law of the country where the market is, or is likely to be, affected. (b) When the market is, or is likely to be, affected in more than one country, the person seeking compensation for damage who sues in the court of the domicile of the defendant, may instead choose to base his or her claim on the law of the court seised, provided that the market in that Member State is amongst those directly and substantially affected by the restriction of competition out of which the non-contractual obligation on which the claim is based arises; where the claimant sues, in accordance with the applicable rules on jurisdiction, more than one defendant in that court, he or she can only choose to base his or her claim on the law of that court if the restriction of competition on which the claim against each of these defendants relies directly and substantially affects also the market in the Member State of that court. 4. The law applicable under this Article may not be derogated from by an agreement pursuant to Article 14.

護公眾的利益之立場，市場地即為侵權行為地。而後者的情形則為一般的侵權行為，從保護被害競業者的立場，被害人營業所所在地即為侵權行為地。又此種情形，當事人雙方的屬人法如果共通的時候，應以當事人雙方的共通屬人法為準據法。另外，針對特定企業而為的不公平競爭，則應依照該企業之營業所所在地法。

四、實例說明

本條之實例係取材自智慧財產法院 102 年度民商上字第 14 號判決。本件訴訟關於不公平競爭的部分並非因法律行為而生，而係因侵權行為而生，故無本條但書之適用，而應適用本文的規定。本件訴訟 X 起訴所據法條皆為內國實質法，如公平交易法和商標法等。惟智慧財產法院依職權判斷本件為涉外民事事件，針對準據法的部分，判決理由一之(2)指出：「……（前略）❷ 2.查上訴人 X 依我國商標法取得商標權，主張被上訴人在我國有侵害其商標權之行為，則我國法院應依我國商標法決定人在我國有無權利之問題，以解決在我國應否保護及如何保護之問題，揆諸 100 年 5 月 26 日修正施行之涉外民事法律適用法第 42 條第 1 項規定，本件關於商標權事件之準據法，應依中華民國之法律。又上訴人主張被上訴人在我國境內有不公平競爭行為，而提起本件訴訟，是以本件涉外事件之準據法，依前開涉外民事法律適用法第 27 條前段規定，應依中華民國之法律（即市場之所在地法）。而兩造對於本件應以我國法律為準據法復未作何爭執，故本院自得本此而為審判。」

---

❷ 關於智慧財產準據法的部分，本件判決理由亦值得參考：「1.按以智慧財產為標的之權利，依該權利應受保護地之法律，民國 100 年 5 月 26 日修正施行之涉外民事法律適用法第 42 條第 1 項定有明文。又市場競爭秩序因不公平競爭或限制競爭之行為而受妨害者，其因此所生之債，依該市場之所在地法，同法第 27 條第 1 項亦有明文。」關於此部分的解說請參考本書後述智慧財產權之部分。

第 28 條　特殊侵權行為

實　例

1. 依照非洲奈及利亞法律而設立且主營業所在奈及利亞之公司 Y，平日專以我國民眾為對象利用網路通訊進行詐騙，我國籍被害人 X（住所我國）誤信詐騙而從臺灣匯款美金 2 萬元至 Y 之帳戶。

2. 素以報導名人八卦之雜誌 Y，某期刊登著名影星 X 與某政治高層關係曖昧，內容聳動不堪入目，X 深感委屈。由於 X 在華人地區具有高知名度，X 遂向我國法院起訴請求 Y 負其在中國、臺灣、香港、澳門、新加坡、美國加州、美國紐約等地所受損害之賠償。

相關法條

第 28 條

侵權行為係經由出版、廣播、電視、電腦網路或其他傳播方法為之者，其所生之債，依下列各款中與其關係最切之法律：

一、行為地法；行為地不明者，行為人之住所地法。

二、行為人得預見損害發生地者，其損害發生地法。

三、被害人之人格權被侵害者，其本國法。

前項侵權行為之行為人，係以出版、廣播、電視、電腦網路或其他傳播方法為營業者，依其營業地法。

解　析

一、概　說

　　本條規範關於經由大眾傳播之手段跨國傳播侵權行為之準據法規定。自第 1 項的文義觀之，第 3 款限定於人格權的侵害，以被害人之本國法為唯一的連結因素，而第 1 款和第 2 款則為人格權侵害以外之侵權行為，例

如利用網路侵入他人電腦系統、銀行、保全等等。

二、原　則

本條所規範者，為橫跨複數的國家或法域之一連串的侵權行為，亦有稱之為擴散型的侵權行為。立法上雖將透過傳播媒體或網路而致之侵權行為從一般侵權行為的規定獨立出來，惟其連結因素原則上仍然以傳統侵權行為的連結因素為原則，亦即加害行為地（第 1 項第 1 款）與損害結果發生地（第 1 項第 2 款）。

又此種特殊侵權行為的特徵必然為行為人為意思活動之地點（加害行為地）以及法益被侵害之結果所發生的地點（損害結果發生地）各為不同的國家或法域（隔地的侵權行為）。為了防止加害行為之發生，著眼於抑制加害行為之行為地與重視損害的填補機能之損害結果發生地，解釋上皆為侵權行為地。

而在國際私法的理論上，針對上開隔地的侵權行為的準據法，其中的加害行為地與損害結果發生地的特定，亦非全無問題，分述如下：

㈠結果發生地

關於結果發生地，則有下列兩種方法：一是經由傳媒或網路所造成的損害往各國擴散的情形，各個遍及的國家或法域皆為結果發生地，是故各個結果發生地法皆有適用。換言之，即是採取複數準據法的方法；另一則是特定其中一個國家（法域）的法律為準據法，採單一準據法的方法。

㈡加害行為地

除了結果發生地之外，加害行為地的特定發生困難的情形亦所在多有。在擴散型的侵權行為，至少會有一個加害行為使得損害結果發生在複數的國家或法域。比較法上，在加害行為地難以特定時，多以被害人的屬人法為連結因素，例如日本通則法第 19 條、第 17 條以被害人的經常居所、法人的情形則是主營業所所在地法為準據法。

本條第 1 項第 1 款與第 2 款原則上亦列舉加害行為地與結果發生地，惟係二者擇一，在加害行為地無法特定時，則以加害人（行為人）的住所地法為準據法，加害人為法人時則以其主營業所所在地法（本條第 2 項）

而非依被害人的屬人法為連結因素。此種立法在我國人為被害人而加害人為外國法人或企業時，我國法院適用外國法的機率極高，對於我國籍被害人的保護是否妥當，不無疑問（例如實例 1）。從保護被害人的觀點，被害人的住所地社會與侵權行為之間關係最切，且對於加害人的預測可能性並不違反，因此第 2 項專以法人的主營業所所在地法為準據法之規定，尤有檢討之空間。例如實例 1 的情形，X 向我國法院起訴時，依本條第 2 項之規定，準據法將成盧安達法，是否妥當，不無疑問。

三、人格權的保護

人格權經由大眾媒體或網路的侵害，可以想見的例如名譽權、隱私權、肖像權和信用權等。惟出版自由、表現自由與言論自由乃憲法所保障，與名譽權的保護之間始終存在緊張關係。名譽權的毀損之損害賠償除了精神慰撫金之外，不外乎刊登道歉啟事、回收或禁止發行出版品、撤除侵害的言論、刊登等等。而針對毀損他人的信用等侵權行為，原則上亦應以被害人的屬人法為連結因素，本條針對人格權的保護限定在第 1 項第 3 款，以被害人之本國法為準據法；第 2 項則以加害的法人之主營業所所在地法為連結因素。

第 32 條－第 34 條　債之移轉

實　例

1.意定債權讓與

原告 X（我國法人）向我國法院起訴主張，被告 Y（美國法人）與訴外人 A（美國法人）之間訂有寬頻服務訂單，準據法約定為美國法，Y 因違約應賠償 A 美金 20 萬元。A 將上開損害賠償債權讓與伊等情，求為命 Y 給付上開金額與法定遲延利息之判決。

⑴ XA 之間債權讓與的事實是否必須通知 Y？

⑵ XY 之間的準據法，應適用何國法？

⑶ XA 之間的準據法，應如何決定？

（本題取材自最高法院 93 年度台抗字第 176 號裁定）

2.法定債權讓與

本件原告 X 起訴主張於西元 2000 年承保訴外人 A（我國法人臺灣村田公司）自日本進口之電子零件一批，系爭物品委由承攬運送人日本法人 Y1（近鐵公司）運送，Y1 近鐵公司復委託 Y2 香港法人（國泰航空公司）實際運送，前開貨物到達桃園國際機場時，由我國法人 Y3（桃勤公司）卸貨，送達我國 Y4（華儲公司）倉庫。因訴外人 A 提領系爭貨物時，Y4 發覺系爭貨品有濕損之情形，遂在進口貨物異常情形報告表上填寫「本票共三件，其中二件紙箱底部受潮，目視內容有防潮包裝，無短少」，經過公證單位進行公證後，X 乃依保險契約之約定，賠償 A175 萬 1662 元，依保險法代位權及 A 所讓與之所有權，對被告 Y2、Y3、Y4 主張基於民法第 184 條、第 188 條、第 185 條之侵權行為損害賠償請求權，請求三位被告連帶負損害賠償責任；對 Y1 則主張基於承攬運送契約及侵權行為損害賠償請求權，請求 Y1 負損害賠償責任；而 Y1 被告與 Y2、Y3、Y4 負不真正連帶損害賠償責任等語。

　　Y1 抗辯系爭運送契約有華沙公約之適用，因此其無須負擔損害賠償責任，縱然需負損害賠償責任亦受到單位責任每公斤 20 美元限制，此外，其他三位被告並非伊之受僱人，因此就渠等之過失，無須負僱用人之損害賠償責任等語置辯。Y2、Y3 均否認有任何侵權行為之存在，系爭貨品濕損並非在渠等之保管過程中，且系爭貨品在交付予 Y4 之前並無任何異常報告，顯見渠等並無任何侵權行為可言等語置辯。Y4 則以公證報告證明系爭貨品係在伊保管之前發生濕損，而非在其保管期間所造成，且被告填寫異常報告表，並不代表系爭貨品之濕損是在被告保管中發生等語置辯。

（本題取材自臺灣桃園地方法院 90 年度訴字第 1162 號判決）

 相關法條

現行法

第 32 條

債權之讓與，對於債務人之效力，依原債權之成立及效力所應適用之法律。

債權附有第三人提供之擔保權者，該債權之讓與對該第三人之效力，依其擔保權之成立及效力所應適用之法律。

第 33 條

承擔人與債務人訂立契約承擔其債務時，該債務之承擔對於債權人之效力，依原債權之成立及效力所應適用之法律。

債務之履行有債權人對第三人之擔保權之擔保者，該債務之承擔對於該第三人之效力，依該擔保權之成立及效力所應適用之法律。

第 34 條

第三人因特定法律關係而為債務人清償債務者，該第三人對債務人求償之權利，依該特定法律關係所應適用之法律。

第 35 條

數人負同一債務，而由部分債務人清償全部債務者，為清償之債務人對其他債務人求償之權利，依債務人間之法律關係所應適用之法律。

舊法

第 7 條（債權讓與對於第三人之效力）

債權之讓與，對於第三人之效力，依原債權之成立及效力所適用之法律。

 解　析

一、涉外債之移轉

債之移轉係指債之主體變更的法律行為,可分為債權讓與和債務承擔。至於發生債之移轉的原因，通常可分為依當事人間之契約而發生（意定債權讓與），與基於法律規定而發生（法定債權讓與）兩種。

關於債之移轉的方式與效力如何，或與第三人之間的關係如何，各國規定不一，法律衝突於焉而生，國際私法上遂有探究其準據法之必要。在舊法時代，我國的國際私法教科書及裁判實務，多認為舊法第 7 條適用於法定債之移轉與意定移轉兩者，現行法除已經將兩者分開立法之外，針對債務承擔亦有個別立法。

二、意定債權讓與

(一)意　義

債權讓與云者，債權的讓與人（原債權人）與受讓人（新債權人）之間，依法律行為為債權之移轉之謂。在我國、日本與德國等內國法上，債權讓與被認為係屬一種對債權的處分行為（準物權行為），在理論上區分為讓與債權之原因行為（例如買賣或贈與），和讓與債權本身之準物權行為。在法國法上，債權讓與被認為係屬契約之一種；而英美法上，債權讓與之法律關係的性質並非契約，債權移轉並不僅限於因契約而為移轉。

(二)適用範圍

舊法第 7 條之規定，自其文義觀之顯然只針對於債權讓與之第三人之效力定其準據法。而舊法第 7 條在解釋上最有問題者，即條文所謂「第三人」究係何所指，容易滋生疑義。其立法理由指出，本條規定之目的在於：「使原有債之關係，保持確定，以免原債務人，及其他第三人之利益，因債權人變更，而受影響」。準此言之，所謂第三人即指債務人及其他第三人

而言。現行法第 32 條（下稱本條）第 1 項顯然維持舊規定的架構不變，但將容易滋生疑義之「第三人」直接正名為「債務人」❷，解釋上仍然包括債務人及其他第三人。

又本條所云之債權讓與，係指債權人和受讓人之間，依法律行為而為債權讓與，亦即意定債權讓與而言。換言之，依法律規定而發生債之移轉，即法定債權讓與，例如我國民法第 281 條連帶債務人的代位權或基於法院裁判而發生之債之移轉（例如強制執行法第 115 條第 2 項），過去我國實務皆將兩者混為一談，理論上應有所區別，現行法已將兩者加以區隔。此外，關於無相對人之單獨行為，例如基於遺囑而發生債之移轉的情形，並非適用本條來處理，而應該適用第 58 條繼承之規定。綜上所述，本條之適用範圍，僅限於依契約而生之債之移轉，對於第三人的效力而已，說明於下。

㈢當事人之間的準據法

1.對於債務人之效力

現行法第 32 條規定，債權之讓與，對於債務人之效力，依原債權之成立及效力所應適用之法律。如前所述，本條第 1 項顯然維持舊法第 7 條的架構不變，只針對於債權讓與之債務人之效力定其準據法。舊法第 7 條規定之立法理由指出：「使原有債之關係，保持確定，以免原債務人，及其他第三人之利益，因債權人變更，而受影響」。

例如實例 1，美國人 A，將對於美國法人 Y 以美國法為準據法之債權，讓與給我國法人 X，AX 之間的債權讓與，是否必須通知 Y，以準據法之

---

❷　本條之修正理由二謂：「現行條文關於『第三人』之範圍未予以限定，但債權讓與時，在讓與人及受讓人以外之所謂第三人，其範圍包括債務人及其他第三擔保人，債權讓與對此二者之效力，並各有其應適用之法律。爰將現行條文第 7 條移列本條第一項，明定為債權讓與對於債務人之效力之規定，並增訂第二項，明定為債權讓與對於第三擔保人之效力之規定。又債權之讓與人及受讓人之所以為債權之讓與，有時係以債權契約（如債權之買賣契約）為原因法律關係，並合意定其應適用之法律，此時如債務人亦同意適用該法律，即可兼顧當事人意思自主原則及債務人利益之保護，……（中略），然其實際上係三方同意之債之變更，不待增訂明文規定即應為相同之處理，併此敘明。」

美國法為準。

2.讓與人與受讓人之間

如前所述，自文義觀之，第 32 條第 1 項對於債權讓與的當事人之間，亦即關於讓與人（原債權人）和受讓人（新債權人）之間的效力之準據法並無明文規定，我國通說亦認為此未設明文規定乃法律之欠缺，因此只能依解釋決之。對於此問題，學說上具有代表性者有下列兩說：

(1)原債權準據法說

此說認為，債權讓與係準物權行為，並非本法第 20 條所適用之純粹「債權行為」，故其準據法僅依讓與人與受讓人之間契約所適用的準據法，在方法上顯然有誤。按**此說見解，債權讓與的效果，即債權人之交替，攸關整體債權的命運，故債權讓與當事人之間的效力，應該依被讓與之債權所適用之法律為準據法。**

例如實例 1，美國人 A，將對於美國法人 Y 以美國法為準據法之債權，讓與給我國法人 X，AX 之間的債權讓與，A 讓與債權給 X 之原因行為不明（究係贈與還是買賣），惟倘若 AX 之間有明示之合意存在，其原因行為之準據法依本法第 20 條決之；此外，關於讓與行為本身係準處分行為，其要件或當事人間之效力問題，皆應類推適用本條之規定，依原債權所適用的準據法來決定，亦即美國法。

此說在方法上包攝我國實質私法上關於區分債權行為與物權行為的理論，與國內實體法之間相互整合，對於現行法的解釋上較為可採，在德國、日本與我國皆為通說。

(2)讓與人與受讓人之間契約所適用的準據法說

此說主張，所謂債權讓與，係債權法上的法律行為，因此其準據法自然應該依照涉外契約之準據法規定來加以規範。此說將發生讓與債權義務之行為和移轉債權本身的行為視為一體的概念，僅在讓與的要件上設定對抗要件來保護讓與債務人。

比較法上採此說之理論者，例如在法國法上，債權讓與的當事人之間，就算有為債權讓與之交易，但是此項交易若不具備對抗要件（例如對於原

債務人為通知），此債權讓與之效力不及於原債務人或其他第三人。國際公約上，例如在歐盟的 1980 年羅馬公約第 12 條第 1 項規定，讓與人與受讓人之間關於契約債權讓與的相互間義務，依讓與人與受讓人之間契約所適用之準據法決之。此外，瑞士國際私法第 145 條第 1 項前段規定，原則依讓與人與受讓人之間契約所適用之準據法決之，當事人之間沒有選擇應適用之法律時，則依原債權之準據法。

此說理論上之根據，主要著眼於債權在交易上亦為財貨之一種，因此為了保護交易安全，促進債權交易流通之順利圓滿，將之依照契約來處理，在實務上頗為便利。惟批評此種見解之學說指摘，對債務人來說，容易成為此說之犧牲者。亦即，讓與人與受讓人所合意指定的準據法，對債務人說來可能係完全陌生的第三國法律，對於債務人的保護顯有不周。為了彌補此種批評所提起的問題，羅馬公約第 12 條第 2 項規定，關於債權讓與的可否、受讓人與債務人之間的關係、對債務人之對抗要件、債務人的債務是否消滅等，依被讓與之債權的準據法決定之；瑞士國際私法第 145 條第 1 項後段規定，讓與人與受讓人之間適用準據法之合意，若未得到債務人的同意，則不得對抗債務人。此立法之目的即在保護債務人。

如前所述，涉外債權讓與在我國的理論上得區分為原因行為（即債權行為，債權讓與之發生原因，例如係基於買賣或贈與而發生債權讓與），與讓與行為本身之處分行為兩個層面。就結論而言，就原因行為的部分，其準據法按當事人意思自主原則，依照第 20 條契約的規定定其準據法，而針對移轉債權之處分行為，則適用原債權所應適用之法律為準據法。

基上所述，就我國法的理論而言，涉外契約的準據法之適用僅限於債權行為，上開讓與人與受讓人之間契約所適用的準據法之第二說與我國實質民法上將債權行為與物權行為涇渭分明的理論架構顯有扞格，並為我國國際私法通說所不採。

我國通說係以原債權準據法為通說，本書從之。將涉外債權讓與區分為債權行為（原因行為）和準無權行為（處分行為），在與我國實質民法理論相互整合之點上，有其重要性。蓋民法上讓與人與受讓人之間藉由締結

債權讓與契約，使得讓與之效力非僅限於當事人之間，亦及於其他第三人。國際私法上的債權讓與概念，有必要包攝國內實質法上的法律概念，讓涉外債權讓與之法律關係，除了效力及於當事人之間之外，亦同時規範對於第三人的效力。

惟必須注意的是，將債權移轉在概念上區分為原因行為（債權行為）與移轉行為（處分行為）本身乃德國法上的概念，為日本與我國所繼受，但是在國際社會上並非各國共通的原理原則，在國際公約的制定上，這種法律概念顯未能普遍為世界各國所接受。德國在參加羅馬公約之後，亦必須就其國內法為一定之調整。

三、法定債權讓與

㈠原理原則

於涉外法定債權讓與的情形，債權讓與的要件與效力，其準據法應依原因事實的準據法決定之。以代位清償為說明，即以規範原債權人與因法律規定而取得債權之新債權人間之法律為準據法，蓋此時債權讓與法律關係所應決定者，無非該新債權人之清償行為之法律效果。再舉保證契約為例，在保證人清償債務之後，債權依法律的規定，當然從原債權人移轉至保證人，是故規範原債權人與保證人之間的法律關係，即應依保證契約之準據法。是故，法定債權讓與的法律關係所保護者，為上述（因法律規定而受讓債權）之新債權人之利益，與因法律行為而為債權讓與應保護處於被動地位之債務人之利益而有所不同。蓋於此情形，已經欠缺保護債務人之必要性之故。

比較法上，如前所述，1987 年瑞士聯邦國際私法將涉外債權讓與之選法規則，區分因法律行為而為債權讓與（第 145 條）和因法律規定而為債權讓與（第 146 條）而分別規定。同法第 146 條第 1 項規定涉外法定債權讓與，應依新舊債權人間法律關係之法為準據法，如欠缺該法律關係則以規範該請求之法律為準據法❷⑨。而羅馬公約第 13 條第 1 項❸⓿與羅馬規則 I

---

❷⑨　Art. 146:

　2. Transfer by operation of law

第 15 條❸，亦係以規範第三人必須清償債權人之債權之法律為準據法。

　　日本在施行 2007 年新國際私法選法規則之前，就法定債權讓與的準據法亦無明文規定，惟學說上，多數主張對於法定債權讓與的準據法選擇，應以原債權人與因法律規定而取得債權之人間的法律為準據法❸，裁判實務上，亦有就保險契約人因清償債務（支付保險金）後所生之保險代位的案例，日本的判例採取準據法應依規範保險人與原債權人之間法律關係之法律，亦即保險契約之準據法之例❸。

-----

1 The transfer of a claim by operation shall be governed by the law which governs the underlying legal relationship between the former and the new creditor or, in the absence of such relationship, by the law which governs the claim.

2 The provisions of the law governing the claim which are intended to protect the debtor take precedence.

❸ Article 13 Subrogation:

1. Where a person ("the creditor") has a contractual claim upon another ("the debtor"), and a third person has a duty to satisfy the creditor, or has in fact satisfied the creditor in discharge of that duty, the law which governs the third person's duty to satisfy the creditor shall determine whether the third persons entitled to exercise against the debtor the rights which the creditor had against the debtor under the law governing their relationship and, if so, whether he may do so in full or only to a limited extent.

❸ Article 15 Legal subrogation:

Where a person (the creditor) has a contractual claim against another (the debtor) and a third person has a duty to satisfy the creditor, or has in fact satisfied the creditor in discharge of that duty, the law which governs the third person's duty to satisfy the creditor shall determine whether and to what extent the third person is entitled to exercise against the debtor the rights which the creditor had against the debtor under the law governing their relationship.

❸ 溜池良夫，同❸，頁 408；木棚照一、松岡博、渡辺惺之，国際私法概論，有斐閣ブックス，第 5 版，2007 年 6 月，頁 187；櫻田嘉章，国際私法，有斐閣 S シリーズ，第 5 版，2006 年 11 月，頁 242。與前述多數說的見解不同，亦有少數說主張法定債權讓與的準據法應與因法律行為而生之債權讓與之準據法適用同一規則，請參見神前禎、早川吉尚、元永和彦，国際私法，有斐閣アルマ，2005 年 3 月，頁 203。

❸ 東京高判昭和 44 年 2 月 24 日判決，關於其評釋，請參見櫻田嘉章，保險代位，涉外判例百選第 3 版，有斐閣アルマ，1995 年 5 月，頁 112–113。

綜上所述，法定債權讓與的準據法，應依照規範原債權人（讓與人）與新債權人（依法律規定受讓債權之人）間的法律關係之法為準據法，在國際社會的立法、學說與裁判實務上，皆有相當的影響力。

㈡現行規定

本法第 32 條規定，債權之讓與，對於債務人之效力，依原債權之成立及效力所應適用之法律。本條之適用範圍，與修正前舊法第 7 條相同，仍然限於因法律行為而發生之債權讓與之情形。此可由本條之修正理由二中得到佐證：「……（前略）又債權之讓與人及受讓人之所以為債權之讓與，有時係以債權契約（如債權之買賣契約）為原因法律關係，並合意定其應適用之法律，此時如債務人亦同意適用該法律，即可兼顧當事人意思自主原則及債務人利益之保護，……（中略），然其實際上係三方同意之債之變更，不待增訂明文規定即應為相同之處理，併此敘明。」

關於法定債之移轉，現行法第 34 條設有明文規定：「第三人因特定法律關係而為債務人清償債務者，該第三人對債務人求償之權利，依該特定法律關係所應適用之法律。」本條之修正理由二謂：「第三人因特定法律關係而為債務人清償債務者，例如保證人或其他擔保人代債務人清償債務時，該第三人是否得承受或代位行使原債權人對債務人之權利或向債務人求償之問題，所涉及者主要為原債權人及繼受人間之利益衡量，其與第三人所據以清償之法律關係（保證契約）之準據法關係密切。爰參考德國民法施行法第 33 條第 3 項、瑞士國際私法第 146 條等立法例之精神，明定應依該特定法律關係所應適用之法律。」足見我國關於涉外法定債權讓與之準據法所採之立場，與本文前述國際社會的主流意見接軌。

以實例 2（取材自臺灣桃園地方法院 90 年度訴字第 1162 號判決）為例說明，判決理由中針對 XA 間的法定債權讓與的準據法謂：「再按債權讓與對於第三人之效力，依原債權之成立及效力所適用之法律，涉外民事法律適用法第 7 條（舊法）著有明文。本件原告主張其因代位而法定受讓訴外人臺灣○○公司關於承攬運送契約與侵權行為損害賠償債權，按之前開說明，有關本件侵權行為損害賠償責任既應適用我國法為準據法，則原告

受讓上開債權後對於被告之效力，亦應適用我國法。」因此適用意定債權讓與的準據法規定，並非妥當。

本件原告主張其「因代位而法定受讓」訴外人關於承攬運送契約與侵權行為損害賠償債權，然而其代位而法定受讓之根據為何？依判決理由顯係依照我國民法之規定而得為此主張，既然已經依照我國實質民法而發生法定債權移轉，次而適用本法選擇準據法，亦即先依照實質法發生法定債之移轉，次而選擇準據法，論理上有違國際私法選法理論之邏輯。質言之，本件判決先肯定原告係因我國法而發生法定債之移轉，次而依涉外民事法律適用法第7條（舊法）之規定決定準據法是我國法，實乃論理邏輯之倒錯。

四、債務承擔

本法第33條規定，承擔人與債務人訂立契約承擔其債務時，該債務之承擔對於債權人之效力，依原債權之成立及效力所應適用之法律（第1項）。債務之履行有債權人對第三人之擔保權之擔保者，該債務之承擔對於該第三人之效力，依該擔保權之成立及效力所應適用之法律（第2項）。

㈠債務承擔的準據法

債務承擔在性質上類似債權讓與，是故在理論上，主張債務承擔的準據法類推適用債權讓與的準據法之見解者眾。亦即，關於債務承擔的成立與效力，應依被承擔之債務本身的準據法，亦即本法第33條所謂原債權之成立及效力所應適用之法律。立法理由二謂：「承擔人與債務人訂立契約承擔其債務時，債權人既未參與其間承擔該債務之法律行為，即不應因該債務之承擔而蒙受不測之不利益。爰規定其對於債權人之效力，應依原債權之成立及效力所應適用之法律，以保護債權人之利益。」

惟必須注意的是，債務承擔與債權讓與相同，應該區別原因行為（債權行為）與準處分行為的準據法。

㈡對於第三人的效力

債務承擔對於第三人的效力問題，過去在學理上有主張，應類推適用債權讓與上以保護債務人為目的之舊法第7條，現行法第32條的規定，來

保護債權人，以債權人的住所地法為準據法。惟學說通說認為，債務承擔的準據法，應以保護債權人為目的，這點在對於第三人的效力問題上亦同，是故，應適用債務本身的準據法。本法第 33 條但書之規定，係針對第三人對債權設有擔保權之情形。立法理由三謂：「債務由承擔人承擔時，原有之債權債務關係之內容即已變更，故如第三人曾為原債權提供擔保，該第三人所擔保之債權內容亦因而有所不同，故該第三人得否因而免責或其擔保是否仍繼續有效等問題，宜依該擔保權之成立及效力所應適用之法律，以保護該第三擔保人之利益。例如 A 國人甲與 B 國人乙訂定最高限額 100 萬元之保證契約，擔保乙對於 C 國人丙之債權，如丁承擔丙對乙之 60 萬元之債務，則甲之保證契約是否轉而擔保丁對乙承擔之 60 萬元債務所對應之債權，及甲是否仍應擔保丙對乙之其他債務所對應之債權等問題，均宜依該保證契約應適用之法律決定之。」

第 36 條 消滅時效

➔ 實 例

　　在美國紐約市開設法律事務所之美國籍律師 X，接受臺灣法人 Y 公司之委任，在美國紐約代理 Y 進行法律業務。X 在相關法律業務終了經過四年後請求報酬未果，向我國法院起訴。Y 為時效抗辯主張 X 之請求權已經罹於時效。依照紐約州法，訴訟提起的期間為六年。

🔍 相關法條

第 36 條

請求權之消滅時效，依該請求權所由發生之法律關係所應適用之法律。

💡 解 析

一、消滅時效

　　消滅時效，在英美法系國家係屬程序問題 (limitation)，故程序法上依法庭地法原則，時效問題係依照法庭地法決定之。惟時效問題在我國係屬實體法的範疇，邏輯上應依請求權所由發生之法律關係所適用之法律。本條之立法理由二謂：「請求權之消滅時效，因各國關於其法律效果之規定不同，國際私法上有認定其為實體問題者，亦有以之為程序問題者。消滅時效規定於我國實體法，本法亦認定其為實體問題，並規定其準據法決定之問題。由於消滅時效係針對特定之請求權而發生，而請求權又為法律關係效力之一部分，爰參考瑞士國際私法第 148 條規定之精神，規定消滅時效之問題，應依其請求權所由發生之法律關係之準據法。」此外，解釋上，時效利益的援用與拋棄之準據法，亦應依本條之規定決定之。

　　各國法制上時效的長短不一，倘若外國法的時效較我國法更長或甚有無時效的情形，則應依公序條款來加以解決。

又契約當事人於事後變更準據法的情形，原則上新準據法應溯及的適用在當事人之間的時效問題，亦即，倘若依照新準據法時效尚未完成，縱使依照舊準據法請求權已經罹於時效，在新準據法的適用下時效應解為不完成；惟事後的選法不得給第三人的法律地位帶來不利益，第三人契約所發生第三人的債權之時效，因準據法變更而短縮時，第三人得主張適用舊的準據法。

二、實例說明

本條規定，請求權之消滅時效，依該請求權所由發生之法律關係所應適用之法律。實例所發生之法律關係，為在美國從事法律業務的委任契約關係，係屬債權上的法律關係。依照本法第 20 條第 1 項之規定，倘若雙方約定系爭委任關係之準據法為紐約法，則本件請求權的時效之準據法即應適用紐約州法而非我國法。

至於紐約州法之時效六年的規定，較之我國民法第 127 條第 5 款規定律師報酬之請求權因兩年間不行使而消滅為長，是否應解為違反我國公序良俗而排除外國法之適用，應採否定的見解。蓋適用紐約法之結果，係保障債權人於債權法上之應受保護權利，並不違反債務人的預見可能性，亦對債務人的保護無侵害可言，對於我國的法秩序或公益難謂違反。

第 37 條　債之消滅

實　例

上訴人 X（我國法人）主張：X 於 1996 年間至 1998 年間出售中古機車及零件等予奈及利亞之買受人，並將提單影本交付予被上訴人 Y（美國籍）提領貨物，詎 Y 向買受人收受貨款後未依約交付予 X。其中 X 出售美金 213,064 元之中古機車、零件，Y 以信用狀給付美金 10 萬元，但因可歸責於 Y 事由而延期 60 天未領取貨櫃，致 X 須負擔銀行計息及管理費用之損害美金 3,000 元，應由 Y 負擔，Y 實付美金 97,000 元，尚欠美金 116,064 元。

Y 則以：Y 代 X 至奈及利亞招攬買主，且 X 所提發票、提單影本記載之買家，為 A 公司、B 公司、C、D 公司、E、F 等人，買受人是否給付貨款與 Y 無關。又 X 出口贓車遭海關扣留並全部拆櫃檢查，致貨物嚴重損壞形同廢鐵，延誤交貨時間，Y 向 X 買受貨櫃，並給付價款美金 10 萬元，事後 3 個貨櫃出售之價額僅美金 6 萬元，尚不足支付信用狀之金額，X 尚欠 Y 美金 4 萬元。又 X 於 1999 年間出具字據承認尚欠 Y 美金 45,561 元，另 Y 為 X 處理貨櫃，40 呎之大貨櫃委任報酬美金 1,000 元、20 呎之小貨櫃委任報酬美金 500 元，均得與 X 之請求抵銷等語，業據 Y 提出 X 出具之字據 3 紙為證，資為抗辯。（改編自臺灣高等法院 102 年度重上字第 619 號判決）

問　題

Y 得否為抵銷抗辯？其準據法為何國法？

相關法條

現行法

第 37 條

債之消滅，依原債權之成立及效力所應適用之法律。

 解　析

一、債之消滅

　　本條在於明定債之消滅的準據法，依原債權之成立及效力所應適用的法律為準據法。債權係因發生何種事由而消滅，乃債權效力之一環，原則上即應以債權之準據法來加以決定。例如清償、提存、抵銷、免除、混同和消滅時效。本條之立法理由二謂：「債之關係存續中，當事人如以法律行為予以免除，或有其他法律所規定之原因者，債之關係均可能歸於消滅。特定之法律事實是否足以使債之關係消滅，或何種法律事實可構成債之消滅原因之問題，其本質與原債權之存續與否問題直接相關，均應適用同一法律，較為妥適，爰規定其應依原債權之準據法。」

　　惟必須注意的是，倘若債權屬契約債權，而當事人針對契約的成立和效力指定不同的準據法時，債之消滅的準據法應解為依效力之準據法。

二、免除與混同

㈠免　除

　　免除在我國實質民法上係屬單獨行為，不以債務人的承諾為必要，惟在其他國家的制度上是否以債務人的承諾為必要則或有不同；此外，是否以原因行為為必要？皆以原債權的準據法決定之。

　　惟必須注意的是，在以贈與之意思而為債務免除之贈與時，則應依照原因行為的準據法，亦即贈與契約的準據法。

㈡混　同

　　混同云者，係指債權與債務屬於同一人而歸於消滅。混同的成立與效力，應依原債權的準據法。惟倘若原債權係以第三人之權利為目的（例如我國民法第 344 條但書規定），該第三人權利之存否應依照該權利之準據法❸❹。又，成為混同之原因的法律關係，其混同應依該法律關係之準據法

---

❸❹　例如租賃和所有權混同的情形，其要件與效力應累積適用債權的準據法和物權的準據

決定之。例如債權人繼承債務人，因混同而發生債權消滅時，繼承的有效性即應依繼承的準據法決定之。

三、抵　銷

㈠意　義

抵銷云者，相互擁有同種債權之兩當事人之間，為省略清償各自債務之麻煩，將其相當額相互消滅之謂。抵銷係屬債之消滅原因之一。此意義在國內民法與國際私法上並無不同。又抵銷制度廣為各國所有，惟其成立與效力各國或有不同。

㈡比較法

英美法上之抵銷 (set-off)，雖亦有委任事務終了時的清算或合夥解散時的清算，而例外的不需訴訟程序的情形。惟一般而言，抵銷在英美法上常被用為裁判上之攻擊防禦方法，係屬訴訟上制度的一環，其準據法適用法庭地法。相對於英美法系，將抵銷制度定位於實體法之立法，抵銷被定位於債權消滅的原因之一，而債權的消滅本身，往往屬於債權效力的樣態之一，是故應適用債權本身的準據法。

惟大陸法系國家當中關於抵銷的制度亦有所不同。例如法國法系和義大利法系，抵銷並不以當事人的意思表示為必要，只要雙方互負債務適於抵銷的狀態，亦即抵銷適狀，法律上當然發生抵銷，在雙方相當額之債權自動的消滅。此制度下，抵銷制度著眼於雙方的債權消滅，而非因自動債權而成立被動債權的免責行為。相對於法國法與義大利法，德國法和瑞士法上之抵銷，係由一方當事人，將處於抵銷適狀的債權，向他方當事人為意思表示而發生抵銷，因此，此制度所著眼者，為抵銷係為了意圖使被動債權消滅的行為。

㈢準據法的決定

1.現行法的規定

現行法雖未將抵銷獨立立法,惟解釋上應該依本法第 37 條的規定來決定其準據法，亦即，依原債權之成立與效力所應適用之準據法。瑞士國際

法，溜池良夫，國際私法講義，頁 415。

私法第 148 條第 2 項即採取此種立法。此外，在日本亦有採相同立場之學說❸。

　　惟必須注意的是，主動債權與被動債權的準據法並無不同時，此項規定固無問題，倘若主動債權與被動債權準據法相異的情形，即有進一步檢討的必要。

2.主動債權與被動債權準據法不同

　　如前述，抵銷的成立與效果等縱應依債權的準據法，惟倘若被動債權的準據法與主動債權的準據法不同時，仍然不無問題。針對此問題，日本傳統的學說主張，抵銷的成立與效力之準據法，應累積適用被動債權的準據法與主動債權的準據法，其理由在於，所謂抵銷，即是使自動債權與被動債權相互消滅之謂，是故累積適用雙方的準據法有其合理的根據。惟晚近此種傳統學說的主張已經不再具有多數說的地位。晚近多數的見解，認為所謂抵銷是利用自動債權來免除債務人的債務之行為，以債權的消滅取代被動債權之履行的一種方法，是故，應適用被動債權的準據法。

3.被動債權

　　在兩債權的準據法不同時，有鑑於無須清償債權人之債權即為消滅，故為保護債權人，應適用被動債權的準據法，使被動債權發生之法律關係的準據法來決定抵銷的要件與法律效果。準此，是否有抵銷禁止的問題？債權是否無清償期？時效已經消滅之債權或發生抗辯權之債權是否能將之作為主動債權或被動債權等問題，皆應適用被動債權的準據法。

4.主動債權

　　此外，主動債權的準據法之適用範圍，在於該債權是否有效成立？債權的額度如何？是否已屆清償期？時效是否已經消滅？是否有抗辯權而誰為抗辯權人等問題。

四、實例說明

　　實例係改編自臺灣高等法院 102 年度重上字第 619 號判決，本書節錄

---

❸　抵銷係屬實體法上的制度，應依照債權契約的準據法。溜池良夫，國際私法講義，頁414。

其中關於抵銷的爭點。本件判決我國法院並未針對抵銷抗辯的準據法問題為司法判斷，而係針對 XY 之間是否成立委任契約先為選法。我國法院認為本件法律關係發生在舊法時代，故應適用舊法 ❸ 。嗣針對兩造之間的債之關係，適用關於契約準據法的舊法第 6 條規定，曰：「次按法律行為發生債之關係者，其成立要件及效力，依當事人意思定其應適用之法律。當事人意思不明時，同國籍者依其本國法，國籍不同者依行為地法，行為地不同者以發要約通知地為行為地，如相對人於承諾時不知其發要約通知地者，以要約人之住所地視為行為地，修正前涉外民事法律適用法第 6 條第 1 項、第 2 項亦有明文。」

惟 XY 並未約定準據法，為兩造所不爭執，尚難依上開舊法第 6 條第 1 項定其應適用之法律。又兩造既為不同國籍，依舊法第 6 條第 2 項規定，本件應依 X 主張委任契約之行為地法，X 法定代理人復主張其均在臺灣委任 Y 處理本件事務，為 Y 所不爭執，故本件準據法為我國法律。

結論上，我國法院認為 XY 間委任契約之準據法為我國法。於此情形，倘若本件債之關係發生在現行法修正以後，縱使適用現行法第 20 條第 2 項之規定，當事人無明示之意思或其明示之意思依所定應適用之法律無效時，依關係最切之法律。關係最切之法律解釋上亦為我國法。

關於 Y 主張抵銷的準據法，現行法雖未將抵銷獨立立法，惟解釋上應該依本法第 37 條的規定來決定其準據法，已如前述。亦即，依原債權之成立與效力所應適用之準據法。原債權之成立與效力所應適用之準據法既為我國法，Y 抵銷抗辯之準據法即應依照我國法決定之。

---

❸　「按涉外民事，在本法修正施行前發生者，不適用本法修正施行後之規定，民國 99 年 5 月 26 日修正公布，100 年 5 月 26 日施行之涉外民事法律適用法第 62 條前段定有明文。本件債之關係發生於 85 年至 87 年間，本件涉外民事事件仍應適用 100 年 5 月 26 日修正施行前之涉外民事法律適用法（下稱修正前涉外民事法律適用法）。」

第五章

物　權

第 38 條－第 41 條　物　權

實　例

1. 法國的買主乙向德國的賣家甲買賣貨物一批，在德國簽約，雙方並達成移轉動產所有權的合意，但客觀上尚未交付亦未為占有改定等代用方法。今甲欲以貨車載送之方式將貨物運送至乙之營業所，在此批貨物通過德國與法國國境後，其所有權在法律上屬於甲或乙？

2. 我國家具公司甲為了在日本分店販賣家具，與我國的海運公司締結家具的運送契約。日本的進口商乙希望進口甲之家具，海運公司將其所簽發的載貨證券於法國背書轉讓（裏書讓渡）給乙。惟家具早遭盜竊，並於義大利被善意第三人丙所購入。試問，甲乙丙誰擁有系爭家具的所有權？

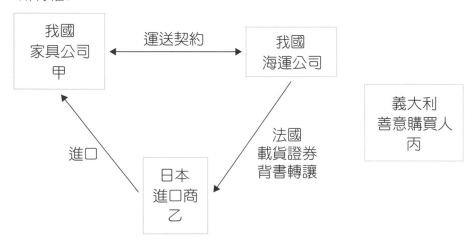

相關法條

第 38 條

關於物權依物之所在地法。

關於以權利為標的之物權，依權利之成立地法。

物之所在地如有變更，其物權之取得、喪失或變更，依其原因事實完成時物之所在地法。

關於船舶之物權依船籍國法；航空器之物權，依登記國法。

第 39 條

物權之法律行為，其方式依該物權所應適用之法律。

第 40 條

自外國輸入中華民國領域之動產，於輸入前依其所在地法成立之物權，其效力依中華民國法律。

第 41 條

動產於託運期間，其物權之取得、設定、喪失或變更，依其目的地法。

 解　析

一、物之所在地法原則

㈠物之所在地法

不動產中特別是關於土地，世界各國可說是毫無例外的皆採依物之所在地法。而關於動產，雖有若干國家採所有人之屬人法，惟比較法上不問動產不動產，仍然以「所在地」為連結因素蔚為共通之原則。就此意義而言，物權的準據法依物之所在地法可謂係國際社會上共通之法原則。

關於物權，以所在地法為原則之理由可歸納為下列三點：

1.所在地國之公益

存在於各國領土內自然資源的利用權往往與物權密不可分，國家以此等自然資源的利用權之管理支配為內容之公益，往往高於自由交易原則。

2.第三人的預測可能性

債權的準據法原則上只要考量當事人之間所存在的各項要素即可，惟物權具有排他性與對世效力，且物權法定主義依關物權的種類與內容，是故，物權的準據法在連結因素的決定上必須將第三人的因素加以考量，實體法上為呼應物權的上開特性，法律制度上備有公示制度。從而在衝突法的層次上，連結因素不能採取第三人所無法預知的連結因素。

3.法庭地法的適用

土地，構成一個國家的領土範圍，因此，關於土地的權利義務關係由該國法院具有專屬管轄，亦為萬國公認的原理原則。縱非專屬管轄，不動產所在地亦為特別審判籍的管轄原因之一（我國民事訴訟法第 10 條第 2 項）。

㈡物之所在地法的界限

如上所述，物之所在地法原則雖係萬國公認之原理原則，惟此原則仍然有其界限：

1.公　海

物之所在地必然為國家領土主權所及，惟以「所在地」為連結因素對於公海上的船舶或通過公海上空的航空器，以及該船舶或航空器所運載之貨物皆無適用之餘地。

2.文化財

物之所在地法係針對具有融通性之財產為對象，對於被特定國家指定為國寶等文化財，原則上不受物之所在地法原則之拘束。

3.運送中之物

對於運送中且超越國境之物，所謂的「所在地」很可能僅係一時性的、偶然性的地點，該地之法與物未必具有最切關係。

㈢準據法的決定

本法第 38 條第 1 項規定，關於物權依物之所在地法。按上開規定，物權的種類、內容與效力等關於物權存否的任何問題皆依所在地法。不問動產或不動產，或有我國物權法上內容名稱相異之外國法上的物權，對第三人的效力如何，皆依所在地法決定之。

㈣準據法的適用

物權的準據法，適用於物權的種類、約定、內容與效力，亦包括占有。例如，經過某國家指定為國寶之美術品在該國禁止交易，惟在我國境內被發現時，該美術品的所有權是否可以移轉原則上應該依照我國的法律來加以決定。

1.物權的請求權

例如物上返還請求權等物權的請求權，其準據法亦應依照第38條第1項物之所在地法之規定。惟於物權的侵害之情形，往往同時發生侵權行為的請求權和不當得利請求權。此時，侵權行為的請求權之準據法縱然應依本法第25條以下之規定決定之，惟在此種情形下，侵權行為的準據法應解為與物之所在地法為同一之法律，不宜割裂。

2.擔保物權

⑴法定擔保物權

法定擔保物權如留置權與優先權等，其成立與效力原則上亦應依物之所在地法。惟此等物權，係為擔保一定的債權而由法律所規定而來，論理上必須以被擔保債權之準據法亦認此等權利為前提，倘若被擔保債權準據法不認此種權利，則法定擔保物權將無所附麗。準此，法定擔保物權的成立，亦必須依被擔保債權的準據法決定之。亦即，法定擔保物權的準據法，必須採累積適用物之所在地法與被擔保債權的準據法。就結論而言，法定擔保物權只有在標的物所在地法與被擔保債權的準據法雙方皆認其成立時，始能成立。

關於效力之問題，雖亦有學說主張按上開法理，亦應同時累積適用物之所在地法和被擔保債權的準據法。惟效力的問題，係指擔保物權成立後的權利義務關係，解釋上依物之所在地法即為已足。

⑵約定擔保物權

如質權、抵押權等約定擔保物權的成立與效力，乃物權的問題，應依物之所在地法決定之。與前述法定擔保物權不同，約定擔保物權的情形，未必須累積適用被擔保債權的準據法，應針對個別約定擔保物權的內容為合目的性的解釋。以權利質權為例，學說認為原則上應與物上質權相同，應依標的物之所在地法。惟債權質權的情形，則應依債權的所在地法決定之。亦即，國際私法上的通說認為，權利質權依法理，應由設定質權之目的權利的準據法來加以決定。質權原係針對有體物之制度，而擴張至如權利質權之無體權利，是故，按與有體物關係最切之法為物之所在地的法

理，以設定質權之目的權利之法為權利質權關係最切之法，應最為妥當。準此，債權質權的準據法，即應依債權的準據法；設定股票質權的準據法則應依法人的屬人法。

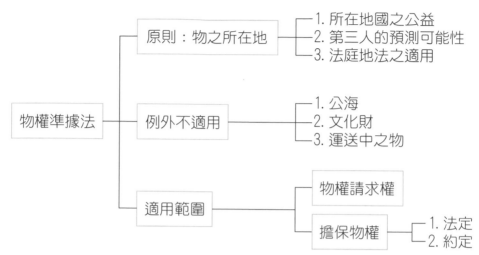

二、所在地變更

㈠準據法的決定

第 38 條第 3 項規定，物之所在地如有變更，其物權之取得、喪失或變更，依其原因事實完成時物之所在地法。

如前所述，為交易安全故，動產物權依照該動產所在地法，乃國際社會廣泛承認之原則，這點在我國法上現行法舊法的規定並無不同。惟設想因國際交易而使得物為跨國性移動時，究竟應該以何地為所謂的「物之所在地法」，則不無疑問。本項之規定，係針對跨越國境之動產，明確規定以物權變動的要件完成之時點為判斷「所在地法」的基準。物之所在地的變動是否基於法律行為在所不問。不同的國家先後挨次成立複數的物權時，有鑑於物權的排他性，法律上必須決定究竟以哪一個物權的效力為優先。本項規定以原因事實完成時的所在地法，就我國國際私法的觀點看來，即係明確規範在該所在地法所成立的物權具有優先的效力。

以所有權為例,將所有權的變動與上開物之跨國移動問題連結在一起,舉例說明或許更具體。所有權移轉的要件未於最初的所在地完成時,依照新所在地法,是否應解為不考慮既成的事實？實例 1 的問題在於,依照最

初的所在地法德國法，動產所有權的移轉，除了讓與合意之外必須伴隨現實上的交付（德國民法第929條前段）、簡易交付（後段）與占有改定（德國民法第930條）或依返還請求權的讓與（德國民法第931條）來代替現實上的交付。

相對於德國法，法國法第1138條以及第1583條之規定，在當事人就標的物和價格達成合意時，物之所有權即發生移轉，由債權人取得標的物之所有權。準此，於實例1的情形，系爭貨物在德國依照德國法因尚未交付或藉由其他代替方法使所有權發生移轉，是故在德國境內時法國買主尚未取得貨物之所有權，並無問題。惟關於特定物在買賣契約成立當時是否全然沒有推定當事人之間存在占有改定之意思，而適用法國法使所有權發生移轉之餘地？

德國過去的傳統理論，動產在舊所在地依照舊所在地法已完成所有權移轉的要件時，其效力在新所在地法依然有效，惟倘若尚未完成所有權移轉的要件時，其事實在新所在地亦不被加以考量，而必須改由依照新所在地法來判斷所有權的移轉，亦即，倘非依照新所在地法上的要件完成特定行為時，所有權仍不發生移轉。

惟晚近德國國際私法上的學說和實務通說一改立場，認為在動產所有權物權移轉的要件如讓與合意與交付，在時間上有先後的推移時，動產的所在發生移動的情形，應以構成要件中最後的部分所實現之地的法律來加以判斷。而此地之法對於構成要件的先行部分亦得加以評價。換言之，在實例1的情形，於貨物通過德法邊境時，只要當事人之間讓與合意繼續，法國法上移轉所有權之效力應解為立即發生。此種立場亦為德國聯邦最高法院所採。

(二)準據法的適用

第40條：自外國輸入中華民國領域之動產，於輸入前依其所在地法成立之物權，其效力依中華民國法律。

1.基於繼續的事實所發生之變動

舊所在地法發生物權變動的原因事實（例如取得時效法定時間的經過）

在未完成期間物發生跨越國境的移動，而在新所在地法下未完成時，依新所在地法發生物權變動的效力。而在舊所在地法所發生的事實，例如時間的經過，在新所在地法會被如何評價，乃新所在地法實質法的解釋問題。新所在地法可以斟酌在舊所在地法外國法所發生的事實，例如在外國時所發生的時間經過。若舊所在地法下所未完成構成物權的得喪變更之事實，例如動產的取得時效為 10 年，在舊所在地法已經經過 8 年，依新所在地法動產取得時效為 5 年，此時依照新所在地法取得時效完成而所有權發生變動。舉例而言，甲國法下取得時效的期間為 10 年，而在乙國法下取得時效的期間為 5 年，但在甲國系爭動產已經被占有人占有 8 年後，占有人攜帶系爭動產前往乙國，在進入乙國國境當時，占有人依照乙國法取得時效是否成立，乃乙國法的解釋問題。

2.因法律行為而發生之變動

(1)契約的準據法與物權的準據法

　　動產所有權在當事人間的移轉往往涉及債權法與物權法。在國際私法上，對於其他人之所有權等物權移轉義務的發生原因，例如債權契約等法律行為與發生物權效力的法律行為（物權行為），有加以區別之必要。質言之，**原因行為之債權行為，其準據法應依契約準據法；而物權行為之準據法則應依物之所在地法。**

　　若如同德國與我國民法，嚴格區分債權行為與物權行為之概念者，在國際私法上亦以相同之原理原則處理之，固然沒有問題，惟像法國法和日本法此種實質法上，以一個合意即可同時發生物權的移轉之國家，國際私法之解釋則或有不同。**某一事實是否具有發生所有權移轉等物權的法律效果，應依物權的準據法亦即物之所在地法決定之。**例如，針對位於日本的動產而成立之買賣契約，依該債權契約的準據法，縱須同時為依讓與合意而交付之物權行為，在物移動到他國例如我國時，所有權移轉等物權法上的法律效果即不再斟酌日本法之規定,而應該依我國物權法來加以決定之。

(2)法律行為的方式

　　本法第 39 條規定，物權之法律行為，其方式依該物權所應適用之法

律。亦即，物權之設定與處分等物權行為的方式，依該物權所應適用之法律，而所謂該物權所應適用之法律，係指決定該物權效力之法律之謂。準此，決定物權效力者，即物之所在地法。是故，物權行為之方式，即應依物之所在地法決定之。

三、運送中之物 (resintransitu)

第41條：動產於託運期間，其物權之取得、設定、喪失或變更，依其目的地法。

針對運送途中之物，於其通過地國，或公海上之物為法律行為而發生物權的變動，並無明文規定。蓋此種情形在實務上其實並不多見。且由於物在運送途中，「所在地」因無法確定而不可能以所在地為連結因素，縱能確定其亦為偶然性之地點，並非關係最切而不具意義。就結論而言，應以目的地國法為準據法。

四、盜贓物

盜贓物應針對是否涉及第三人之利益討論之。在不涉及第三人的情形，例如旅行途中，貴重物品遭盜賣，是否仍然以所在地法為準據法，不無疑問，然學說上有主張應依照出發地法者❶。

此外，倘若被盜之物品有保險，則解釋上或應解釋為保險公司之事務所所在地之法律，而不應以物之所在地法為準據法。

五、載貨證券

載貨證券所表示貨物之所有權移轉，是否應該依照載貨證券所在地法來加以判斷？在過去，世界各國多採依照載貨證券所在地法，惟晚近針對移動中之物亦採前述原則，亦即以最終目的地法（原因事實完成時之所在地法）來判斷。至於善意取得之問題，則依照現實所在地法來加以判斷。

倘若載貨為盜贓物的情形，載貨證券是否能被解為類似物權的證券，則不無疑問。

---

❶　橫山潤，國際私法，三省堂，頁159。

第 38 條 船舶與航空器

實 例

　　韓國法人原告 X 起訴主張其與韓國法人訴外人 A 於西元 2008 年 12 月、2009 年 2、3 月間簽訂油料供給契約，A 請求 X 替巴拿馬法人 Y 所有巴拿馬籍船舶中譯吉祥輪加油，X 遂透過訴外人 B 公司及 C 公司等供應吉祥輪機油及燃油，加油款合計折合新臺幣為 1,013 萬 4,727 元，X 於西元 2009 年 12 月 8 日就 A 公司所積欠之加油款及利息（下稱系爭加油款債權），向韓國首爾中央地方法院對 A 公司聲請核發支付命令，經該法院於西元 2009 年 12 月 15 日核發支付命令，系爭支付命令並於西元 2010 年 1 月 22 日確定，X 就系爭加油款債權對於 Y 所有吉祥輪具有海事優先權，故向我國法院訴請確認 X 對 A 公司就系爭支付命令所示之加油款債權，就 Y 所有吉祥輪之船舶、船舶設備及屬具或殘餘物有海事優先權。

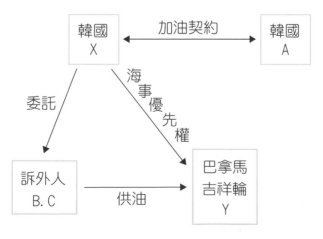

相關法條

第 38 條第 4 項

關於船舶之物權依船籍國法，航空器之物權；依登記國法。

強制執行法第 114-3 條

外國船舶經中華民國法院拍賣者，關於船舶之優先權及抵押權，依船籍國法。當事人對優先權與抵押權之存在所擔保之債權額或優先次序有爭議者，應由主張有優先權或抵押權之人，訴請執行法院裁判；在裁判確定前，其應受償之金額，應予提存。

解　析

一、航空器與船舶

本法第 38 條第 4 項規定，關於船舶之物權依船籍國法；航空器之物權，依登記國法。

航空器或船舶等，因具有移動性，其「所在地」常具偶然性或可能非屬任何國家之領域，故不宜以「所在地」為連結因素。又與移動之物不同，船舶與航空器可以與「本國」加以連結，通常即以登記國或登錄國為其本國，是故，國際私法的傳統理論與立法上以登記地國為連結，亦即航空器以登錄地國法，船舶則以船籍國法為準據法。

二、船舶擔保物權

船舶的擔保物權，理論上原應屬於擔保物權的一種，其準據法理論上亦應依擔保物權的準據法之理論。學理上，船舶的擔保物權可區分為約定擔保物權（船舶抵押權）與法定擔保物權（海事優先權）。針對學說上的主張整理如下：

(一)船舶抵押權

關於船舶的約定擔保物權之準據法，有下列各說：

1.關於其成立與效力，皆應依旗國法。

2.關於其成立，應累積適用被擔保債權的準據法與旗國法；關於其效力，則應使用旗國法。

3.關於其成立應依旗國法；關於效力則應依現實的船舶所在地法。

在日本，以第 1 說為實務與學術多數說。

(二)海事優先權

關於船舶的法定擔保物權之準據法，有下列各說：

1.關於其成立與效力，皆應依旗國法。

2.關於其成立與效力，皆應依被擔保債權的準據法。

3.關於其成立，應累積適用被擔保債權的準據法與旗國法；關於其效力，則應適用旗國法。

4.關於其成立與效力，皆應累積適用被擔保債權的準據法與旗國法。

5.關於其成立應累積適用被擔保債權的準據法與現實的船舶所在地法；關於效力則應依現實的船舶所在地法。

在日本，以第 3 說為實務與學說多數說。

三、海事優先權

針對海事優先權，我國實務上有認為此乃法律欠缺的問題。例如高雄地方法院 100 年度海商字第 5 號判決❷理由五謂：「㈡系爭吉祥輪於西元 2009 年 11 月間停泊於我國領域高雄港內，為我國裁判權效力之所及，我國執行法院自得對之強制執行，該船舶船籍為巴拿馬籍，業據原告提出船籍證書為證（院卷第 92 頁），屬外國船舶，執行程序當適用法庭地法即我國法，因此強制執行之聲請等執行程序，均應適用我國強制執行法、民事訴訟法及其他附屬法令；惟有關船舶優先權因屬船舶之擔保權，有優先受償權，因各國對於船舶優先權之成立、內容及優先次序並不一致，且**依據修正前、後之涉外民事法律適用法或海商法，對於如何選擇海事優先權之準據法，概無明文之規定**；依我國強制執行法第 114 條之 3 第 1 項前後固規定『外國船舶經中華民國法院拍賣者，關於船舶之優先權及抵押權，依船籍國法。』其立法理由為『外國船舶停泊於我國港口，或航行於我國領域內，依屬地主義之原則，為我國法權所及，參照涉外民事法律適用法第 10 條第 4 項之規定，及國際私法上互相承認其效力，准其享受優先受償之權

---

❷ 本件判決經最高法院 104 年度台上字第 2197 號判決確定，最高法院與第二審高雄高分院均維持一審高雄地院的見解。本件高雄地院的判決理由精緻詳細，故本書以之為主要檢討對象。

利。』惟因吉祥輪尚未經法院拍賣，應逕行適用修正前涉外民事法律適用法第 10 條第 4 項規定為已足，無適用強制執行法第 114 條之 3 第 1 項前段規定之餘地。矧以，內國法院應依內國法之規定或概念決定海事優先權法律關係之性質（定性），而關於海事優先權之性質，我國海商法第 24 條第 1 項規定於民國 88 年 7 月修正後，已明定『為海事優先權擔保之債權，有優先受償之權』，是認船舶優先權為特定債權對於特定標的物有優先受償之權利，非單純債權可比，船舶優先權具有直接支配特定物、優先受償及追及效力，顯具有物權性質（最高法院 87 年度台上字第 734 號及 93 年度台上字第 2203 號等判決意旨參照）。本件涉外海事優先權法律關係，依修正前涉外民事法律適用法第 10 條第 4 項前段規定，關於船舶之物權依船籍國法，吉祥輪海事優先權之法律關係，自應以巴拿馬法律為準據法甚明，被告主張應以韓國商法為本件準據法之適用，尚非可取。」

本件的判決雖指摘關於海事優先權的準據法，修正前後的涉外民事法律適用法並無明文規定，惟在結論上仍引用強制執行法第 114 條之 3 的立法理由，連結本法修正前第 10 條第 4 項（現第 38 條第 4 項）的規定，準據法依旗國法決定之。此實為現行規定適用之結果。

四、檢　討

海事優先權具有物權的性質，屬法定擔保物權的一種，乃學說與實務通說所採的一貫立場。惟法定擔保物權的本質，實係基於債之關係中的債權所設定的權利，卻具有物權法上的效力。是故，同時具有債權準據法與物權準據法的法律性質，以債權法上的基礎所設定的法定擔保物權，為發揮其物權法上的效力，自然應以債權的有效成立為前提，準此，權利的設定係以債權的準據法來設定，但其效力必須為物權的準據法所承認，此亦為上述累積說的立論基礎。

惟針對累積說，亦有值得檢討之處，亦即累積說縱係從債權的準據法連結到物權的準據法，最後賦予物權上的效力，其理論仍然以海事優先權的法律性質定性為物權為前提（定性論），既然定性為物權，則單獨適用物權的準據法即為已足。舉凡成立、存續、效力、範圍、順位、行使方法乃

至於累積適用債權準據法來決定是否具有物權性，皆應單獨適用物權的準據法。此說晚近受到較多學說的支持。

以上述定性論為基礎，則海事優先權的準據法即應單獨適用物權的準據法。惟，其準據法究竟應以船籍（第 38 條第 4 項），抑或是物之所在地法（第 38 條第 1 項）為連結因素？船舶的所屬國亦即旗國因有船籍證書等文件，具有明示性、繼續性，故對船舶的物權關係即以旗國法為準據法。此立場為本法第 38 條第 4 項與強制執行法第 114 條之 3 所採，亦為本件判決最後見解。惟旗國法的缺點在於船籍與該船舶未必關係最切，且當船籍國變更時即會帶來準據法的變更，舊準據法下所成立的物權在新準據法下存續時，其效力如何在新準據法下轉換成為同種、等價的物權，亦即權利類型的轉置 (transposition)，不無問題。

倘若以船舶的所在地法為準據法，則航海上船舶的所在地將不斷的變更，準據法的適用將陷入極度不安定的狀態。惟海事優先權係債權發生的同時因法律而發生，債權發生當時船舶現實上的所在地並非不能特定。是故應以債權成立時的所在地法為準據法之見解，在德國與日本的學說亦見主張。而此說進而發展，海事優先權是否成立係船舶被扣之後，所在地固定之後始發生之問題，是故應以假扣押或拍賣的程序被聲請之時點的所在地法為準據法。

至於海事優先權究竟應定性為實體問題抑或程序問題？此問題在主張以船舶的所在地法（假扣押時的所在地法）為物權的準據法之見解的立論基礎在於，如前所述海事優先權問題之發生在於船舶被扣押時開始，是故海事優先權的順位或優先的效力乃程序上的問題，應適用「程序法依法庭地法」原則。

國際私法傳統上採旗國法的優點在於，從保護船舶抵押權者的觀點看來，對於海事優先權的順位有明確的預測可能性，藉由船舶抵押來達到信用之保護。惟必須注意的是，海事優先權人亦為信用提供者，海事優先權中的被擔保債權，除了衝突債權或航海必需品供給債權等純粹攸關私益的債權之外，亦有例如法院費用或各種租稅債權等基於國家公益或財政利益

的債權存在。而採累積說的方法，將因應債權的種類而分別適用不同的準據法，在實務上很容易被批判將問題複雜化或欠妥當。

　　為貫徹保護船舶信用之制度本旨，不受被擔保債權的種類之影響而有所不同，衝突法上對於債權準據法上優先權的效力或順位亦予以尊重，回歸物權準據法以物之所在地法，亦即船舶現實的所在地法，才是海事優先權關係最切之法律。

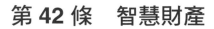

第 42 條 智慧財產

 實 例

　　X 起訴主張，伊從 1969 年至 1999 年在跨國電器製造企業 Y 的研發單位擔任主任研究員，負責產品研發的工作。任職期間，X 主導了幾項專利之發明（下稱本件發明），XY 雙方簽訂契約，將專利申請權及專利權屬於 Y。Y 針對本件發明，分別在美、加、英、法、德與荷蘭等國取得專利，並與複數其他企業締結針對本件發明之專利實施允諾契約，而有高額獲利。而 Y 對 X 則給付本件發明所取得專利之報酬新臺幣 80 萬元。

　　X 主張 Y 在我國與其他外國之專利權係伊讓與 Y，依照我國專利法第 7 條第 1 項本文規定請求「適當之報酬」。

問 題

專利法第 7 條的規定，針對因職務上的發明而在外國取得專利權的情形是否有所適用？

相關法條

第 42 條

以智慧財產為標的之權利，依該權利應受保護地之法律。

受僱人於職務上完成之智慧財產，其權利之歸屬，依其僱傭契約應適用之法律。

 解 析

一、概 說

　　關於專利和商標等以登記或註冊為生效要件的智慧財產權，從屬地主

義原則和獨立原則延伸而出來的極端見解，認為此等智慧財產權的問題非為衝突法則所適用之對象。蓋各國的智慧財產權法於其領域內極盡屬地性的適用，且智慧財產權性質上係屬無體財產，既不生法律適用地理上的關係，自不生法律地理上的競合。又自獨立原則，各國國內的智慧財產權相關的法律與他國法律「井水不犯河水」，彼此不可能相互適用，亦無相互承認之必要，沒有接觸，何來牴觸？故曾有學說認為國際私法學對於智慧財產的法律無適用之餘地。

惟智慧財產權既然仍屬私權，且關於屬地主義原則本身的概念不確定且多義，其理論根據迭有爭議❸，又在現今交通與通訊手段等伴隨高度科技化而與人類日常生活緊密相結合，關於智慧財產權的保護已經超越國界藩籬，程序的提起與法律的適用在各國的裁判實務上早已經打破過去司法主權的絕對堅持，智慧財產權爭訟含有涉外要素的機率，比較其他財產或身分的法律關係，實在有過之而無不及。

二、原理原則

關於智慧財產權的準據法，可以分為關於其成立、效力與期間之權利本身的準據法、權利被侵害時的準據法和權利讓與時的準據法三個面向來分別論述。

㈠權利本身的準據法

關於智慧財產權的準據法，現行涉外民事法律適用法已有明文規定。第 42 條第 1 項規定：「以智慧財產權為標的之權利，依該權利應受保護地之法律」。本條規定反映國際社會上對於涉外智慧財產準據法的主流見解，不問著作權或工業財產權，關於其權利本身的準據法，應適用保護國法，亦即當事人所主張應受保護之國家的法律。而所謂保護國法，應與法庭地國法有所區別❹。本條修法理由中亦指出，保護國法並非當然指法庭地法，而係當事人所主張應受保護之某國的法律：「……（前略）以智慧財產為標

---

❸　申美穗，いわゆる「知的財產法における属地主義」の多義性とその妥当性，国際私法年報9，頁 226–285，信山社，2007 年。

❹　木棚照一，国際知的財産法，頁 244，日本評論社，2009 年。

的之權利，其成立及效力應依權利主張者認其權利應受保護之地之法律，俾使智慧財產權之種類、內容、存續期間、取得、喪失及變更等，均依同一法律決定。該法律係依主張權利者之主張而定，並不當然為法院所在國之法律，即當事人主張其依某國法律有應受保護之智慧財產權者，即應依該國法律確定其是否有該權利。……（後略）」。

而保護國法的理論依據，具有代表性者有下列三說：

1.內國民待遇原則說。此說求諸於國際公約上的規定之學說，認為巴黎公約第 2 條、伯恩公約第 5 條、萬國著作權公約第 3 條、與貿易有關之智慧財產權協定 (TRIPs) 第 3 條所採內國民待遇原則。

2.工業所有權獨立原則 ❺。此說從針對工業所有權的國際公約中，例如巴黎公約第 4 條之 2 關於專利，第 6 條第 3 項關於商標所規定之工業所有權獨立原則來求得保護國法的根據，此說在日本的學說與實務獲得相當廣泛的支持。

3.不從國際公約來探求其根據，而從現行國際私法選法規則上面關於物權的規定，認為智慧財產權係屬排他性的支配權這點與物權類似，故得擬制其客體之所在地，類推物權的規定 ❻。

相較保護國法說，我國國際私法學說有不同見解。有學說認為國際公約只規定若干基本原則，特別是針對非締約國仍然必須依照衝突法來解決涉外智慧財產權的問題，可以援引現行法第 10 條第 2 項的規定：「關於以權利為標的之物權，依物權之成立地法」之規定 ❼；此外，亦有學說認為應採原始國法說，其理由在於權利之成立與效力，係源自於原始國的法律規定，如採請求接受保護國法說，則可能因為各國法律不同，在原始國受

❺　對於此原則之解說，請參閱曾陳明汝，「智慧財產權之國際私法問題㈡——論涉外物權制度暨智財權之準據法」，收錄於氏著國際私法原理續集——衝突法論，頁 229，1996 年。

❻　關於學說的詳細分析，請參閱木棚照一，国際知的財産法，頁 245-246，日本評論社，2009 年。

❼　曾陳明汝，「智慧財產權之國際私法問題㈡——論涉外物權制度暨智財權之準據法」，收錄於氏著國際私法原理續集——衝突法論，頁 224，1996 年。

保護之智慧財產權，在請求接收保護國可能不被保護，故有違既得權之尊重原則。日本最高裁判所的讀卡機事件判決❽對於專利權的成立與效力之準據法並非適用向來被普遍主張的保護國法，而係適用登記國法。

原始國法說的主張，除了對於工業財產權以外，對於著作權亦有實益。亦即，關於著作權的成立、效力及消滅，雖然國際社會上之主流亦採應依保護國法為準據法。但對於著作權的原始歸屬人之決定，則應為例外之處理，不應依各個保護國的法律決之，而應連結特定國家一國的法律來為統一性的決定，例如著作物的本國，在已經發行的情形，其本國為第一發行國，未發行時，以著作人之本國為著作物之本國❾。

㈡權利侵害的準據法

關於涉外侵害智慧財產的法律關係之性質，應定性為侵權行為？抑或是為智慧財產權的效力問題？外國學說有所爭論。

有少數見解認為，智慧財產權上是否成立「權利侵害」，端視登記國之法律而定，惟有登記國之法律始能評價特定行為成立侵害行為，而其他與登記國法不一致之他國的法律的適用均應以請求無理由駁回之❿。

惟多數說向來認為此當然為侵權行為的問題⓫。我國學者亦不例外⓬，

❽ 日本最高裁判所平成14年（2002年）9月26日第一小法庭判決（カードリーダー事件（最高裁平成12年（受）第580号）民集56巻7号1551頁）。在日本擁有住所之日本人原告（第二審及第三審之上訴人）在美國發明讀卡機技術並取得美國的專利權。關於本件發明之對應專利，歸屬於被告日本法人。被告將屬於本件發明的技術範圍之產品在日本國內製造，透過被告之百分之百子公司美國法人出口到美國並在美國國內販賣。原告請求被告產品之對美出口之禁止和以對美出口為目的之製造之禁止，被告產品之銷毀、以及基於侵權行為的損害賠償。

❾ 駒田泰士，「著作権をめぐる国際裁判管轄及び準拠法について」，国際私法年報6号，頁74，信山社，2004年。

❿ 横山潤，國際私法，頁217–218。

⓫ 木棚照一，国際知的財產法，頁248–249，日本評論社，2009年。關於著作權侵害的準據法問題，應定性為侵權行為而依侵權行為的選法規則來決定準據法，請參閱駒田泰士，上揭「著作権をめぐる国際裁判管轄及び準拠法について」，頁73；關於專利權的侵害亦同，請參閱茶園成樹，「特許権侵害の準拠法」，国際私法年報6号，頁45–

就本文所調查我國的實務案例，亦幾乎全將之定性為侵權行為。有問題者，在侵權行為的準據法把權利侵害作為侵權行為的成立要件時，智慧財產權的有效性或其保護範圍等先決問題的判斷成為爭點時，例如被告提出權利無效的抗辯或提出反訴主張權利無效時，究竟應如何決定準據法，不無討論的餘地。自結論言，此種問題並非依照侵權行為的準據法，而似應該依智慧財產權本身的準據法決之。英國法上甚至認為，涉外侵害智慧財產權雖非國際專屬管轄，但當被告在本訴提出權利無效的抗辯，或提起反訴主張權利無效時，法院應駁回管轄，請原告改至權利登記國起訴[13]。

㈢屬地主義與累積性的適用

我國舊涉外侵權行為的準據法係採累積性的適用之立法，亦即，依照舊涉外民事法律適用法第 9 條第 1 項規定：「關於由侵權行為而生之債，依侵權行為地法。但中華民國法律不認為侵權行為者，不適用之。」按智慧財產權的屬地主義原則，在外國登記而得之智慧財產權（下稱外國智慧財產權），其效力不及於域外，解釋上，該外國智慧財產權在我國法上非為智慧財產權之權利。以專利權為例說明，依照巴黎公約上的專利獨立原則和屬地主義，在一個國家被賦予的專利權僅存在於該國的法域內，在該法域以外並無任何被承認的權利可言。縱使外國的專利權在內國境內被侵害時，法律上亦無權利受侵害可言，蓋舊涉外民事法律適用法第 9 條第 1 項但書規定：「但中華民國法律不認為侵權行為者，不適用之。」

比較法上貫徹屬地主義原則和涉外侵權行為選法規則上累積性的適用

46，信山社，2004 年。

[12] 例如曾陳教授雖未明示探討定性的問題，惟自其大作中直接討論侵權行為地之確定看來，可以推認曾陳教授認為涉外智慧財產的侵害係屬侵權行為性質的法律關係，請參閱曾陳明汝，「智慧財產權之國際私法問題㈢——論事實行為發生之債暨智財權國際侵害之準據法」，收錄於慶祝馬教授漢寶七秩華誕國際私法論文集，頁 35-38，五南，1996 年。

[13] Hartley, Intellectual Property Rights and the Proposed Hague Convention, in Einhorn and Siehr (ed), Intercontinental Cooperation through Private International Law, Essays in Memory of Peter E. Nygh, T.M.C. Asser Press, at 158 (2004).

之國家，除了日本的最高裁判所之讀卡機事件判決之外，過去英國法上也有類似的情形。蓋英國在 1995 年國際私法立法化之前，涉外侵權行為的準據法，即發生過此類案件，亦採累積性的適用 (double action ability rule)。例如原告在英國和義大利就一商標皆有註冊,而被告在義大利侵害其商標，原告無法在英國得到勝訴，就算英國法院對被告有一般管轄權，蓋義大利的商標權在英國法上非為權利，故無侵害可言。但在 1995 年英國國際私法立法化之後，涉外侵權行為的選法規則已經廢除累積性適用法則，完全依照侵權行為地法而使得情況有所改變，原告無須向英國的法院證明，侵害外國的智慧財產權在英國法上成立侵權行為，只要證明，依照外國法為侵權行為即可 ❹。

惟日本的國際私法學說中有見解認為，涉外侵權行為選法規則上的累積性的適用之立法趣旨，應解為僅止於問究同種行為在內國實施的話究竟構不構成侵權行為而已，但並不要求系爭權利在內法上必須為智慧財產權之登記。惟我國現行涉外民事法律適用法已經廢除累積性的適用之規定，故不生上述問題。

三、職務發明

我國專利法第 7 條第 1 項規定，受雇人於職務上所完成之發明、新型或設計，其專利申請權及專利權屬於雇用人，雇用人應支付受雇人適當之報酬。但契約另有約定者，從其約定。此即我國實質法上關於職務發明的規定。此一規定在國際私法上是否有準據法的適用問題? 抑或此為強行規定，有絕對的適用而排除選法? 學理上有不同的見解。

本法第 42 條第 2 項規定，受僱人於職務上完成之智慧財產，其權利之歸屬，依其僱傭契約應適用之法律。此一規定，係學理上所稱「職務發明」的準據法規定。關於涉外職務發明的問題，國際私法的學理上有將此問題定性為勞動契約抑或僱傭關係之立場。此立場著眼於使用人與從業者之間的僱傭關係，認為職務發明制度係一保護從業人員的制度，從業人員的勞務給付地為我國的情形,對於外國的專利權亦有我國專利法第 7 條之適用;

---

❹　Hartley, Intellectual Property Rights and the Proposed Hague Convention, at 157.

而在無法決定從業人員的勞務給付地為何地之情形，倘若使用人的營業所在我國境內時結果亦同，外國的專利權亦有我國專利法的適用。我國現行法第 42 條第 2 項之規定，顯然係採取此一立場，立法理由三謂：「受僱人於職務上完成之智慧財產，其權利之歸屬問題固與該權利之發生或成立密切相關，同時亦涉及當事人於該僱傭契約內之約定，惟就其法律適用問題而言，則與該僱傭契約之準據法關係較密切。爰明定受僱人於職務上完成之智慧財產，其權利之歸屬，依其僱傭契約應適用之法律。」

　　相較於上開立場，比較法上有學說認為，專利法所規定職務上發明之規定倘若為強行規定時，只要職務發明上的專利權讓與契約與本國有一定的關聯性時，本國的專利法之規定即有適用[15]。

---

[15]　橫溝大，特許法上の職務発明，国際私法判例百選【第 2 版】，頁 106–107。

第 43 條　載貨證券

實　例

1.最高法院 80 年度台上字第 2362 號判決

要旨：本件載貨證券背面條款第 24 條記載，運送契約應適用日本法，乃一定型化條款，係單方所為之意思表示，不能認係雙方當事人之約定，無涉外民事法律適用法第 6 條第 1 項之適用。原判決謂本件應適用日本法云云，已有可議。

2.最高法院 80 年度台上字第 1830 號判決

要旨：載貨證券其背面第 6 款固載有：「一切海上運送事項應適用 1936 年 4 月 16 日生效之美國海上貨物運送條例」，但此項附記之文句，乃運送人單方所表示之意思，不能認係雙方當事人之約定，而有涉外民事法律適用法第 6 條第 1 項規定之適用。茲運送人海皇公司與託運人即證券持有人聯華公司其國籍不同，發要約通知地在高雄，則依同法第 6 條第 2 項之規定，自應以中華民國之法律為其準據法。

相關法條

第 43 條

因載貨證券而生之法律關係，依該載貨證券所記載應適用之法律；載貨證券未記載應適用之法律時，依關係最切地之法律。

對載貨證券所記載之貨物，數人分別依載貨證券及直接對該貨物主張物權時，其優先次序，依該貨物之物權所應適用之法律。

因倉單或提單而生之法律關係所應適用之法律，準用前二項關於載貨證券之規定。

解　析

一、背　景

如實例 1 與 2，我國最高法院針對載貨證券上的準據法約款，在現行法修正之前，一以貫之採取否定其有效性的立場。其理由不外乎載貨證券背面的準據法約款，「乃一定型化條款，係單方所為之意思表示，不能認係雙方當事人之約定，無涉外民事法律適用法第 6 條（舊法規定）第 1 項之適用」。國際私法上合意的有效與否發生問題時，必須透過國際私法選擇準據法來加以決定之。蓋準據法合意亦為涉外契約的一種，理論上有選擇準據法的必要，故應依照契約的衝突規則選擇準據法，來決定其合意的有效性。亦即，就合意的有效性，例如合意的意思表示是否一致？有無無效或得撤銷的瑕疵存在等問題，應依照修正前第 6 條，現行第 20 條之規定來決定合意的準據法，並據而判斷該合意是否有效成立。

惟準據法的合意問題，同時涉及定型化契約的限制與弱者保護等議題。惟定型化契約與弱者保護主要在針對現代交易型態當事人地位不對等的情形，為防止經濟上優勢之當事人，利用定型化契約濫用合意管轄或準據法條款，保障當事人中較為弱勢之一方而言。惟載貨證券背面記載管轄與準據法約款，不僅為海運之國際慣行，當事人皆為航運業者，並無當事人地位不對等之問題。最高法院過去否定載貨證券準據法合意的有效性之論理，在學理上備受爭議。

本次修正涉外民事法律適用法增設本條第 1 項前段之規定，即以立法的方式杜絕此種爭議。立法理由二：「載貨證券係因運送契約而發給，但其與運送契約之法律關係截然分立，故因載貨證券而生之法律關係，其準據法應獨立予以決定，而非當然適用運送契約之準據法。海商法第 77 條之所以規定應依本法決定其應適用之法律，亦為此故。因載貨證券而生之法律關係，主要是運送人及其使用人或代理人對於載貨證券之持有人，應依載貨證券之文義負責之關係。故即使載貨證券之內容多為運送人及其使用人或代理人片面決定，甚或其具有僅為單方當事人之意思表示之性質，仍應

承認該載貨證券關於應適用之法律之效力，以維持法律適用之明確及一致，並保護交易安全（底線為本書所加），至於無記載應適用之法律者，則應依關係最切地之法律，以示公平。爰增訂第 1 項，以修正現行司法實務之見解。載貨證券上關於準據法之記載，如有使運送人藉以減免責任，而對於載貨證券之持有人形成不公平情形者，仍可依法認定其記載為無效，而適用關係最切地之法律，併此說明。」

二、關於債權效力的準據法

㈠傭船契約存在時

海上運送人與載貨證券持有人之間存在傭船契約時，載貨證券不過是海上運送人領取貨物的受領證而已。此種情形，海上運送人與載貨證券的持有人之間的關係，應依照傭船契約的準據法。

㈡無傭船契約時

海上運送人與載貨證券持有人之間無傭船契約存在時，包括向傭船人簽發的載貨證券係向第三人背書轉讓的情形在內，兩者之間的關係原則上必須由載貨證券來證明運送契約加以決定，該契約的準據法應按第 20 條第 1 項的規定，依照載貨證券的發行人之海上運送人的指定意思來加以決定，乃學說通說。

相對於上開通說的見解，有認為像載貨證券這種以定型化契約來約定契約的內容之情形，應無契約自由原則之適用為理由，主張無本法第 20 條之適用，而應依照運送人主營業所所在地法之見解。亦有認為證券上的權利乃要因行為，與簽發載貨證券的基礎之運送契約的準據法必須同一。

基於載貨證券，對於運送人行使權利之人（貨物領受人），與受領由運送人簽發載貨證券之人通常並非同一人，對載貨證券持有人而言，成為自己權利根據之準據法在載貨證券上被明確記載是對自己有利的，運送人的主營業所所在地有時在確定上並非容易，是故上開通說的立場似乎比較妥當。

此外，有因貨物的種類不同而簽發無背書記載約款之載貨證券，僅在證券表面載有本載貨證券與傭船契約的約定相同之旨的記載。此種情形，

即應推定兩者之間存在有載貨證券效力的準據法即應依傭船契約的準據法之意思。

(三)至上條款

載貨證券中有記載僅遵守特定國家之海上物品運送法之規定（至上條款）者，此種情形並非約定該特定國的法律體系全體，而僅指定特定國的海上物品運送法部分規定，此為實質法的指定，而非準據法的約定。此種無明示約定準據法的情形，學說有主張應考量包括至上條款在內等的諸要素，來探求當事人之間默示的意思求得準據法。惟依照本條第 2 項之規定，載貨證券未記載應適用之法律時，依關係最切地之法律。故我國法院得針對個案決定其關係最切之法。

以上所述方法所定之準據法，對於載貨證券之有效性、依載貨證券所證明運送契約的當事人（海上運送人究為船主？傭船人？或雙方都是？）、海上運送人的責任範圍、免責約款的效力、單位責任限度額、善意持有人的權利等事項皆有適用。針對載貨證券的簽發雖有主張應依個別的準據法來決定之，惟此種見解恐只會導致法律關係複雜化，是故此問題亦應依債權效力的準據法決定之即可。

三、關於物權效力的準據法

對於運送中的貨物簽發載貨證券，關於該被運送的貨物之處分行為均只能由載貨證券為之。載貨證券的交付，對於被運送貨物的物權亦即所有權、質權等之取得，是否與被運送貨物的交付具有同一效力，即載貨證券物權的問題。關於載貨證券物權效力的準據法，在學說上具代表性者有三說：

(一)債權效力的準據法和被運送貨物的所在地法

累積適用債權效力的準據法和被運送貨物的所在地法，兩者皆認發生物權的效力時，始發生物權的效力。而被運送貨物的所在地法應解為目的地法。

(二)物之所在地法

是否具有物權的效力，自然應依物之所在地法。而所謂物之所在地法，

即係指被運送貨物的目的地法。

㈢證券本身的所在地法

此為證券是否發生物權的效力之問題，當依證券本身的所在地法。

第一說累積適用在現實上諸多不便，第三說將伴隨證券本身的移動而使準據法變更，亦為不妥，應以第二說為當。

針對載貨證券所記載之貨物，數人分別依載貨證券及直接對該貨物主張物權時，其優先次序，本條第 2 項規定，應依該貨物之物權所應適用之法律。立法理由三：「數人分別依載貨證券主張權利，或對證券所載貨物直接主張權利者，其所主張之權利，既各有準據法，自難決定各權利之優先次序。爰參考瑞士國際私法第 106 條第 3 項規定之精神，規定此時應適用該貨物物權之準據法，以杜爭議。至於載貨證券所記載之貨物之物權之準據法，啟運之前固為其當時之所在地法，即出發地法，啟運之後即屬第 40 條所規定之託運中物品，依該條規定應為其目的地法，併此說明。」

四、關於讓與載貨證券的準據法

載貨證券的讓與，必須依照證券的形式、證券的背書，或在無記名的情形以交付為之。學說的多數認為，背書的成立要件（例如是否以交付為必要）及其效力，應依照背書地法；是否有交付亦即是否曾有過占有移轉，應依讓與當時證券所在地法。惟自受讓人的角度看來，在載貨證券的輾轉流通的過程，背書地未必明確，倘若又要依照背書地法和全部的交付地法，在該當載貨證券到目前為止的讓與是否皆為適法，背書的連續是否被認可等問題無法判斷的時候，將阻害載貨證券的流通性。就保護交易安全的觀點，目的地法似乎比較妥當。

第 44 條　有價證券

相關法條

第 44 條

有價證券由證券集中保管人保管者，該證券權利之取得、喪失、處分或變更，依集中保管契約所明示應適用之法律；集中保管契約未明示應適用之法律時，依關係最切地之法律。

解　析

一、原　則

　　本法新設關於有價證券的準據法規定。在傳統國際私法的理論上，證券的準據法該如何決定，不無疑問。以無記名證券為例，無記名證券是否係屬動產，必須由證券所在地法來加以決定。立法例上，韓國國際私法第21條規定，關於無記名證券之權利的得喪變更，依原因行為或事實完成當時證券的所在地法。韓國的立法，顯然採取無記名證券為動產之立場，準據法依物之所在地法，亦即證券之所在地法。日本的國際私法雖然無明文規定，惟日本民法第85條、第86條明文規定為動產，在國際私法上亦為通說。

　　惟倘若該證券所表示之債權的準據法上，證券並非動產時，為了保護交易安全，必須以公序良俗條款來加以解決。是故，無記名證券的所有權移轉或擔保的設定等物權行為，亦依證券所在地法 (lexcartaesitae)。

二、例　外

　　如股票或公司債等有價證券，其權利的保有、設定擔保或讓與，傳統上國際私法的理論亦同前述，惟在現代的交易型態，股票等有價證券往往是由保管機構保管，實際上的交易並無如有體物之動產之物理性的交付，而僅在保管機構的帳簿上加以記載紀錄。例如在金融機構或證券公司開設

電子帳戶，證券交易的權利義務關係被記錄在電子帳戶的數據資料裡面。

此種有價證券的間接保有型態的交易系統，證券化的權利在輾轉交易的過程中移轉，使得前述證券所在地法主義已經不合時宜，無法滿足現代交易型態的要求。為了因應上述情形，海牙國際私法會議「2006 年中介者所保管之證券若干權利之準據法公約 (Convention of 5 July 2006 on the Law Applicable to Certain Rights in Respect of Securities held with an Intermediary)」[16] 第 4 條的規定，原則上採取由帳戶名義人與帳戶管理機構之間的契約，在該機構有事務所的國家之中，明示合意以其中某國家的法律為準據法；無前項明示的合意時，依締結帳戶管理契約之事務所所在地國的法律，無前開締結管理契約事務所時，依該帳戶管理機構的設立準據法，無帳戶管理機構的設立準據法時，則依照營業所所在地國法。

本條立法理由謂：「有價證券由證券集中保管人保管者，就該證券進行交易之當事人與證券集中保管人之間，均訂有證券集中保管契約以為依據，且該證券權利之取得、喪失、處分或變更，均僅透過證券業者就當事人在證券集中保管人開立之帳戶，為劃撥、交割或其他登記，當事人在證券存摺上關於證券權利變動之登記，並已取代傳統上以直接交付該有價證券之方式，而成為該證券權利變動之公示及證明方法。透過電腦網路而進行之有價證券之涉外交易，已日益頻繁，實有必要確定其準據法，以維護交易安全。爰參考 2002 年海牙中介者所保管之證券若干權利之準據法公約第 4 條至第 6 條之精神，規定該證券權利之取得、喪失、處分或變更，均應依集中保管契約所明示應適用之法律，集中保管契約未明示應適用之法律者，依關係最切地之法律。法院確定關係最切地之法律時，應依具體情事，參照前述公約相關規定之精神決定之。」

三、本條之規定

本條前段規定，依集中保管契約所明示應適用之法律；後段規定，集中保管契約未明示應適用之法律時，依關係最切地之法律。而所謂關係最

---

[16]　https://www.hcch.net/en/instruments/conventions/full-text/?cid=72. 本公約之漢譯，本書從本條立法理由之漢譯。

切，解釋上自然可以參考前開海牙公約之規定，依締結帳戶管理契約之事務所所在地國的法律；在無前開締結管理契約事務所時，依該帳戶管理機構的設立準據法，無帳戶管理機構的設立準據法時，則依照營業所所在地國法。

第六章

親　屬

第 45 條　婚　約

➜ 實　例

被告 Y（日本國籍男性）於 1992 年在臺灣觀光途中，和本件原告 X（我國籍女性）一家相識後，於 1993 年來臺向 X 之父母提出和 X 結婚之請求，X 之父親以 Y 必須在臺灣定居為條件，而答應將 X 嫁給 Y。之後，在 1994 年 11 月 11 日在 X 之母親出席觀禮下，**XY 在日本依日本的傳統方式舉行訂婚儀式**，而在同年 12 月 12 日 **XY 在臺灣依臺灣習俗舉行訂婚典禮**。雙方並決定 1995 年 11 月在臺灣舉行結婚典禮。惟嗣後 Y 的熱情逐漸冷卻，Y 對 X 之父親表示無意在臺灣居住，並在 1995 年 4 月當面對 X 表示解除婚約。X 因而承受極大精神上的打擊。倘若 X 決定提起請求 Y 負因解除婚約之損害賠償責任訴訟，本件訴訟的準據法應為何國法？

🔍 相關法條

第 45 條

婚約之成立，依各該當事人之本國法。但婚約之方式依當事人一方之本國法或依婚約訂定地法者，亦為有效。

婚約之效力，依婚約當事人共同之本國法；無共同之本國法時，依共同之住所地法；無共同之住所地法時，依與婚約當事人關係最切地之法律。

💡 解　析

一、概　說

所謂婚約，係指當事人間將來締結婚姻之約定。關於婚約在法律上的定位如何，現今的國際社會上，各國處於分歧的狀況。而國際私法上關於婚約法律關係的性質決定，在學說上，大都脫離不了反映各國實質法上關

於婚約的法性決定。例如英美法系國家，婚約係債權契約的一種，因此在英美法系的國際私法上，婚約係依契約的準據法決之；而大陸法系國家中，德國法系認為婚約是一種身分法上的契約；法國法系認為婚約是一種事實關係，對於其違反應基於侵權行為來請求救濟。我國民法上，婚約係身分上的契約，屬於法律行為，是故在國際私法上亦應定性為身分上的法律關係，而發生成立要件與效力的問題，和其他的身分法律關係相同，以當事人的屬人法為原則。

　　婚約關係發生糾紛者，通常都是無正當理由解除婚約所生之損害賠償和贈與物的返還請求問題。此在國際社會上各國的制度一樣存在歧異。在英美法系國家、北歐斯堪地納維亞法系和東歐各國，均不承認無正當理由違反婚約之損害賠償責任。在大陸法系國家，法國法上，必須在侵權行為的範疇中處理這個問題；日本民法對此問題則無規定，但在學說通說和判例中則認為此係侵權行為的一種，應該適用侵權行為的準據法。但是在土耳其、韓國和臺灣的民法上，詳細規定因解除婚約之事由和方式，以及損害賠償及慰撫金請求的規定，咸屬特例。臺灣和韓國的民法上，對於婚約解除的無責當事人，明顯地採取加以保護的立場。

　　綜上所述，在涉外解除婚約事件，準據法為何，將導出完全不同之結果，特別是，一方當事人之本國法，根本不承認解除婚約的損害賠償時，問題於焉而生。我國民法上雖然對於婚約有詳細規定，但對於涉外婚約事件的準據法如何決定，修正前舊法並無成文規定，於修正後增列本條。

二、婚約的成立要件

㈠修法前的學說理論

　　在基於解除婚約請求損害賠償的涉外民事訴訟中，婚約是否成立，係先決問題。在外國涉外解除婚約的損害賠償訴訟實務上，外國法院多半對於婚約的成立略而不談，逕自就婚約的效力問題來討論，究其原因，一為原告的請求多半係基於解除婚約後的效力，亦即損害賠償請求與贈與物的返還，而被告並未以婚約成立與否當作攻擊防禦的方法，故法院無從就此點為裁判；另一個原因則在於，縱然在承認因不當毀棄婚約而得請求損害

賠償的國家中，其實質民法上多半只有規定婚約的效力而已，對於其方式多未規定。

比較法上，早期有學說認為婚約的成立要件應該類推適用婚姻的成立要件，依照各該當事人之間的本國法；婚約的方式亦類推適用婚姻的方式，依照當事人一方之本國法或婚約訂立地法亦為有效；而婚約的效力則應累積適用兩當事人的本國法❶。

㈡修正後現行法（第 45 條第 1 項）

現行法第 45 條第 1 項規定，婚約之成立，依各該當事人之本國法。但婚約之方式依當事人一方之本國法或依婚約訂定地法者，亦為有效。現行法的規定，顯然是採取前述日本通說的立場。我國的學說指出，此種立法明定並行適用各該當事人之本國法，以示雙方當事人的本國法具有平等的適用價值，就婚約方式的問題，則改採三個準據法的選擇適用主義❷。

三、婚約的效力

本法第 45 條第 2 項規定，婚約之效力，依婚約當事人共同之本國法；無共同之本國法時，依共同之住所地法；無共同之住所地法時，依與婚約當事人關係最切地之法律。

此種立法是否妥當，不無疑問。蓋婚約與婚姻不同，並不因婚約而相互取得對方的國籍，且婚約義務履行同居義務，實際上涉外婚約的情形，當事人之間是否存在共同本國法或共同住所地法，亦非無疑❸。至於何謂婚約關係中的關係最切之地，我國學說指出，應綜合考量各當事人的居所、工作或事業的中心地、財產之主要所在地、學業及宗教背景以及婚約之訂定地等各項因素以資判斷❹。

四、檢　討

實例中與當事人間的婚約關係事件具有關連性的國家，惟臺灣與日本

---

❶ 溜池良夫，婚約と内縁，澤木敬郎、あき場準一編，国際私法の争点，頁 161。

❷ 劉鐵錚、陳榮傳，國際私法論，修訂五版，頁 652。

❸ 溜池良夫，前揭註，頁 161。

❹ 劉鐵錚、陳榮傳，前揭註，頁 652。

而已，因此原告起訴的法庭地國，以臺灣或日本最為合理。在日本起訴，則適用日本的國際私法選法規則，在我國起訴，則適用的是我國的涉外民事法律適用法。

倘若在日本起訴，則日本的國際私法選法規則法律通則適用法並無婚約的準據法規定。倘若在我國起訴，則因為我國係婚約的締結地，解釋上我國法院應該會以我國為關係最切之地而以我國法為準據法，亦即適用我國民法上關於解除婚約的損害賠償和贈與物返還的規定。

第 46 條—第 47 條 婚 姻

➔ 實 例

1. 17 歲的 A 國男與 14 歲的 B 國女兩人決定結婚。A 國法上結婚之法定年齡不論男女皆為 16 歲，B 國法上之規定，男為 18 歲，女為 14 歲。

2. 日本國籍原告 X 女與我國籍被告 Y 男，2013 年於臺灣結婚並定居於臺灣，兩人育有一女 A。2015 年 X 被檢出罹患重症而入院治療，不久返回日本接受治療，在聽聞高額的醫療費用後，Y 竟擅自製作了將 A 之親權歸屬於 Y 的離婚協議書，X 在返回臺灣後將 A 從幼兒園接回另外租屋同住，Y 不久後向戶政機關辦理離婚登記，而戶政機關竟誤准予登記。其後，Y 竟與另外一名日本國籍女子 Y2 完成辦理結婚登記。X 向我國法院起訴請求確認婚姻存在與塗銷離婚登記。按在我國，重婚為當然無效（民法第 988 條），惟在日本則為得撤銷（日本民法第 744 條）。

（改編自日本東京高裁平成 19 年 4 月 25 日判決）

💬 問 題

㈠第 46 條婚姻的成立之規定的解釋與適用。

㈡前婚之妻主張其婚姻仍然存在，以及夫之後婚為重婚時，準據法應如何決定？

🔍 相關法條

現行法

第 46 條

婚姻之成立，依各該當事人之本國法。但結婚之方式依當事人一方之本國法或依舉行地法者，亦為有效。

第 47 條

婚姻之效力，依夫妻共同之本國法；無共同之本國法時，依共同之住所地法；無共同之住所地法時，依與夫妻婚姻關係最切地之法律。

舊法

第 11 條

婚姻成立之要件，依各該當事人之本國法。但結婚之方式依當事人一方之本國法或依舉行地法者，亦為有效。

結婚之方式，當事人之一方為中華民國國民，並在中華民國舉行者，依中華民國法律。

第 12 條

婚姻之效力，依夫之本國法。但為外國人妻未喪失中華民國國籍，並在中華民國有住所或居所，或外國人為中華民國國民之贅夫者，其效力依中華民國法律。

 解 析

一、婚姻之成立

國際私法上婚姻關係發生問題者有兩種情形。第一，現在要舉行結婚的機關對於雙方當事人究竟要適用何國的法律來判斷婚姻能否有效成立。第二，當事人所主張過去已經成立的婚姻，在事後被質疑並被加以檢討是否有效成立，這種情形多半涉及子女婚生性判斷或配偶繼承權判斷的前提問題，而使得法院必須針對婚姻成立的準據法來加以審理。

具有涉外因素之婚姻所面對的第一個問題，即婚姻有效成立必須具備何種要件。本法第 46 條規定，婚姻之成立，原則上依各該當事人之本國法。但結婚之方式依當事人一方之本國法或依舉行地法者，亦為有效。

㈠立法主義

1.屬人法主義

屬人法主義乃各國廣泛採取之主義，但大陸法系國家和英美法系國家二分為國籍主義和住所地法主義，前者有德國、法國、義大利、比利時、

荷蘭、西班牙、奧地利、波蘭、葡萄牙、希臘、匈牙利等歐洲國家，亞洲則有中國、臺灣、韓國和泰國採之。1902 年的海牙關於婚姻之衝突法公約亦採此主義。後者則有英國和挪威採之。

屬人法採取國籍主義最主要的理由在於，對於受理婚姻的機關判斷當事人的同一性，例如是否結過婚或是否重婚等身分證明問題，由各當事人所屬國家機關來判斷較為便利。

2.婚姻舉行地法主義

關於婚姻的成立，其準據法採取依婚姻舉行地法者，例如美國、菲律賓、俄羅斯和中南美洲各國（巴西、智利、阿根廷、祕魯、巴拉圭、烏拉圭等等）採之。

3.立法主義之不同

採婚姻舉行地法主義之見解認為，關於涉外婚姻之方式，要針對當事人之屬人法來一一調查，手續繁瑣，當事人之間的婚姻是否成立，竟然必須由未知的法律來決定，難謂妥當。既然是喜事，就應該儘量成全當事人，所以，在若干以屬人法為原則的國家，也都有如依其屬人法婚姻不成立時，依舉行地法亦為有效的立法例。

惟採取屬人法主義的見解，認為婚姻縱為喜事，但為終身大事，不得不慎重，為防止當事人一時衝動，而鑄下大錯，應該由其屬人法來決定。蓋婚姻舉行地法，對於當事人之間未必有密切之關聯性，可能只是旅行地（例如美國的拉斯維加斯），與當事人之間只具有偶然性，而這種具有偶然性的舉行地法，極可能給當事人之間身分上的法律關係帶來不確定性，例如在外國舉行婚禮，依該地之法律有效成立，回到本國依本國的法律後卻非為有效之情形。

此外，婚姻係與人的身分具有密切關聯的法律關係，當事人本人身處之風俗、習慣與倫理觀念，甚至宗教信仰皆反映在該人所屬之法律秩序中。是故，依婚姻舉行地法並不妥當。又不論美國或中南美洲各國，皆原為移民型的國家，在獨立的過程中，急欲與原本之「本國」脫離關係，因此在立法上採舉行地法，而不採本國法，亦有其特殊之歷史背景。

仁成　立

　　所謂婚姻之成立，係指婚姻成立之實質要件。而所謂婚姻成立之實質要件，例如合意、非係於無意識或精神錯亂時所為、是否為近親關係、是否為相姦關係，或當事人必須達結婚年齡。惟在婚姻的成立要件當中，何者為實質要件，何者為形式要件，雖有學說主張乃國際私法上定性的問題，必須依法庭地法來決定。但是自現行涉外民事法律適用法的規定來看，所謂形式要件，係指婚姻之方式而言，是故，除了婚姻的方式係屬形式要件以外，其他婚姻的成立要件可說皆屬實質要件。

　　依屬人法時，當事人兩人若具備共同屬人法者，固無問題，若當事人之本國法不同時，究竟應該依何方之本國法？第46條所謂依各該當事人之本國法云者，係指婚姻之成立，只要當事人各自符合各自本國法上的規定即可，而不需要交叉滿足對方本國法上所規定的要件。為顧及平等，第46條本文規定：婚姻成立之要件，依各該當事人之本國法。係指男方只要具備男方之本國法上所規定之要件，而女方只要符合女方本國法上所規定的要件而言。因此，我國現行的規定，係屬分配性的適用，而非累積性的適用。

　　又，在婚姻的實質成立要件中，有所謂積極的要件，亦即為使婚姻成立而必須存在之要件，例如必須達法定年齡或得到父母的同意等等；與所謂的消極要件，亦即為使婚姻成立而不得存在之要件，例如不得重婚或不得近親結婚等等。尚有只對當事人一方發生問題的要件，和對於雙方皆發生問題的要件兩種，前者為單方的要件，後者稱之為雙方的要件。作此分類，通常是涉及婚姻的障礙事項，例如以具備父母的同意為例，係屬單方的婚姻障礙事項。而後者例如法定年齡，則為婚姻的雙方障礙事項。又例如，在重婚、近親結婚與相姦婚的情形，只要符合當事人任何一方之本國法上所規定的障礙事項，其婚姻即不成立。以重婚為例，若一方之本國法，重婚係屬撤銷婚姻的事由，而依另外一方的本國法，重婚係屬婚姻無效之事由之一，此時，應採「法律效果較為嚴格之法」，無論任何一方都可以主張婚姻無效❺。準此，重婚而使後婚無效的問題，並非婚姻效力的問題，

而係婚姻成立的問題❺。

　　婚姻的實質成立要件欠缺時，該婚姻究竟是無效還是得撤銷，係屬婚姻要件欠缺的效果，亦應由婚姻成立的準據法決定之，亦即由要件欠缺之當事人的本國法來決定。至於撤銷權的行使、撤銷權的範圍、除斥期間、是否具有溯及效等，如果是無效，該無效是當然無效抑或需要法院宣告無效等，亦由要件欠缺的當事人的本國法來決定。

㈢方式（形式要件）

　　如前所述，所謂婚姻的成立係指實質的成立要件，即形式要件以外之要件而言，而所謂形式要件，即婚姻的方式。**所謂婚姻的方式，係指是否必須有公開的儀式**❼、**是否必須為戶籍登記等婚姻的外在形式問題**。例如，在英國，婚姻必須得到父母的同意，在英國法上此乃婚姻方式的問題，但是在我國法上，此問題係屬實質的成立要件之問題。反過來說，在過去的希臘或其他政教合一的國家，婚姻係屬宗教在制度上的一部分，必須在教

❺　佐野寬，婚姻無效，櫻田嘉章、道垣內正人編，国際私法判例百選第 2 版，頁 117。

❻　過去在日本法上有少數見解認為重婚乃應適用婚姻效力的準據法問題，惟學說與實務通說所採者，為婚姻成立的準據法問題。同前揭註，頁 116。

❼　例如新竹地方法院 85 年度婚字第 49 號判決：「按『婚姻成立之要件，依各該當事人之本國法。但結婚之方式依當事人一方之本國法，或依舉行地法者，亦為有效。結婚之方式，當事人一方為中華民國國民，並在中華民國舉行者，依中華民國法律。』涉外民事法律適用法第 11 條定有明文。經查本件被告係馬來西亞國籍國民，其與中華民國籍之原告結婚，又在中華民國辦理結婚登記，且依兩造結婚證書記載之結婚時地係 78 年 8 月 31 日中午 12 時在尖石鄉那羅村，依前揭說明，自應適用中華民國法律。又按『結婚，應有公開儀式及二人以上之證人。』民法第 982 條第 1 項定有明文，而該條項所謂結婚應有公開之儀式，乃指結婚之當事人應行定式之禮儀，使不特定人得以共聞共見認識其為結婚者而言，最高法院 79 年台上字第 27 號判決可資參照。本件經證人古○玲證稱：『沒有公開儀式，只有在我家和家人一起吃飯，沒請親戚朋友，鄰居也沒有』，另證人即原告之父邱○明證稱：『認識李○德，他在五、六年前和我女兒結婚，結婚時我都不知道，只是後來在戶口名簿上發現有李○德的名字，結婚時也沒請客。』茲據以上證人均證明原告與被告並未舉行定式之禮儀，以使不特定人得以共聞共見認識原告與被告結婚，則原告主張兩造間並未舉行公開儀式即辦理結婚登記一節，自堪信為真實。揆諸上開說明，兩造之婚姻關係應不成立，原告請求，應予准許。」

會舉行，否則不發生效力，在這些國家，係屬婚姻的實質成立要件之問題，但在我國的國際私法上，此乃方式的問題。

　　本法第 46 條但書規定，結婚之方式依當事人一方之本國法，或依舉行地法者，亦為有效。而關於婚姻的方式依舉行地法為之，在國際社會上具有相當之普遍性[8]。舊法第 11 條第 2 項當事人之一方為中華民國國民，並在中華民國舉行者，依中華民國法律之規定遭到刪除，實為妥當。蓋結婚之方式依照舉行地法，只要舉行地在我國，即為有效，不論當事人是否為我國國民，故舊法此一規定實為贅文。

二、效　力

　　所謂婚姻的效力，係指夫妻財產制以外所有關於因夫妻之身分關係而生之效力，例如貞操義務、夫妻住所[9]和同居義務[10]、日常家務代理、家

[8]　在立法上，除了婚姻舉行地法，也有如同波蘭國際私法第 15 條第 2 項，和奧地利國際私法第 16 條第 2 項規定，婚姻在內國舉行時依內國的方式，在外國舉行時依舉行地法或本國法的方式。換言之，外國人而其婚姻之舉行在內國時，依內國規定的方式為之，反之，內國人在外國舉行婚禮時，依該外國法亦可，或依本國法亦可。

[9]　高雄地方法院 91 年度婚字第 349 號判決：「按婚姻之效力依夫之本國法，但為外國人妻未喪失中華民國國籍，並在中華民國有住所或居所，或外國人為中華民國國民之贅夫者，其效力依中華民國法律，涉外民事法律適用法第 12 條定有明文。本件原告係中華民國人民，被告為越南社會主義共和國人民，並為原告之妻。次按夫妻互負同居之義務；夫妻之住所，由雙方共同協議之，未為協議或協議不成時，得聲請法院定之，法院為前項裁定前，以夫妻共同戶籍地推定為其住所地，民法第 1001 條前段、第 1002 條第 1 項、第 2 項分別定有明文。本件兩造為夫妻關係，兩造結婚時，約定以原告在台住所為共同住所，嗣被告離家返回越南已逾一年尚未返台，原告本於現存之夫妻關係，請求被告履行同居義務，於法核無不合，應予准許。」

[10]　請求他配偶履行同居義務在我國涉外婚姻的裁判實務不少，例如高雄地方法院 84 年度婚字第 591 號判決：「按婚姻之效力依夫之本國法，涉外民事法律適用法第 12 條前段定有明文，則本件有關履行同居之效力，自應適用我國民法相關規定。次按夫妻互負同居之義務，且妻以夫之住所為住所，民法第 1001 條前段、第 1002 條前段分別定有明文。本件兩造係為夫妻關係，業據原告提出戶籍謄本、菲律賓外交部公證員認證，經我國駐菲律賓台北經濟文化辦事處證明之認證書影本為證，而被告離家出走，迄未返家之事實，亦經證人王○弘到庭證述在卷，被告經合法通知，既未到庭陳述，亦未

庭生活費用之負擔❶等。至於夫妻間扶養義務，亦為本條適用之列。

　　關於婚姻費用之分攤，究竟為婚姻效力的問題、夫妻間扶養義務的問題抑或是夫妻財產的問題，有檢討之必要。採屬於夫妻財產制之見解，則其準據法即應依第 48 條的規定決定之。此見解認為，為維持婚姻生活而為財產之給付，即應認為係屬分攤婚姻費用之問題，適用該準據法上所規定分攤婚姻費用之原則，而在適用該原則後婚姻費用負擔之義務人無法負擔時，始生夫妻間扶養的問題。此外，採婚姻費用之分攤係屬夫妻間扶養義務之問題的立場，認為婚姻費用之分攤問題在國際私法上本就包攝於夫妻扶養義務之問題，各國的法制上是否予以區別各有不同，若將扶養義務作廣義解釋，則扶養義務之準據法之適用亦包括婚姻費用之負擔問題。本文認為此應為夫妻效力之問題，認為婚姻費用之分攤係屬婚姻效力問題，準據法應適用第 47 條之規定。

　　又因日常家務而生之債務所生費用負擔問題，國外有少數學說認為係屬夫妻財產制的問題，惟國際私法上之通說對於此問題係以之為婚姻效力

　　提出書狀作何陳述，堪認原告之主張為真實。被告既無不能同居之正當事由，竟拒不履行同居義務，從而原告本於現存之夫妻關係，請求被告履行同居義務，於法核無不合，應予准許。」又例如南投地方法院 86 年度婚字第 15 號判決：「按外國人為中國人妻者，取得中華民國籍，但依其本國法保留國籍者，不在此限，國籍法第 2 條第 1 款定有明文，被告雖與中華民國人民即原告結婚，惟並無資料足資證明被告曾放棄其原有國籍，尚無認定被告業已取得中華民國籍，即本件被告仍非中華民國人民，關於兩造間婚姻事件之法律關係，究應依何國法律規定以為適用，即應依涉外民事法律適用法之規定而為選擇。而按婚姻成立之要件，依各該當事人之本國法；婚姻之效力依夫之本國法，涉外民事法律適用法第 11 條第 1 項前段、第 12 條前段分別定有明文。本件被告為越南籍，其在於越南舉行婚禮，嗣經原告持前開結婚證書向我國戶政機關即南投縣國姓鄉戶政事務所辦理結婚登記；據上，本院雖無查知兩造之結婚是否合於越南國法律所規定之結婚，然兩造既向我國戶政機關依法為結婚登記，復查無其他結婚無效或得撤銷之情事，依中華民國民法第 982 條第 2 項之規定，兩造所為之結婚應推定其已合法成立生效。」

❶　在我國民法上，家庭生活費用之負擔本規定在夫妻財產制中，惟 2003 年民法親屬編修正時將家庭生活費用之負擔移置婚姻之普通效力之中（民 1003-1）。

的問題，準據法應適用本法第 47 條之規定，而非適用夫妻財產制的準據法。

　　第 47 條關於婚姻之效力，採取三階段連結因素之立法，先依夫妻共同之本國法；無共同之本國法時，依共同之住所地法；無共同之住所地法時，依與夫妻婚姻關係最切地之法律。此種立法方式在國際私法的理論上，係為貫徹兩性平等，以夫妻之間屬人法上共同的連結因素按順序列舉，在屬人法上皆無共同的連結因素時，才授權法院以最切關係為連結因素，依個案決定準據法。何謂與夫妻關係最切之法? 修正理由指出：「……（前略）由法院綜合考量攸關夫妻婚姻之各項因素，包括夫妻之居所、工作或事業之重心地、財產之主要所在地、家庭成員生活重心之地、學業及宗教背景等」。一般而言，例如婚姻締結地、事實上的婚姻生活地、過去的共同本國法或過去的共同住所地法甚至法庭地法皆有可能。

三、實例說明

㈠實例 1

　　按本法第 46 條規定，婚姻之成立，依各該當事人之本國法云者，係指婚姻之成立，只要當事人各自符合各自本國法上的規定即可，而不需要交叉滿足對方本國法上所規定的要件。為顧及平等，第 46 條本文規定：婚姻成立之要件，依各該當事人之本國法。係指男方只要具備男方本國法上所規定之要件，而女方只要符合女方本國法上所規定的要件而言。因此，我國現行的規定，係屬分配性的適用，而非累積性的適用。準此，依分配的適用係指，A 國男能不能結婚，關於其法定年齡只要符合 A 國法的規定即可，而 B 國女也只要符合其本國之 B 國法即可。

㈡實例 2

　　本件訴訟所涉及者，為前婚是否離婚，後婚是否重婚的問題，解釋上，倘若前婚仍然存在並未有效離婚，則後婚為重婚，此皆為婚姻成立的準據法問題，應該按本法第 46 條本文的規定，依照各當事人的本國法來決定。如前所述，在重婚的情形，只要符合當事人任何一方之本國法上所規定的障礙事項，其婚姻即不成立。又，若一方之本國法，重婚係屬撤銷婚姻的

事由，而依另外一方的本國法，重婚係屬婚姻無效之事由之一，此時，應採「法律效果較為嚴格之法」，無論任何一方都可以主張婚姻無效。準此，重婚而使後婚無效的問題，並非婚姻效力的問題，而係婚姻成立的問題。

再者，婚姻的實質成立要件欠缺時，該婚姻究竟是無效還是得撤銷，係屬婚姻要件欠缺的效果，亦應由婚姻成立的準據法決定之，亦即由要件欠缺之當事人的本國法來決定。至於撤銷權的行使、撤銷權的範圍、除斥期間、是否具有溯及效等，如果是無效，該無效是當然無效抑或需要法院宣告無效等，亦由要件欠缺的當事人的本國法來決定。

在我國，重婚為當然無效（民法第 988 條），惟在日本則為得撤銷（日本民法第 744 條），此時，應採「法律效果較為嚴格之法」，無論任何一方都可以主張婚姻無效，已如上述。準此，依照我國法的規定，本件 Y 擅自製作離婚協議書而為離婚登記，在法院確認兩造婚姻仍然存在而准予塗銷離婚登記的情形，Y 與 Y2 的後婚依照我國法為當然無效。

第 48 條－第 49 條　夫妻財產制

實　例

我國籍甲男與法國籍乙女結婚，兩人現居住在登記於甲名下位於臺北市的豪宅，今因甲投資股票失利而欠下大筆債務，甲在未與乙商量的情況下即私自將豪宅出售給債權人丙銀行並辦妥所有權移轉登記。甲在取得出賣豪宅之價金後即不告而別，行方不明。問：

　　1.倘若甲乙之間對於夫妻財產制並無任何協議，乙向我國法院起訴請求塗銷所有權移轉登記，問乙之請求是否有理由？

　　2.倘若乙當初與甲結婚後兩人即以書面簽署**法國法**為夫妻財產制之**準據法**合意，依照法國法，豪宅乃夫妻之共同財產，乙擁有二分之一的持分，乙向我國法院起訴請求塗銷所有權移轉登記，問乙之請求是否有理由？

相關法條

現行法

第 48 條

夫妻財產制，夫妻以書面合意適用其一方之本國法或住所地法者，依其合意所定之法律。

夫妻無前項之合意或其合意依前項之法律無效時，其夫妻財產制依夫妻共同之本國法；無共同之本國法時，依共同之住所地法；無共同之住所地法時，依與夫妻婚姻關係最切地之法律。

前二項之規定，關於夫妻之不動產，如依其所在地法，應從特別規定者，不適用之。

第 49 條

夫妻財產制應適用外國法，而夫妻就其在中華民國之財產與善意第三人為

法律行為者，關於其夫妻財產制對該善意第三人之效力，依中華民國法律。

舊法

第 13 條

夫妻財產制依結婚時夫所屬國之法。但依中華民國法律訂立財產制者，亦為有效。

外國人為中華民國國民之贅夫者，其夫妻財產制依中華民國法律。

前二項之規定，關於夫妻之不動產，如依其所在地法，應從特別規定者，不適用之。

 解　析

一、國際私法上之夫妻財產制

國際私法理論上關於夫妻財產制的準據法，有屬人法主義、不動產區別主義和當事人意思自主主義。屬人法主義屬於婚姻效力之一環，決定其準據法的連繫因素與婚姻效力相同，為絕大多數的大陸法系國家所接受。此外，當事人意思自主原則和契約一樣，以當事人的意思為基礎使其得以自主選擇的方式決定夫妻財產制的準據法。法國法系國家如法國比利時等，向來採取此種制度，而此夫妻財產制的合意，為 1978 年海牙關於夫妻財產制之準據法公約（下稱 1978 年海牙公約）所採，進而影響其他大陸法系國家，如瑞士、德國、奧地利和日本等國家在國際私法的立法上也都導入此種制度。此外，動產、不動產區別主義，主要為英美法系國家所採，原則上就動產採取住所地主義，就不動產則採所在地法。

現行法第 48 條第 1 項以夫妻的意思自主為原則，就夫妻財產制得以書面合意適用其一方之本國法或住所地法。第 2 項規定，在無合意或其合意依前項之法律無效時，其夫妻財產制依夫妻共同之本國法；無共同之本國法時，依共同之住所地法；無共同之住所地法時，依與夫妻婚姻關係最切地之法律。第 3 項則規定關於夫妻之不動產，如依其所在地法，應從特別規定者，不適用前兩項之規定。故新規定可謂以當事人意思自主為原則，輔以夫妻婚姻效力之準據法，並以不動產區別主義為例外。舊法中以夫之

屬人法為準據法，與其他涉外身分關係的舊規定以夫或父單方的屬人法為準據法相同，因違反兩性平等原則而遭到揚棄。

現行法雖然導入當事人意思自主原則使夫妻對於其財產制得以選擇，惟選擇之範圍被限制在一方之本國法或住所地法。當事人有複數國籍時，解釋上欲以何國籍為基準，亦為選擇之對象，而非以第 2 條決定之。又現行法第 48 條僅規定必須以書面為要件，對於合意的時期與準據法選擇之變更並無限制。一般而言，夫妻財產制會成為問題，多是在婚後相當期間才發生，惟解釋上，合意的時期包括結婚之前與結婚之後，皆可為此合意。至於準據法選擇之變更，亦得在一方之本國法或住所地法的範圍內為變更。

又準據法之選擇是否允許僅適用在財產之一部，抑或適用於夫妻財產之全體，解釋上不無問題。1978 年海牙公約的規定除了不動產之外，並不允許部分指定的合意，夫妻一旦選擇準據法，即適用於財產全體。惟本文以為，貫徹當事人意思自主原則，只要夫妻間之合意未違反強制禁止之規定或公序良俗，部分指定解釋上似乎無不可之理由。

至於合意的實質要件，即意思表示有無錯誤或詐欺等瑕疵而生撤銷（或其他法律效果）之問題，在涉外民事法律適用法上並無規定。就此問題，海牙國際私法各公約之立法與世界各國所採之主流立場，其解釋應由被選擇之準據實質法決定之。

關於決定準據法的基準時，與舊法不同，第 48 條顯然並未以特定的時點為固定基準。舊法第 13 條第 1 項係以「結婚時」為基準點，俾以決定夫之所屬國法為準據法。為保護妻與第三人之利益，基於夫妻財產制恆久性的政策考慮，採用固定的基準點，理論上稱為不變更主義。此次修法夫之所屬國法主義遭到修正，已無夫恣意藉由變更連結因素而變更準據法之虞，現行法以當事人意思自主為原則，輔以婚姻效力準據法之階段性的適用，理論上除當事人的選擇得以變更之外，共同國籍或共同住所變更時，準據法亦隨之變更，立法上已改採變更主義。又當連結因素變更而導致準據法變更時，其效力係向將來發生，變更為新準據法之前夫妻所有之財產並無新準據法之適用。舉例說明，例如變更前之準據法夫妻財產適用共有制，

變更後之新準據法則採分別財產制時，只有在準據法變更後所取得的財產適用分別財產制，準據法變更前所取得之財產仍然適用共有制。

二、適用對象與範圍

第 48 條的規定原則上適用於關於夫妻財產制的所有問題，其中以夫妻財產契約與法定財產制為核心，以下分別說明之：

㈠夫妻財產契約

關於夫妻財產契約，舉凡夫妻財產契約之可否，可以的話其時期、內容、效力、變更可能性等問題皆有適用。夫妻財產契約的締結能力，究竟為財產上的行為能力之問題抑或是身分上行為能力的問題，因欠缺明文規定，解釋上不無疑問。如解為係屬財產上行為能力之問題，則其準據法必須依本法第 10 條決定之。倘若採係屬身分上行為能力之立場，則我國涉外民事法律適用法對於身分上之行為能力準據法並無獨立條文規定，應該依照個別身分法律關係準據法的規定決定之。準此，夫妻財產契約的行為能力問題屬於夫妻財產制的一環，自然應該依照夫妻財產制準據法決定之。本文以為此問題應定性為身分關係的行為能力，依照本條規定之準據法加以決定。至於夫妻財產契約的方式，亦屬身分契約之法律行為方式的問題。我國法不若日本之法律適用通則法第 34 條對於身分上法律行為方式有獨立規定，解釋上應該依照個別身分法律關係準據法的規定決定之。故結論為夫妻財產契約的方式之準據法亦應為第 48 條之適用範圍，無第 1 項之合意的情形，階段性地適用夫妻之共同本國法、共同住所地法或與夫妻婚姻關係最切之法律。本文以為，就此問題之關係最切之法之決定，不妨參酌第 45 條關於夫妻婚姻成立之準據法中方式的規定，以當事人一方之本國法或舉行地法（此為行為地法）決定之。

㈡法定財產制

法定財產制之相關問題，亦由第 48 條之規定決定之。針對法定財產制，各國法制上，有採分別財產制者，亦有採共有制者，究竟採取何制，皆依第 48 條決定之。至於夫妻財產制之歸屬的問題，例如係採特有財產或共有財產，以及財產的管理、使用與收益等夫妻間的權利義務關係，亦在

第 48 條之適用範圍之內。

㈢其他問題

1.夫妻財產關係之終了

因配偶之一方死亡或離婚而發生夫妻財產之變動，係屬夫妻財產制終了的問題，其準據法應依照第 48 條的規定決定之。此時，夫妻財產制的適用範圍，僅限於夫妻財產的歸屬與確定，至於離婚時夫妻財產之清算，係屬離婚之際財產給付問題之一環，其準據法應適用離婚效力的準據法。

2.夫妻財產制與繼承

國際私法上，夫妻財產制與繼承之間具有密切的關係，往往成為定性問題之對象。各國關於夫妻財產制與繼承的法制分歧，國際私法上處理兩者之間的關係有其困難之處。實際上，各國的法律制度對兩者的區分並非明確，在國際私法上除涉及法律關係性質之決定外，尚有兩制度間的適應和調整問題。一般而言，先以夫妻財產制的準據法進行夫妻財產關係之清算，在確定繼承財產的範圍之後，依照繼承的準據法處理繼承的問題。

三、內國交易安全之保護

不論是夫妻選擇外國法為其財產制之準據法，抑或是階段性地適用其共同本國法、共同住所地法或關係最切之準據法為外國法時，即生保護內國交易安全之問題。本法第 49 條規定，夫妻財產制應適用外國法，而夫妻就其在我國之財產與善意第三人為法律行為者，關於其夫妻財產制對該善意第三人之效力，依我國法律。

依上開條文規定，其最終適用我國法之要件有三：第一為夫妻財產制之準據法為外國法；第二為就我國國內財產為法律行為；第三為相對人（第三人）為善意。關於第一個要件，解釋上應包含夫妻合意選擇（第 48 條第 1 項）與無合意之情形（第 48 條第 2 項），即適用法定財產制之情形。第二個要件所謂「就我國國內財產為法律行為」，應與本法第 10 條第 3 項「就其在中華民國之法律行為」之解釋相同，不包括隔地的法律行為；而所謂「就我國國內財產」除了有形的動產與不動產之外，針對債權，只要在我國裁判上得為請求，即解為在我國有財產。第三個要件之解釋，有問題者

為善意之判斷，究係指第三人不知外國法之內容，抑或是不知連結因素之事實（亦即不知準據法為外國法之事實）？本條之增修理由顯係以不知準據外國法之內容為判斷善意與否的基準❶❷。此種見解是否妥當，頗值商榷，按此基準，交易之第三人縱使知道夫妻之間以外國法為夫妻財產制之準據法（例如由夫妻財產契約之登記）之事實，但仍然得以不知該準據外國法的內容為理由主張自己善意而受善意規定之保護，是否合理，不無疑問。

以日本法律適用通則法第 26 條第 3 項有相當於本法第 49 條之規定，但日本法第 26 條第 3 項針對夫妻財產契約如在日本有登記者,則可對抗第三人之規定。準此，日本法判斷善意與否之基準顯以不知連結因素之事實（亦即不知準據法為外國法之事實）為準，而非以不知道外國法的內容為基準。蓋之要夫妻就其財產契約為登記，解釋上即具備公示方法，交易之第三人為避免不測之風險，即有查證準據法外國法內容之責任。我國法欠缺日本法第 26 條第 3 項以登記為對抗要件之規定,或係因我國夫妻財產制得登記實務上不可能以外國法為準據法而為登記,就本法第 49 條之增修理由二全文觀之，顯未把有無登記作為對抗第三人之要件納入考慮，只要不知準據法為外國法該第三人即為善意，而最終皆適用我國法之規定。而適用我國法之結果，善意第三人自然受善意取得之規定保護。

綜上所述，不論夫妻財產契約或法定財產制皆有就本條之適用。

---

❶❷ 本條之增修理由由二指出：「夫妻財產制應適用之法律，原應適用於所有涉及夫妻財產之法律關係，但夫妻處分夫妻財產時，如其相對人（第三人）不知該準據法之內容（底線為本文作者所加），即可能受到不測之損害。為保護內國之財產交易安全，對於夫妻財產制之準據法為外國法，被處分之特定財產在中華民國境內，而該外國法之內容為相對人（第三人）所不知時，實宜適度限制該準據法對相對人（第三人）之適用範圍。爰規定夫妻財產制應適用外國法，而夫妻就其在中華民國之財產與善意第三人為法律行為者，關於其夫妻財產制對該善意第三人之效力，依中華民國法律。蓋關於其夫妻財產制對該善意第三人之效力，即善意第三人與夫妻財產制間之關係，與內國之交易秩序實關係密切，應適用中華民國法律，以維護內國之交易秩序。」

四、實例說明

(一)實例 1

倘若甲乙之間對於夫妻財產制並無任何協議,依照本法第 48 條第 2 項之規定, 在夫妻無共同國籍時, 即以共同住所地法即我國法為準據法。按我國民法第 1005 條之規定, 夫妻未以契約訂立夫妻財產制者, 除本法另有規定外, 以法定財產制為其夫妻財產制。而我國民法係以聯合財產制為法定財產制, 民法第 1017 條第 1 項前段規定, 夫或妻之財產分為婚前財產與婚後財產, 由夫妻各自所有。同法第 1018 條規定夫或妻各自管理、使用、收益及處分其財產。故甲將其名下所登記之豪宅出賣於債權人丙, 並非無權處分, 丙取得豪宅之所有權, 乙請求塗銷所有權移轉登記為無理由。

(二)實例 2

倘若乙當初與甲結婚後兩人即以書面簽署法國法為夫妻財產制之準據法合意, 依照法國法, 豪宅乃夫妻之共同財產, 乙擁有二分之一的持分, 乙向我國法院起訴請求塗銷所有權移轉登記。甲乙之間雖有以法國法為準據法之合意, 惟丙無從知悉甲乙之合意亦不知法國法之內容, 為所謂的善意第三人。依照上開本法第 49 條規定, 夫妻就其在我國之財產與善意第三人為法律行為者, 關於其夫妻財產制對該善意第三人之效力, 依我國法律。準此, 依照我國民法關於不動產善意取得的保護規定, 丙最終取得豪宅之所有權, 乙請求塗銷所有權移轉登記為無理由。

由上開實例 2 可知, 本法第 49 條之規定, 對於他方配偶之保護有欠周到。就結論而言, 只要涉及我國國內財產之法律行為, 縱使夫妻之間就夫妻財產制有以外國法為準據法之合意, 或以外國法為法定財產制之準據法, 第三人皆可輕易主張其為善意而改以我國法為準據法, 並受善意取得之規定保護。此種結果, 其實相當程度地使第 47 條涉外夫妻財產制之規定形骸化, 有違國際私法之精神。本文建議, 應配合實務上夫妻財產制登記制度之修正, 使得以外國法為夫妻財產制之準據法之事實, 得於實務上登記並有公示方法, 並在本法第 49 條增設有為此登記者, 得對抗第三人之規定, 而不論其為善意或惡意。

第 50 條 離 婚

實 例

1. 菲律賓籍女性 X 與其菲律賓籍夫 Y 到我國工作，不料 Y 竟每日遊手好閒酗酒，只知道向 X 伸手要錢，後來 Y 在我國境內不知去向。X 在我國籍雇主的保護下向我國法院請求裁判離婚，我國法院調查菲律賓法的結果，菲律賓法禁止離婚。

2. 被派駐在我國從事商務已經五年的摩洛哥國籍夫 X，因愛上我國籍女子 A 而對於一起陪同到我國來定居的其摩洛哥國籍妻 Y 為解消婚姻關係的宣言。依照摩洛哥法，只要丈夫單方的意思表示即可解消婚姻，試問，XY 間的婚姻關係在我國是否已經消滅？

3. 我國籍妻 X 在留學義大利期間與其義大利籍夫 Y 相戀，結婚後定居於米蘭。五年後婚姻關係發生破裂，X 回到我國向我國法院請求與其夫 Y 離婚。依照義大利法，必須取得法院的別居判決後滿三年的別居才成立離婚的原因，在並無別居判決的制度的我國，XY 如何離婚？

4. 我國籍妻與法國籍夫在巴黎生活多年後婚姻發生破綻，兩人決定好聚好散，遂由兩人依照我國法律的規定親筆簽名製作離婚協議書，一起回到臺灣向我國戶政機關進行離婚登記。惟查，法國法並無兩願離婚的制度。

5. 我國籍女性 X 在德國留學時與德國籍男子 Y 結婚，婚後 XY 定居我國，爾後因 Y 與他人發生婚外情，X 向我國法院起訴請求判決與 Y 離婚，並請求 Y 給付精神上之損害賠償。Y 在起訴後搭機返回德國。問本件離婚與精神上損害賠償之準據法應如何決定？

相關法條

現行法

第 50 條

離婚及其效力，依協議時或起訴時夫妻共同之本國法；無共同之本國法時，依共同之住所地法；無共同之住所地法時，依與夫妻婚姻關係最切地之法律。

舊法

第 14 條

離婚依起訴時夫之本國法及中華民國法律，均認其事實為離婚之原因者，得宣告之。但配偶之一方為中華民國國民者，依中華民國法律。

第 15 條

離婚之效力，依夫之本國法。

為外國人妻未喪失中華民國國籍或外國人為中華民國國民之贅夫者，其離婚之效力依中華民國法律。

 解 析

一、概 說

　　各國關於離婚的法律制度多因涉及文化背景、風俗民情與宗教制度而差異甚大，離婚制度雖存在於大多數的國家，惟若干天主教教義影響力強大的國家，或者禁止離婚，或者禁止信仰天主教之教徒離婚。此外，回教國家亦存在其特有的離婚制度。關於離婚之可否、離婚原因、離婚方法、離婚之附隨效果等，各國實質法上規定不一，於含有涉外因素的情形法律衝突於焉而生，為謀求合理解決，決定適用準據法之選法規則遂有必要。

　　離婚通常需要行政機關或法院介入，裁判離婚在內國進行時則發生國際裁判管轄權的問題（家事事件法第 53 條規定）；離婚在外國進行時，則為外國離婚裁判的承認問題，例如是否承認兩願離婚❸？又當內國法院對於離婚事件具有國際裁判管轄權時，應該依照何國法律來判斷離婚之請求？這些問題，即為離婚準據法的問題。關於離婚準據法，有若干國家例如英

---

❸ 例如舊法第 14 條條文關於離婚僅規定裁判離婚，而不及於兩願離婚，為此次我國修法之重點之一。

美法系國家、俄羅斯和北歐諸國，係採取法庭地法主義（法院只要有管轄權，即直接適用法庭地實質法）。惟在歐洲大陸，則以屬人法學說影響力較大，蓋離婚係屬夫妻身分關係之解消，與其屬人法之間具有法律上的密切關連性。過去以夫之屬人法為準據法早已經因違反兩性平等原則而遭國際社會揚棄❹，取而代之者以夫妻之共同屬人法，亦即共同本國法或共同住所地法（慣居地法）為國際社會的主流，亦為我國新法所採。

二、離婚準據法的決定

㈠連結基準

本條規定離婚的要件與效力之準據法問題，解釋上，亦應包括別居制度的準據法。又必須注意的是，欠缺婚姻的成立要件而發生婚姻無效或得撤銷的法律效果之準據法為本法第 46 條的問題（請參考本書第 208 頁），並非適用本條的範圍。

修正前本法第 14 條本文規定，離婚依起訴時夫之本國法及中華民國法律，均認其事實為離婚之原因者，得宣告之。但書規定，配偶之一方為中華民國國民者，依中華民國法律。此種以夫之本國法和我國法累積性的適用為原則，但書輔以法庭地法之我國法為準據法之規定，在立法論上不無疑問。理論上，關於離婚的準據法之決定，應該與婚姻效力的準據法適用相同的原理原則，蓋離婚係屬婚姻的解消，乃婚姻效力的延長線，因此修正後現行法第 50 條關於離婚準據法的連結因素，和第 47 條婚姻效力準據法的連結因素，皆以夫妻共同本國法、共同住所地法和夫妻婚姻關係最切地法為階段性的適用。又離婚時當事人一方的有責性與離婚後的損害賠償請求與扶養請求關係密切，故在立法論上認為與婚姻的效力之準據法採用相同的連結因素，有一定的妥當性。

❹　現行法第 20 條之修正理由三謂：「關於離婚及其效力應適用之法律，現行條文並未兼顧夫妻雙方之連結因素或連繫因素，與兩性平等原則及當前立法趨勢，均難謂合。爰修正決定準據法之原則，以各相關法律與夫妻婚姻關係密切之程度為主要衡酌標準，並規定夫妻之兩願離婚及裁判離婚，應分別依協議時及起訴時夫妻共同之本國法，無共同之本國法時，依共同之住所地法，無共同之住所地法時，依與夫妻婚姻關係最切地之法律。……（後略）」

㈡連結的基準時

　　當然，立法上連結因素雖然相同，但因事實上生活狀況的改變，婚姻效力的連結因素所引致之準據法和離婚效力的連結因素所引致之準據法未必為同一國家的法律。決定準據法的基準時，現行法明文規定為「依協議時或起訴時」為準，乃為避免因國籍或住所之變更導致準據法的變更，導致訴訟的延遲或混亂發生，防止當事人利用事後連結因素的變更操作準據法。因此，實例 5 中 Y 雖然在起訴後返回德國，起訴時之共同住所地法為我國法，準據法仍然為我國法。

　　比較法上有認為離婚的準據法的連接時點不應該採取固定的不變更主義，主要考量離婚後的扶養等離婚效力的問題，倘若在離婚訴訟的過程當中，當事人有國籍變更的情形，應以後面取得的國籍之法為準據法較為妥當，因此日本法採變更主義，在兩願離婚時為離婚登記時，在裁判離婚時為言詞辯論終結時，而非以起訴時為基準時[15]。

三、離婚準據法的適用

㈠離婚的要件

　　可否離婚，亦在離婚準據法的適用範圍。但亦有若干國家例如菲律賓和智利等南美諸國等不承認離婚的國家存在。在我國此次修法廢除舊法中本國人條款之後，以夫妻共同本國法、共同住所地法或關係最切之法為準據法，理論上將使適用到此等國家之離婚法的可能性增加，目前我國涉外裁判實務上似無此等案例，倘若準據法引致到這些國家的法律時，將可動用公序良俗條款排斥適用此等國家法律之結果。

　　離婚的機關與方法亦為離婚準據法的適用範圍。兩願離婚、裁判離婚、依一方的意思表示離婚或經由行政機關離婚等各國離婚的方法不一而足。究竟應依何種方式離婚，悉依離婚準據法決定之。有問題者，為法庭地國的離婚機關能夠代行離婚準據法所屬國離婚機關之程序到何種程度？日本學說上有主張例如依離婚準據法規定必須由宗教機關離婚者，其亦必基於一定之離婚原因而為，解釋上應可由法庭地國之法院代行程序[16]。

---

[15]　橫山潤，國際私法，頁 262。

是否允許兩願離婚，依照離婚的準據法決定之。而兩願離婚的意思表示要採取如何的形式而為，亦是依照離婚的準據法決定。準此，離婚準據法如果是外國法，而該外國法只允許裁判離婚時，則不許兩願離婚。至於外國法倘若允許有責配偶請求離婚，則應由本法第 8 條公序良俗條款來加以評價。

離婚的原因係屬離婚成立之要件之一，應適用離婚準據法決定之，自不待言。舊法必須我國法律亦認其事實為離婚原因者，方可離婚。此種累積性的適用已經為現行法所不採，不再具有此種限制。

㈡離婚的效力

關於離婚的效力，舊法第 15 條有獨立的條文規定，現行法將舊法第 14 條與第 15 條合併為一條，明文規定離婚的效力亦依照離婚的準據法。

離婚最主要的效力（或稱為直接的效力），即為婚姻關係之解消，此點各國並無不同，可謂無法律衝突存在，發生問題者，則在於附隨於離婚的其他效力，例如對財產的分配或對有責配偶之損害賠償請求。不論何者，皆係附隨離婚而生一部之財產給付，理論上皆應依照離婚的準據法決定之。此外，還有離婚後的扶養問題，並非依照扶養的準據法，而應該依照本條的規定，適用離婚的效力的準據法。

在修正前我國的案例中，有以規定離婚原因的準據法之第 14 條擴大適用到離婚效力的案例，如臺北地方法院 89 年度婚字第 542 號判決中針對離婚的原因，適用舊法第 14 條的規定，以我國法為準據法後[17]，關於離婚的效力，未再依照舊法第 15 條離婚的效力選擇準據法，徑依我國的法律決定離婚效力的問題，判決原被告離婚，被告必須賠償原告精神慰撫金[18]。今

---

[16] 木棚照一，國際私法概論，頁 189。

[17] 判決理由一、程序部分：「本件當事人之一造為外國人，為涉外法律事件，依涉外民事法律適用法第 14 條規定：『離婚依起訴時夫之本國法及中華民國法律，均認其事實為離婚原因者，得宣告之。但配偶之一方為中華民國國民者，依中華民國法律。』本件配偶之一方為中華民國國民，故關於本件離婚事件，應以中華民國法律為準據法，合先敘明。」

[18] 判決理由三、反訴部分㈡：「經查：兩造於婚前，交往長達四年，被告明知其父母並不

現行法將舊法兩條合併為一條，我國法院在準據法的適用上或將不再錯誤適用法條才是。

　　至於離婚時親權者的指定，我國最高法院有案例認為係屬離婚效力之一部，而適用離婚的準據法。此種見解為學說所批判，並在此次修正理由三中特別說明：「……（前略）本條所稱離婚之效力，係指離婚對於配偶在身分上所發生之效力而言，至於夫妻財產或夫妻對於子女之權利義務在離婚後之調整問題等，則應依關於各該法律關係之規定，定其應適用之法律，現行實務見解有與此相牴觸之部分，應不再援用，以維持法律適用之正確，併此說明。」

　　在修法之後，最高法院已見改變立場之判決，在 104 年度台上字第 2268 號判決中指出：「按 99 年 5 月 26 日修正之涉外民事法律適用法第 50 條規定『離婚及其效力，依協議時或起訴時夫妻共同之本國法；無共同之本國法時，依共同之住所地法；無共同之住所地法時，依與夫妻婚姻關係最切地之法律。』觀諸修正理由第三項載明：『本條所稱離婚之效力，係指離婚對於配偶在身分上所發生之效力而言，至於夫妻財產或「夫妻對於子女之權利義務在離婚後之調整問題」等，則應依關於各該法律關係之規定，定其應適用之法律。』又同法第 55 條規定『父母與子女間之法律關係，依子女之本國法。』其修正理由亦明揭『關於父母與子女間之法律關係，現行規定以依父或母之本國法為原則，參諸 1989 年聯合國兒童權利保護公約及 1996 年海牙關於父母保護子女之責任及措施之管轄權、準據法、承認、執行及合作公約所揭示之原則，已非適宜。爰參考日本法律適用通則法第 32 條、瑞士國際私法第 82 條等立法例之精神，修正為依子女之本國法，並刪

　　贊同兩造結婚，惟仍堅持與原告成婚。兩造之所以難以繼續維持婚姻，實乃肇因於被告返回臺灣後，藉口其父母反對婚事為由，拒辦兩造之結婚登記，未能將原告接返臺灣同居共同生活所致。故本件被告之所以未將原告接回臺灣同居，實係因被告藉口因其父母反對此項婚姻而遲未在臺灣辦理結婚登記，乃使原告不克久留臺灣之故。故本件因原告與被告夫妻雙方未能互相履行同居之義務所導致之重大婚姻破綻，其事由應屬可歸責於被告一方。則原告並無過失，原告自得依法請求被告賠償其所受非財產上損害之相當金額。」

除但書之規定，以貫徹子女之本國法優先適用及保護子女利益之原則。本條所稱父母與子女間之法律關係，是指父母對於未成年子女關於親權之權利義務而言，其重點係在此項權利義務之分配及行使問題』準此，夫妻離婚後對於未成年子女權利義務之行使或負擔及會面交往等，應依涉外民事法律適用法第 55 條規定，以子女之本國法為準據法。又涉外民事法律適用法第 2 條，依本法應適用當事人本國法，而當事人有多數國籍時，依其關係最切之國籍定其本國法。原審已認定兩造所生之子程甲等二人歸化為德國籍，惟該二人是否尚有中華民國國籍？是否有多數國籍？此攸關兩造對於未成年子女權利義務之行使或負擔及會面交往等之準據法。原審未查明程甲等二人是否有多數國籍，逕適用中華民國法律定對於未成年子女權利義務之行使或負擔及會面交往等，於法有違，上訴論旨指摘原判決上開部分違背法令，求予廢棄，非無理由。」

四、實例說明

1.可否離婚，在本條離婚準據法的適用範圍。本條規定，以夫妻共同本國法、共同住所地法或關係最切之法為準據法，是故本例應以雙方的共同本國法為準據法。惟菲律賓因天主教等宗教的理由法律上禁止離婚，其適用菲律賓法的結果將有違我國的基本法律秩序，應適用本法第 8 條公序良俗條款排斥適用此等國家法律之結果。

2.離婚的機關與方法亦為離婚準據法的適用範圍。兩願離婚、裁判離婚、依一方的意思表示離婚或經由行政機關離婚等各國離婚的方法不一而足。究竟應依何種方式離婚，悉依離婚準據法決定之。準此，實例 2 的情形依照雙方的共同本國法摩洛哥法，夫既已為解消婚姻的意思表示，與其妻之間即已發生解消婚姻關係的效力。

3.實例 3 乃離婚原因的問題。離婚的原因係屬離婚成立之要件之一，應適用離婚準據法決定之，自不待言。舊法必須我國法律亦認其事實為離婚原因者，方可離婚。此種累積性的適用已經為現行法所不採，不再具有此種限制。是故，本例中夫妻雙方是否具有共同本國法按題意並不清楚，惟依照第二階段的連結因素共同住所地法，準據法仍然為義大利法。準此，

妻在我國法院起訴請求離婚，離婚準據法應為義大利法。離婚原因依照義大利法的規定，必須取得義大利別居判決滿三年以後才成立，妻倘若未符合其要件，應解為離婚原因不成立。

4.實例 4 離婚當事人雙方是否以法國為共同國籍，按題意並不清楚，惟依照本條之規定，第二階段的連結因素為法國法，當事人的離婚準據法應依照法國法的方式。準此，縱使在我國，亦不應准許兩造以兩願離婚的方式離婚。而應該依照我國的家事事件法第 23 條第 2 項本文的規定，聲請法院調解離婚。兩造既然早已存在離婚之合意，應可在最短的時間內成立調解。

5.實例 5 我國籍女性 X 向我國法院起訴請求判決與 Y 離婚，並請求 Y 給付精神上的損害賠償。因 Y 早已搭機離臺，依照家事事件法第 23 條第 2 項但書的規定，本件可直接請求法院判決，無須先經過調解程序。本件訴訟，兩當事人國籍不同，依照本法第 50 條的規定，兩人雖無共同本國法，但以我國法為共同之住所地法，起訴後縱 Y 離開我國返回德國，準據法亦不因而受到影響。準此，本件之離婚原因，以及離婚的效力諸如精神上的損害賠償等，其準據法皆應依照 XY 共同之住所地法，即我國法決定之。

第 51 條　婚生子女

⊕ 實　例

1. 我國籍女甲，於 2014 年 10 月 25 日在臺北與日本人乙結婚，2015 年 4 月 27 日於臺北生下一子丙。乙欲否認丙為其婚生子女時，準據法應如何決定？
2. 倘若丙在美國加州出生，而乙欲在美國提起否認丙為其婚生子女時，準據法應如何決定？

🔍 相關法條

第 51 條

子女之身分，依出生時該子女、其母或其母之夫之本國法為婚生子女者，為婚生子女。但婚姻關係於子女出生前已消滅者，依出生時該子女之本國法、婚姻關係消滅時其母或其母之夫之本國法為婚生子女者，為婚生子女。

💬 問　題

國際私法上，婚生推定與否認子女之間的關係如何？

💡 解　析

一、概　說

本條之規定，在於判斷子女的婚生性。婚生子女之意義在於自存續婚姻關係之男女所生之子女，為婚生子女。而婚姻外所生之子女則賦予其不同的法律關係，係因法律政策上認為應該尊重正式的婚姻關係所致。

㈠條文架構與適用範圍

關於親子問題，國際私法上將親子關係的成立與親子關係的效力問題分開而論。親子關係的成立，分為自然的親子關係與擬制的親子關係兩大

類，基本上與民法之分類相同。

自然的親子關係之成立，國際私法上分為婚生子女關係、非婚生子女關係與準正三種。最近在法國或瑞士等歐洲國家，已經出現不區分婚生子女和非婚生子女，而以單一之法律規定一體適用於自然的親子關係之動向，可預見此種一體適用的法理將會帶來一定的影響，但在實質民法仍然維持區別婚生子女和非婚生子女的現狀之下，國際私法選法規則要採取共同的準據法規範來一體適用，目前恐怕時機尚早，相關研究亦不充分，故此次增修基本上仍維持舊法之架構，僅有小幅度的修正。關於婚生子女、準正與非婚生子女（認領），分別規定在本法第 51 條、第 52 條與第 53 條。而關於擬制的親子關係（收養），則在第 54 條規定之。

關於親子關係的效力，除了收養係一體規定在第 54 條第 2 項之外，自然的親子關係中，非婚生子女之認領之效力，亦同時規定在第 53 條第 3 項，惟其適用範圍皆僅限於該法律關係所生直接的法律效果而言，主要包括發生時點與親子關係的發生等問題。至於親子關係所發生間接的法律效果，亦即親子關係所生父母子女之間的權利義務關係，則應適用第 55 條的規定。

(二)修正重點

關於婚生子女，舊法第 16 條規定，子女之身分，依出生時其母之夫之本國法判定其是否為婚生子女。此種規定早經學說嚴屬批判，乃一違反兩性平等原則之違憲規定。蓋如後所述，本條規定之適用攸關婚生性的判斷與否認子女。否認子女並非僅涉及父親單方的利益，亦攸關母親之利益，是以世界各國的民法上，除父親外，母親亦具有否認子女之權（例如我國民法第 1063 條第 2 項），準據法只以母之夫的本國法為準之立法，顯然有違兩性平等原則，與子女最佳利益亦有未洽。

是故，修正後本法第 51 條修正為依出生時該子女、其母或其母之夫之本國法為婚生子女者，為婚生子女。為將實質法上子女最佳利益之原則反映在國際私法上，讓子女能夠有複數的選擇，得以選擇對子女有利之法律為準據法，儘量成立其婚生性，已是世界潮流。

二、準據法的決定

本條規定主要在於指定判斷子女婚生性的準據法。就子女婚生性的判斷，在立法上係以子女最佳利益為最高指導原則，與實質民法上的法律價值並無二致。準此，關於本條規定的解釋與適用，皆應基於子女最佳利益為之，自不待言。

本條規定採取所謂的選擇性的連結方式。不論依照子女自己、母或父的本國法中任何一國家的法律，子女的婚生性獲得肯定時，即適用賦予婚生子女地位之法律。判斷婚生性的基準時點為子女出生時。惟倘若在出生前父母的婚姻關係已經消滅，則判斷婚生性的時點則以 1.子女出生時依照子女的本國法； 2.婚姻關係消滅時，父或母之本國法中選擇任一賦予子女婚生性的法律適用之。

決定準據法的基準時為子女出生當時，倘若父或母在子女出生前已經死亡，其本國法解釋上應以死亡當時為基準。子女之母與其夫因離婚、無效或撤銷而婚姻關係消滅時，本條但書規定，婚姻關係於子女出生前已消滅者，依出生時該子女之本國法、婚姻關係消滅時其母或其母之夫之本國法為婚生子女者，為婚生子女。

三、準據法的適用

準據法的適用，主要在於婚生推定（包括確定母再婚後所生子女之生父，例如我國家事事件法第 65 條）與否認子女（包括子女否認推定之生父，例如我國家事事件法第 63 條第 2 項和確認親子關係不存在❶，現家事事件法第 67 條）之問題。具體言之，依照本條所選出之準據法，具體適用

---

❶ 以確認親子關係不存在訴訟來否認子女，例如臺灣高等法院 93 年度家上字第 195 號判決要旨：「按妻之受胎係在婚姻關係存續中者，推定其所生子女為婚生子女；前項推定，如夫妻之一方能證明妻非自夫受胎者，得提起否認之訴，但應於知悉子女出生之日起，一年內為之，民法第 1063 條定有明文。則依此規定，受上開推定之子女，惟在夫妻之一方能證明妻非自夫受胎者，得於知悉子女出生之日起一年內以訴否認之，如夫妻均已逾該法定期間而未提起否認之訴，或雖提起而未受有勝訴之確定判決以前，該子女在法律上不能不認為夫之婚生子女，無論何人，皆不得為反對之主張，故受推定之婚生子女自亦不得提起確認親子關係不存在之訴，以否認其為婚生。」

於婚生性的推定、否認子女及其要件、否認權之行使期間等問題。本條適用的中心問題，雖為子女的婚生性，惟婚生推定[20]與否認子女[21]乃一體兩面之關係，故否認子女的準據法解釋上應依本條決定之。

又欲否定子女的婚生性，必須依從肯定子女婚生性之法律為之。倘若子女或父或母三方[22]的本國法皆推定子女為婚生子女，則推翻婚生推定，則必須滿足三個國家的法律上所定之要件始有可能[23]。惟倘若選擇的連結之所有的本國法皆否認子女的婚生性的情形，則各國否認子女之訴的時間限制規定各有不同，可否因準據法國國內規定否認子女之訴的時間過短而動用公序良俗條款排除之，不無疑問[24]，本書以為，解釋上應以不違反子女最佳利益為原則，依照個案的情形處理。

[20]　例如最高法院 85 年度台上字第 2423 號判決要旨：「按子女之身分，依出生時其母之夫之本國法，如婚姻關係於子女出生前已消滅者，依婚姻關係消滅時其夫之本國法，涉外民事法律適用法第 16 條第 1 項定有明文。被上訴人洪偉峻之母洪粉花於 75 年 11 月 25 日與日本人外間忠男結婚，78 年 6 月 16 日離婚，洪偉峻則於 79 年 1 月 4 日出生，為兩造不爭之事實，且有出生證明書、戶口名簿、戶籍謄本、離婚登記申請書、護照等影本在卷可稽，依首開規定，洪偉峻之子女身分，應依外間忠男之本國法即日本法律定之。而日本民法第 772 條規定：『妻於婚姻關係受胎之子女，推定為其夫之子女。自婚姻成立之日起二百日後或自婚姻解除或撤銷之日起三百日內所生之子女，推定為婚姻中受胎之子女』。洪偉峻出生時間既在洪粉花與外間忠男離婚之日起三百日以內，自應推定為渠等婚姻關係中受胎之子女，即為外間忠男之子。」

[21]　例如臺灣高等法院 85 年度家上字第 199 號判決：「依涉外民事法律適用法第 16 條第一項前段規定：『子女之身分，依出生時其母之夫之本國法。』同法第 19 條規定：『父母與子女間之法律關係，依父之本國法，無父或夫為贅夫者，依母之本國法。但父喪失中華民國國籍而母及子女仍為中華民國國民者，依中華民國法律。』依此，本件否認子女之訴，就子女之身分及父母子女間之法律關係均為不明確，依上揭各該規定，應適用被上訴人之夫及子之父之本國法即日本國之法律。按依上訴人所檢附之日本國民法第 772 條第 1 項規定，妻在婚姻中懷胎之子，推定為夫之子。同法第 774 條又規定：在第 772 條所定之情形、夫得否認其為非婚生子。」

[22]　父系血統主義、母系血統主義與出生地主義相互交錯的情形，例如我國籍人與日本國籍人在美國結婚後生下之子女將有三個國籍。

[23]　橫山潤，國際私法，三省堂，頁 270。

[24]　同前註，頁 270。

四、實例說明

(一)實例 1

子同時具有我國籍和日本國國籍，故子之本國法，與母之本國法或母之夫之本國法並無不同。按母之本國法為我國法，我國民法第 1063 條規定，妻之受胎，係在婚姻關係存續中者，推定其所生子女為婚生子女。適用我國法之結果，丙受婚生推定之保護。惟依其母之夫之本國法日本法，必須在母與其夫婚姻後經過二百日者，方受婚生推定之保護，是故依日本法，丙非為婚生子女。

此時乙要否認子女，只能夠依照我國法提起否認子女之訴，而不能依照日本法為之。蓋如前所述，婚生推定與否認子女乃一體兩面之問題，今依日本法丙不受婚生推定，邏輯上自無發生否認子女之問題。而僅我國法賦予丙婚生推定之保護，故否認子女，亦必須依照我國法為之。依我國民法第 1063 條第 2 項之規定，關於婚生推定，夫妻之一方或子女能證明子女非為婚生子女者，得提起否認之訴。同法同條第 3 項規定，前項否認之訴，夫妻之一方自知悉該子女非為婚生子女，或子女自知悉其非為婚生子女之時起二年內為之。但子女於未成年時知悉者，仍得於成年後二年內為之。

(二)實例 2

丙係出生於美國加州，將因此取得美國籍。故與實例 1 不同者，為子丙之本國法與母或其夫之本國法未必相同。乙是否得依照美國法提起否認子女，按實例 2 中所述，端視依加州法是否賦予丙婚生推定而定，如為肯定，乙可依照加州法提起否認子女之訴，自不待言。

第 52 條　準　正

實　例

1. 我國籍男甲在日本留學期間，與日本國籍女乙相戀，兩人同時前往加拿大工作並同居共同生活，期間生下一子丙。甲乙二人並無婚姻關係，甲亦未依照我國戶籍法第 4 條向我國戶政機關辦理出生登記或認領登記。爾後乙丙隨甲返回我國定居，甲乙舉行婚禮，並向甲原戶籍所在地戶政機關辦理結婚登記，問丙是否得到準正？

2. 我國籍女甲在加拿大留學期間，與日本國籍男乙相戀並同居生活，期間生下一子丙。爾後三人回到日本居住，甲乙二人結婚並向日本戶政機關辦妥結婚登記。三年後乙在日本過勞死亡，乙並未依照日本法為認領（註：日本法上的準正以生父認領為要件）。問丙是否得到準正？

相關法條

第 52 條

非婚生子女之生父與生母結婚者，其身分依生父與生母婚姻之效力所應適用之法律。

解　析

一、國際私法上的準正

　　國際私法上之準正，係指出生當時為非婚生子女，事後因父母之婚姻或其他事由使其取得婚生子女地位之制度。國際私法上設有準正制度之國家者所在多有，在「準正保護 (favor legitimationis)」原則下，為使準正容易成立，捨棄單一準據法而採複數準據法，乃各國涉外準正立法（或法則）的共同之處❷⁵。惟使非婚生子女取得婚生子女身分之要件，各國實質法內

---

❷⁵　例如法國民法關於婚姻準正，採取婚姻效力的準據法、夫妻任何一方的本國法或子女

容各有不同。例如我國民法規定只要生父生母結婚，非婚生子女即視為婚
生子女（第 1064 條參照）；但有的國家除了生父生母結婚之外，尚要求認
領（例如日本）；此外有些國家在父母婚姻不可能的情況下，由公家機關
（例如法院）宣告而為準正。因此，國際私法上準正的準據法之決定，對
於非婚生子女的婚生性地位之取得，影響甚大。

　　在本法修正前，涉外民事法律適用法上並無準正之規定，解釋上，應
類推適用關於婚生子女關係成立之規定。其論理邏輯在於準正係指讓非婚
生子女取得婚生子女身分之制度，故準正之法律關係之性質，應定性為子
女之身分問題。舊法第 16 條第 1 項規定，子女之身分，依出生時其母之夫
之本國法，如婚姻關係於子女出生前已消滅者，依婚姻關係消滅時其夫之
本國法。故修正前之涉外準正，應類推適用舊法第 16 條之規定，其結果，
準正之成立即是依其母之夫之本國法決定之。

二、準據法的決定

　　修正前舊法並無準正之規定，現行法第 52 條新增，立法理由謂：「非
婚生子女之生父與生母結婚者，該非婚生子女是否因準正而取得與婚生子
女相同之身分之問題，原為各國立法政策之表現，並與其生父及生母婚姻
之效力息息相關，遂參考德國、奧地利與日本之立法例，規定其亦應適用
該婚姻之效力所應適用之法律❷⑥。」惟如後所述，日本與奧地利國際私法上
所採者並非以生父生母婚姻效力的準據法來決定準正，立法理由所謂參考

　　的本國法之任一法律成立準正者，適用該法律；奧地利國際私法則採父母的本國法，
　　父母的本國法不同時對子女有利的本國法來肯定準正；土耳其國際私法則採準正當時
　　父之本國法、母之本國法與子女之本國法等階段性的連結適用。

❷⑥　惟查，日本 1989 年全面修正國際私法選法規則（法例）中關於身分關係之規定，新增
　　第 19 條準正之規定，而為 2007 年新國際私法規則（法律適用通則法）第 30 條所繼
　　受，日本法並非以生父生母婚姻之效力為連結因素，而係以準正的要件事實完成時，
　　父或母之本國法（兩性平等原則）或子女之本國法（子女最佳利益之保護）為選擇性
　　的適用。夫或母死亡時，則以準正之要件事實完成時之本國法。與我國以生父與生母
　　婚姻之效力所應適用之法律，而婚姻效力之準據法，則修正為夫妻共同之本國法、共
　　同住所地法或關係最切之法等階段性的適用顯有不同。

日本與奧地利之立法云云，令人費解。

　　此次修法，關於涉外身分的選法規則，最顯著的修正重點在於全面推翻違反男女平等原則之規定，不再以夫或父之本國法為單一的連結因素。針對新增的準正之規定，以生父與生母婚姻之效力所應適用之法律；而婚姻效力之準據法，則修正為第一階段以夫妻共同之本國法、第二階段為共同住所地法、第三階段為關係最切之法等階段性的適用（本法第 47 條參照）。

　　準據法的基準時，即以父母婚姻生效時為準。而父母婚姻效力應適用之法律（即第一階段父母共同本國法、第二階段父母共同住所地法、第三階段與父母婚姻關係最切之法），決定準正的許容性（通姦子或亂倫子）、要件（是否另外需要認領、是否需要代理人之同意）與效力（是否有溯及效）；準正後親子關係之準據法則依本法第 55 條定之。又準正並非獨立之法律行為，不生法律行為方式之問題。

三、準據法的適用

　　準正的準據法在適用上有兩個要件，第一、子女必須為非婚生子女。第二、父母結婚。而第一個要件子女必須為非婚生子女，勢必為適用本法第 51 條之結果，亦即，依照子女的本國法、母之本國法與父之本國法，皆為非婚生子女之情形，始成立適用本條準正規定之前提。例如母為我國籍，父為日本籍之情形，此時不論依照我國法（子與母的本國法）與日本法（父之本國法），子女均為非婚生子女時，始有本條適用之餘地。今倘若母與父結婚且定居日本，則依照本條之規定，此子女準正的準據法依照婚姻效力之準據法，亦即夫妻的共同本國法或共同住所地法，皆為日本法。而日本民法上的準正，並不因為父母結婚而使子女當然取得婚生子女的地位，而必須要生父的認領才具有準正的法律效果。此例足可說明本條規定仍有不足之處，未能完全符合「準正保護」的法理。解決之道，立法上如果將子女的本國法列入與婚姻效力的準據法同為選擇性的適用，對於子女最佳利益的遵守與準正保護的法理的貫徹，皆能圓滿達成。

四、立法上的檢討

現行法第 52 條之規定，使得非婚生子女之準正，完全取決於父母婚姻之效力，似有所不足。蓋「子女最佳利益」在涉外準正之落實，應在使非婚生子女能夠透過準正制度，容易取得婚生子女之地位，因此立法上似宜採取選擇性的適用，使連結因素除了父母婚姻效力所應適用之法以外，尚有其他的選擇，例如子女之本國法即為一例。

我國亦有學者指出，準正係屬一種使非婚生子女取得婚生子女地位之制度，其目的在於保護子女之利益。我國民法上僅以生父與生母結婚即成立準正，其目的在於一方面尊重正式婚姻，一方面保護子女 **㉗**。國際私法上涉外身分法律關係之最重要兩大指導原則，不外乎「男女平等原則」與「子女最佳利益」。現行法修正以生父母婚姻之效力為單一連結因素，而本法關於婚姻效力則採夫妻共同本國法、共同住所地法、關係最切之法之階段性的連結因素，或已落實男女平等原則，但對於子女最佳利益之保護，則似未特別考慮 **㉘**。蓋各國之準正，並非如同我國皆以父母結婚為已足，尚有須生父為認領者 **㉙**，例如日本。

比較法上例如日本國際私法選法規則（法律適用通則法）上關於婚生子女關係、準正、認領之立法相互整合，皆以子女之本國法、夫之本國法或母之本國法為選擇性的適用，任一連結因素得使相關的身分關係成立者即有適用，透過擴大可能適用之法律範圍，達到保護子女的目的。

㉗ 戴炎輝、戴東雄，親屬法，頁 396，2004 年。

㉘ 徐慧怡，論涉外民事法律適用法修正草案中有關身分法之內容與檢討，月旦法學雜誌，第 160 期，頁 148，2008 年。

㉙ 我國民法上對於準正之規定，僅以生父生母結婚為已足，並不要求生父之認領，縱學說曾有爭論認領之要否，惟以否定說為通說。準此，與父無血緣關係之非婚生子女，將因生母與其夫結婚而準正為婚生子女，而夫為排除子女之混生性，只能類推適用婚生否認之訴，其結果，父為避免否認之訴之勞，而不敢輕易與母結婚，此乃肯定應由父加以認領之見解的主要理由。同上揭，頁 397。

五、實例說明

㈠實例 1

丙出生時，甲乙無婚姻關係，丙為非婚生子女。而後隨甲返回我國定居，甲乙兩人在我國結婚，並辦妥結婚登記。依本法第 52 條之規定，非婚生子女之生父與生母結婚者，其身分依生父與生母婚姻之效力所應適用之法律。婚姻效力之準據法，本法第 47 條以夫妻共同之本國法為第一階段之連結因素，甲乙國籍不同，只得以第二階段之連結因素共同住所地法為準據法。如前所述，準據法之基準時以婚姻生效時為準，故甲乙兩人在我國辦理結婚登記時，以我國為共同之住所地國應無疑義，準據法為我國法。依照我國民法第 1064 條之規定，甲乙一旦結婚，丙即準正為婚生子女。

㈡實例 2

甲丙隨乙返回日本定居後，甲乙在日本結婚，並向日本戶政機關辦妥結婚登記。依照前開法條之適用，甲乙國籍不同，無共同本國法為準據法，同樣必須以第二階段之共同住所地法為準據法。準據法之基準時為婚姻生效之時，故甲乙之共同住所地法為日本，準據法為日本法。依照日本法上的準正，除了父母的婚姻之外，尚以生父之認領為要件，否則不生準正之效力。今生父乙未為認領即死亡，丙無法準正為婚生子女。

如本文四之檢討，涉外準正之宗旨，若謂在於尊重婚姻，毋寧應在保護子女利益。而涉外準正之子女最佳利益，即在於擴大適用可能的法律範圍，使非婚生子女容易藉由準正而取得婚生子女之地位。為落實此宗旨，立法上宜採選擇性的適用，例如父之本國法、母之本國法或子女之本國法任何之一成立準正者，即適用之使子女取得婚生性。若採本文所主張之立法方式，在實例 2，縱使依照父乙之本國法日本法不能成立準正，但依照母甲之本國法即我國法，或子女丙之本國法即我國法，即可成立準正而取得婚生子女的地位，不會在生父死亡後徒留遺憾。

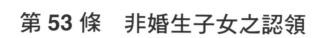

第 53 條　非婚生子女之認領

➜ 實　例

　　我國籍女性甲與美國籍、住所加州之男子乙於西元 2015 年在臺北結婚，三年後事實上處於分居狀態。甲於 2016 年生下一子丁，其生父係日本籍男子丙。甲女欲否認丁為乙之子的同時，並打算讓丙男認丁這個孩子，甲女應如何是好？

🔍 相關法條

第 53 條

非婚生子女之認領，依認領時或起訴時認領人或被認領人之本國法認領成立者，其認領成立。

前項被認領人為胎兒時，以其母之本國法為胎兒之本國法。

認領之效力，依認領人之本國法。

解　析

一、非婚生子女關係之成立

　　各國的實質法上，關於非婚生子女關係的成立，有認領主義和事實主義（血緣主義）對立。前者父母必須為一定行為以成立親子關係；後者則只要能夠證明親子間確實存在血緣關係之事實即成立親子關係。我國民法對於非婚生子女係採認領主義，國際私法選法規則亦同，此觀本法第 53 條的規定自明。此種立法忽視事實主義之存在，對於涉外非婚生子女之保護，並不完善。比較法上，日本法兼採事實主義和認領主義❸⓪，可供我國日後

---

❸⓪　日本 2007 年的通則法第 29 條第 1 項前段規定適用於認領主義與事實主義，橫山潤，
　　國際私法，三省堂，頁 272，2012 年。又在日本國際私法上因事實主義所成立之非婚
　　生子女關係，僅限於身分上的親子關係而不具有扶養和繼承等法律效果。非婚生子女

修法之參考❸❶。

　　是以，我國不論民法或國際私法上關於非婚生子女之問題，即為認領之問題。惟必須注意者，子女婚生性的判斷，亦即是否為非婚生子女，應依照前第 51 條的規定加以判斷，而非依照本條的規定判斷。對照舊法第 17 條第 1 項：「非婚生子女認領之成立要件，依各該認領人、被認領人認領時之本國法。」❸❷，現行法第 53 條一改舊法之分配適用主義，改採選擇適用主義，規定認領之成立與否依認領人或被認領人之本國法決定之，係此次修正的重點。修正理由二謂：「非婚生子女之認領，所確認者為自然血親關係而非法定血親關係，其方式有任意認領及強制認領等二種。現行條文關於非婚生子女認領之成立，採認領人與被認領人本國法並行適用主義，

涉及扶養或繼承等問題者，應依照扶養或繼承等個別法律關係之準據法決定之。木棚照一、松岡博、渡邊惺之，國際私法概論，第 3 版補訂版，有斐閣，頁 198，2002 年。

❸❶　日本通則法第 29 條第 1 項之規定於依事實主義而成立非婚生親子關係，係基於法律上的推定而成立，無須意思表示或法院的介入，與婚生子女相同，皆以父母之屬人法為準據法，連結的時點亦與婚生子女相同以子女出生當時為準。出生時父親已死亡者則依照父死亡時的本國法。橫山潤，國際私法，頁 272。

❸❷　實務上的例子，例如最高法院 82 年度台上字第 1835 號判決要旨：「㈠我國民法規定，非婚生子女經生父認領者視為婚生子女；至於生母與非婚生子女間，因出生之事實，視為婚生子女，無須認領。又非婚生子女認領之成立要件，依各該認領人被認領人認領時之本國法，為我國涉外民事法律適用法第 17 條第 1 項所明定。準此以觀，戴○妮在未經其生父即上訴人認領，取得義大利國籍之前，自應適用我國民法之規定，認戴○妮與其生母即被上訴人間之關係，因出生之事實而視為婚生子女，無須認領。此一母女關係，不因戴○妮嗣後經上訴人認領或被上訴人未依義大利國民法規定辦理認領手續，而歸於消滅。㈡兩造曾於 75 年 8 月 14 日訂立協議書，約定戴○妮由被上訴人監護，撫養至成年，該協議書經臺灣臺北地方法院認證在案。雖依義大利國民法之規定，父母對監護人之協議本身不具任何效力，惟可由法官（未介入協議）視為裁決時之一項有用因素；又未婚子女倘經父母雙方承認，而父母未共同生活者，其對未成年子女之權利，應由與子女共同生活之一方行使，此有司法院 (81) 台廳一字第 07394 號函檢送我國駐義大利代表處義 (81) 字第 090 號函可稽。被上訴人與戴○妮共同生活達七年之久，彼此親情極為深厚，無法須臾分離，自應認戴○妮以歸由被上訴人監護為適當。」

令人誤會認領為類似收養行為之身分契約,亦不利於涉外認領之有效成立,影響非婚生子女之利益至鉅。爰刪除『之成立要件』等字,並改採認領人、被認領人之本國法之選擇適用主義,以儘量使非婚生子女取得婚生地位,並保護被認領人之利益」。

現行法第 53 條之規定,旨在落實子女之保護,使親子關係易於成立,可謂子女最佳利益已經成為實質法與國際私法之共通原理原則。

二、成　立

本法第 53 條第 1 項就涉外認領成立與否之準據法,規定依認領時或起訴時認領人或被認領人之本國法,而此認領之謂,包括任意認領與強制認領,且明定其連結因素的時間點分別為任意認領為認領時,強制認領為起訴時。

㈠任意認領

在任意認領的問題,包括是否得以遺囑認領 ❸❸ 、認領能力、是否需要被認領人之同意等,皆在本條第 1 項的適用範圍內。

認領的無效或撤銷亦依照認領成立的準據法,亦即認領人的本國法 ❸❹ 。立法上採取選擇的適用時,倘若複數的本國法(例如有 A 國法與 B 國法)中只有一個國家的法律肯定認領成立(例如 A 國法),則認領的無效或撤銷問題亦只能依照該國的法律為準據法(亦即 A 國法);倘若複數的本國法中有複數的國家的法律皆肯定認領的成立時,則必須這些複數的國家皆肯認認領的無效或撤銷,認領才有無效或撤銷的可能。換言之,只要這些複數的本國法有任何一個國家的法律不肯認認領的無效或撤銷,則認領不可能發生無效或撤銷的問題。是故,比較法上有學說認為婚生否認應該依

---

❸❸　我國民法上並無遺囑認領的規定,戶籍法修正時亦將遺囑認領的規定予以刪除;學說通說亦不贊成遺囑認領,其理由主要在於遺囑認領與認領不得附條件之原則相違背。林秀雄,親屬法講義,頁 238,2013 年。

❸❹　我國民法第 1070 條但書增設例外規定,在非生父的情形得撤銷認領。惟學說強力批判此乃不當立法,蓋認領與自己事實上無血緣關係之子女,其認領無效(最高法院 86 年度台上字第 1908 號判決參照),不生撤銷的問題,故學說強力批判此乃一不當立法。林秀雄,親屬法講義,頁 244–245。

照父或母的本國法採取選擇性的適用，惟認領的無效與撤銷則不應該肯認選擇性的適用之連結方式 ❸。

㈡強制認領

包括死後認領，可否強制認領或訴訟時間之限制 ❸ 等，皆為本條第 1 項之適用範圍。在父子女關係處於對立的強制認領，為謀求親子關係成立，子女最佳利益應為指導原則。此與實質民法上的法律政策並無不同。

又縱使法律非以「認領」之用語表達，只要是得藉以裁判確認非婚生親子關係者，實質上即與非婚生子女之認領無異，應解為係屬涉外認領之適用範圍。

㈢胎　兒

被認領人為胎兒時，本法第 53 條第 2 項規定，以其母之本國法為胎兒之本國法。本項之增修理由三指出，被認領人在出生前以胎兒之身分被認領者，其國籍尚無法單獨予以認定。爰明定以其母之本國法為胎兒之本國法，以利認領準據法之確定。

㈣認領之方式

關於認領的法律性質，我國民法上有法律行為（單獨行為）和非法律行為（觀念通知）兩種見解。如採認領為法律行為之見解，始生法律行為之方式之問題；倘若採觀念通知說，則自不生法律行為方式之問題。本書採法律行為說之立場，認為認領有發生法律行為方式之問題。關於認領之方式，我國法不似日本國際私法就身分上的法律行為方式有獨立之規定，因此，方式的問題，**解釋**上亦應依照涉外認領效力之**準據法**。

㈤死後認領

我國民法第 1067 條第 2 項有所謂「死後認領」的規定，但本法第 53 條就此問題並無直接明文規定，解釋上，認領人之生父在認領前死亡者，

❸ 橫山潤，國際私法，頁 274–275。

❸ 我國舊民法第 1067 條第 2 項對認領請求權設有時間之限制，惟我國通說認為身分上之權利不應因時間的經過而消滅，此時間限制規定剝奪非婚生子女權利，於 2007 年刪除。

其本國法應以死亡當時為基準，決定其本國法。比較法上，日本通則法第29條第3項前段規定，生父在子女出生前死亡，以死亡當時的本國法為父之本國法，後段規定認領人在認領前死亡，皆以死亡時為基準來決定生父或認領人之本國法，可供法理之參考❸。

三、效　力

本項所謂認領的效力，應解為認領所發生的直接法律效果而言，主要包括認領效力的發生時點與親子關係的發生等問題。至於認領所發生間接的法律效果，亦即認領人與被認領人之間所生父母子女之間的權利義務關係，則應適用第55條的規定。認領後認領人與被認領人之間的扶養問題應適用扶養準據法（本法第57條）的規定；子女是否得繼承認領人之遺產，應適用繼承的準據法（本法第58條）規定，而非屬認領效力的準據法問題。

關於認領效力的發生時點，其效力是否溯及於出生時發生抑或於認領時發生？倘若採溯及效，則涉及第三人既得權的保護（我國民法第1069條但書參照）。其中，關於未成年之非婚生子女在得到生母之同意而結婚後被生父認領，子女之婚姻不因此而受到影響，生父不得訴請撤銷被認領人之婚姻❸。惟死後認領的情形，被認領人溯及於出生當時取得婚生子女的效力，而其他繼承人已經分割遺產的情形，被認領人是否得對其他繼承人具有繼承回復請求權？我國學者間有不同見解❸，在國際私法上此究竟為認領效力溯及效的問題，應適用本條之規定，或應適用繼承的準據法規定，不無疑問。本書以為，溯及效的問題當依照本條第3項的規定決定之，至於繼承回復請求權可否的問題，則在肯定具有溯及效之後再依照繼承的規定所選擇出的準據法來決定。

至於親子關係的發生，則攸關被認領之子女在法律上取得何種身分地位，亦即究竟全面取得婚生子女的地位或是僅部分具有與婚生子女相當的

---

❸　橫山潤，國際私法，頁273–274。

❸　林秀雄，親屬法講義，頁255。

❸　林秀雄，親屬法講義，頁255。

地位（例如日本舊民法上經認領之子女所取得者，稱為庶子）？皆為本項效力之適用範圍。

四、實例說明

　　實例中甲欲否認丁為乙之子，同時要丙認領丁，必須先依照我國法提起否認子女之訴（請參照前婚生子女之二婚生推定與否認子女部分之敘述），取得判決確定後，要求丙男依照日本法或我國法為任意認領，倘若丙男相應不理，則不論依我國法（民法第 1067 條）或日本法（民法第 787 條），皆有強制認領制度，母甲可代理子丁對生父丙提起強制認領之訴。

第 54 條　收　養[40]

➔ 實　例

住所同為美國加州之美國國籍夫妻丙與丁，夫丙因工作關係來臺五年，丙丁兩人膝下無子，有收養我國兒童之打算。今我國籍女性甲甫生產一非婚生子女乙，經甲同意由丙丁收養乙，並向我國法院聲請認可。問準據法為何國法？

💬 問　題

1. 本法第 58 條第 1 項（舊法第 18 條第 1 項）的規定應如何解釋？養親需要再去適用養子女的本國法？又養子女需要再適用養親的本國法？
2. 涉外收養應否有反致的適用？

◎ 判決要旨

臺灣高等法院臺中分院 94 年度家抗字第 63 號民事裁定

按收養事件，其中一方為外國人者，依涉外民事法律適用法第 18 條第 1 項之規定，收養之成立及終止，依各該收養者、被收養者之本國法。即收養者須符合其本國法養親及關於養親養子雙方之要件；被收養者亦須符合其本國法養子及關於養親養子雙方之要件，始能成立收養之關係（參照法務部 71 律字第 14788 號函）。本件收養人丙○○、丁○○為美國公民，被收養人乙○○為中華民國國民，故應適用美國法及我國法，惟美國國際私法關於收養事件，係採法庭地法，依反致規定，仍應以我國法為其準據法（美國國際私法關於收養事件採法庭地法，參照聲請狀所引法務部 70 律字第 7354 號函）。

---

[40]　關於涉外收養的問題，請參閱蔡華凱，國際私法上之收養，政大法學評論，第 126 期，頁 57–104，2012 年。

相關法條

現行法

第 54 條

收養之成立及終止，依各該收養者被收養者之本國法。

收養及其終止之效力，依收養者之本國法。

舊法

第 18 條

收養之成立及終止，依各該收養者被收養者之本國法。

收養之效力，依收養者之本國法。

解　析

一、概　說

收養者，以他人之子女為自己之子女，法律上擬制為親生子女而成立親子關係之制度。而國際私法上之收養（以下或稱涉外收養），則係指上述意義之法律關係含有涉外要素的情形。實質法上收養制度隨著時代的演進，已經從為家之收養、為親之收養而演變至現代為子女之收養，反映在收養的法律政策上，養子女的最佳利益為收養之最高指導原則，而在立法上，各國多採國家監督主義，公權力介入審查收養有無違背子女利益之指導原則。而超越國界的收養，在國際私法的實務上相當頻繁，藉由收養而成立的涉外親子關係，在國際私法的法律政策上，首應保護者，亦為養子女之最佳利益，此點與實質法之政策應無二致。

存在收養制度之各國法制，大別之有兩大陣營。第一為契約型，即以當事人之合意作為收養成立之基礎，而法院或其他公權力機關之介入僅為確保養子女之利益而進行審查。第二即為決定型，即收養之成立，完全取決於法院或其他公權力機關之形成判決或決定，否則不得成立。其他，從是否承認收養制度，收養成立後，和原生家庭的親屬關係是否終止等效力問題，各國的實質法規定不同，迭生牴觸，故成為衝突法則規範的對象。

　　實質法關於收養之指導原則有三：⑴養子女利益、⑵區分未成年子女與成年子女之收養、⑶採公權力介入之監督主義。其中⑴養子女利益之保護和⑶公權力介入監督，可謂國際私法與實質法之共通原理原則，廣為各國所接受。而保護養子女之利益在國際私法上的最佳實踐，在確認保障養子女之最佳利益的前提之下，以儘量使其容易成立為原則，嚴格限制並不符合其法律價值與精神。

　　本次修法，對於收養關係的成立並無修正，仍然維持依各該收養者被收養者之本國法之分配性適用的立法方式，僅針對第 2 項增加收養終止之效力之規定❹。依照第 54 條之規定，收養之成立及終止，依各該收養者被收養者之本國法。故收養外國人為養子者，其收養之成立應依該外國人之本國法，倘若依該外國人之本國法，收養不合法者，法院應不予認可其收養。

　　例如臺灣高等法院 82 年度家抗字第 4 號裁定中,我國人欲收養印尼國籍子為養子，則依印尼法律規定：「收養事件之被收養人須未滿 5 歲，收養人須滿 25 歲未逾 45 歲，而查抗告人甲已逾 45 歲，抗告人乙已滿 5 歲，是抗告人甲收養抗告人乙，並不合乎印尼法律規定，依首開說明，法院應不認可其收養。」

二、準據法的決定

㈠問題的提起

　　本文就我國涉外收養的裁判實務進行調查，發現一個共同的問題點，即是對修正前涉外民事法律適用法第 18 條的錯誤解釋與適用問題。以臺灣高等法院 82 年度家抗字第 4 號裁定中，我國籍男子與印尼籍女子結婚後，欲收養妻之子，最後我國法院以我國籍男子年齡已經超過 45 歲，違反印尼法所要求收養人不得年逾 45 歲，而印尼籍養子已經超過 5 歲，違反印尼法養子必須未滿 5 歲的規定為理由，不認可收養。

　　有問題者，為何我國籍的收養人之年齡必須受印尼法上之拘束？臺灣

---

❹　本條修正理由三謂：「現行條文第 2 項僅就收養之效力，規定應依收養者之本國法，然收養終止之效力，亦有依同一法律決定之必要。爰予以增列，以利法律之適用」。

高等法院對涉外民事法律適用法第 18 條之解釋，裁定理由謂：「一、按收養外國人為養子者，其收養之成立應依該外國人之本國法，觀涉外民事法律適用法第 18 條第 1 項規定自明。苟依該外國人之本國法，收養不合法者，法院應不予認可其收養。二、本件抗告人○○○收養抗告人○○○為養子，固經抗告人○○○之法定代理人陳安榮同意，並訂有書面契約。惟查抗告人○○○為印尼人，持有印尼護照，在臺居住並未設籍。依印尼法律規定，收養事件之被收養人須未滿 5 歲，收養人須滿 25 歲未逾 45 歲，而查抗告人○○○已逾 45 歲，抗告人○○○已滿 5 歲，是抗告人○○○收養抗告人○○○，並不合乎印尼法律規定，依首開說明，法院應不認可其收養。至於抗告人○○○之母○○○已與抗告人○○○結婚，取得我國籍，並不影響抗告人○○○仍為印尼人，本件收養仍不得排除印尼法律之適用，抗告人○○○有收養抗告人○○○之必要，並不能使本件收養變為合法。原法院裁定駁回抗告人認可收養之聲請，並無不合。抗告意旨求予廢棄原裁定，非有理由。」

　　按舊涉外民事法律適用法第 18 條對於收養之成立，規定「依各該收養者被收養者之本國法」，此規定在立法上究係為分配性的適用抑或累積性的適用？如係分配性的適用，收養人即我國籍之養父所適用之法律即應以我國法為準即可，無須適用印尼法上收養人必須未逾 45 歲之規定。若解為收養人和被收養人必須同時符合我國法和印尼國法的規定，則顯係累積性的適用。臺灣高等法院所採之解釋，為「按收養外國人為養子者，其收養之成立應依該外國人之本國法」，故倘若該外國人之本國法，收養不合法者，法院應不予認可其收養，將外國收養法的要件適用於被收養人固無問題，但亦適用在我國籍收養人則成累積性的適用，是否妥當，不無疑問。

　　上開臺灣高等法院 82 年度家抗字第 4 號裁定，並非單一之個案，我國其他涉外收養案例中對於舊涉外民事法律適用法第 18 條所採之解釋，與上開裁定相同者所在多有，此一問題同時涉及就涉外收養之立法論上的檢討，此種立法是否容易引起誤會，有違國際私法上對於涉外收養之本旨？抑或是我國法院裁判實務，普遍錯誤解釋適用法規的問題？實有加以檢討之必要。

(二)立法與解釋

我國的代表性學說指出,舊涉外民事法律適用法第 18 條第 1 項係採日本舊國際私法「法例」第 19 條第 1 項之立法,為分別適用主義(即下述分配性適用)。

本法於 2010 年 5 月 26 日公布,於 2011 年 5 月 26 日開始施行。舊條文第 18 條對於收養之成立終止及效力規定,收養之成立及終止,依各該收養者被收養者之本國法(第 1 項);收養之效力,依收養者之本國法(第 2 項)。修正後之新條文第 54 條第 1 項完全承襲舊法第 18 條第 1 項外,僅於第 2 項將修正前條文「收養之效力」增為「收養及其終止之效力」[42]而已,並無實質上之變動。

關於舊法第 18 條第 1 項之立法與解釋,究係分別適用抑或累積適用,我國學者在文獻上不乏明確解釋者。其中,劉甲一教授指出:「此係並行適用,不是累積適用,所以關於收養之成立,就收養人之要件適用收養人之本國法,就被收養人之適用被收養人之本國法」[43]。劉鐵錚教授則認為此係仿照日本舊國際私法選法規則「法例」第 19 條第 1 項之規定,採「分別適用主義」[44]。徐慧怡教授亦採分別適用說[45]。林益山教授雖未明言本條係採分別適用說,惟其在月旦法學教室之實例解說,顯係採分別適用之見解[46]。此外,李後政教授亦認為我國之規定係採分配性適用之立法[47]。惟

---

[42] 本條修正理由三謂:「現行條文第 2 項僅就收養之效力,規定應依收養者之本國法,然收養終止之效力,亦有依同一法律決定之必要。爰予以增列,以利法律之適用」。

[43] 劉甲一,國際私法,頁 310,1995 年 3 月再版。

[44] 劉鐵錚,國際私法上收養問題之比較研究,載:國際私法論叢,頁 176,1990 年。

[45] 徐慧怡,論涉外民事法律適用法修正草案中有關身分之內容與檢討,月旦法學雜誌,第 160 期,頁 151,2008 年。

[46] 林益山,收養之準據法,月旦法學雜誌,74 期,頁 29,2001 年。

[47] 李後政,涉外民事法律適用法,頁 366。惟必須注意的是,在同書同頁中指出,分配性適用主義有一方要件(一方障礙事由)與雙方要件(雙方障礙事由),並針對收養關係中何為一方要件何為雙方要件做出區別,惟其根據為何似欠說明,區分基準並不明確。日本的學說指出,一方要件與雙方要件之區別本非絕對,且容易將分配性適用主義混淆成累積性適用主義。見溜池良夫,國際私法講義第 3 版,頁 422。此正為本文所指摘

何謂分別適用主義? 劉鐵錚教授指出:「以法律行為之成立,各以其當事人之本國法,論其行為成立,若雙方皆為成立者,則法律行為成立。對於收養之成立而言,收養者須具備收養者本國法之收養成立要件,而被收養者須具備其本國法之被收養要件,若雙方皆為具備,則收養成立。採行此說者,如我國、日本、希臘、布氏法典等是」[48]。

至於何謂累積適用? 劉鐵錚教授指出:「謂法律行為之成立,須完全符合雙方當事人之本國法規定,始能成立。若符合一方之成立要件,而不符合另一方之成立要件,則法律行為不能成立。依此說而論,收養之成立,必須完全具備收養者與被收養者之本國法規定,故對於收養之要件與被收養之要件,雙方當事國法皆須一一考慮,惟其完全具備,始為成立,此說又稱為併用主義或併行適用主義。」

我國
甲
收養人

印尼
乙
被收養人

分別適用主義

甲符合我國法+乙符合印尼法 ➡ 收養成立

累積適用主義

甲符合(我國+印尼)法+乙符合(我國+印尼)法 ➡ 收養成立

惟值得注意的是,在法律用語上,累積性適用與並行(併行)適用在我國學說有時似乎是相互代用的。如前所述,劉鐵錚教授在早期的大作明確解釋舊涉外民事法律適用法第 18 條第 1 項係採分別適用主義,但在與陳榮傳教授合著的大作國際私法論中,雖然維持同條係採日本之立法例,在用語上卻改採「並行適用」之用語[49]。而所謂「並行適用」,同書解釋其為

之最主要的問題之所在,故本文不採分配性適用主義中所謂一方要件與雙方要件之區別,其理論根據與區分基準皆欠缺明確,徒增解釋與適用之複雜化。

[48] 劉鐵錚,國際私法上收養問題之比較研究,載:國際私法論叢,頁 176。

[49] 劉鐵錚、陳榮傳,國際私法論,頁 426。

distributive⑩，而與累積適用說 (cumulative) 加以區別。準此言之，此所謂「並行 (distributive) 適用」之概念，即應該當劉鐵錚教授前開「分別適用」，在概念上係屬同一才對。

綜上，可以得知，我國學者所謂分別適用主義，與所謂「分配性適用 (distributive Anknüpfung)」之概念是一致的，且我國之立法係採日本之立法例，針對涉外收養的選法，係採分別適用無誤，解釋上收養者依照收養者之本國法，被收養者依照被收養者之本國法，各自符合其本國法上所規定之要件時，收養即可成立。準此，上開臺灣高等法院 82 年度家抗字第 4 號裁定將分別適用致立法解釋上與「累積性適用」交相混淆，以我國籍收養者不符合被收養者之本國法（印尼國）法律上關於年齡之限制，或有可議。

㈢分析與檢討

1.我國之裁判實務

我國的涉外收養裁判實務，在解釋與適用舊涉外民事法律適用法第 18 條第 1 項的案例中，本文調查所及，不論臺灣高等法院或地方法院的裁判，幾乎皆有前述將分別適用與累積性適用混淆之現象，而非採取上述分別適用的解釋。其結果，收養人與被收養人必須同時符合自己和對方之本國法，只要不符合其中一方本國法之要件，收養即不被我國法院認可。以下，本文就臺灣高等法院之案例為對象舉例於下：

在臺灣高等法院的案例中，臺中分院 96 年度非抗字第 370 號裁定即採取了累積適用的解釋，謂：「按收養之成立及終止，依各該收養者被收養者之本國法，涉外民事法律適用法第 18 條第 1 項定有明文。查本件再抗告人即收養人乙○○係中華民國人，再抗告人即被收養人詹洛桑為尼泊爾國人，此有再抗告人於原審提出之戶籍謄本及被收養人身分證明文件影本各一份附於原審卷宗為證，是依前揭涉外民事法律適用法第 18 條第 1 項之規定，本件收養之成立與否，應依各該收養人暨（底線為本文作者所加）被收養

---

⑩　劉鐵錚、陳榮傳，國際私法論，頁 425；採並行適用之用語，見陳榮傳，涉外與涉陸收養準據法之研究，臺北大學法學論叢，66 期，頁 139–181，2008 年。

人之本國法，亦即應依我國民法親屬編關於收養之相關規定，與尼泊爾國關於收養之相關法律規定為斷。」以我國籍婦人年齡違反尼泊爾收養法上的年齡上限限制為理由，駁回再抗告，維持原法院駁回聲請收養之裁定。又如臺中分院 94 年度家抗字第 63 號裁定引用了法務部 71 律字第 14788 號函，解釋涉外民事法律適用法第 18 條第 1 項的適用，謂：「按收養事件，其中一方為外國人者，依涉外民事法律適用法第 18 條第 1 項之規定，收養之成立及終止，依各該收養者、被收養者之本國法。即收養者須符合其本國法養親及關於養親養子雙方之要件；被收養者亦須符合其本國法養子及關於養親養子雙方之要件，始能成立收養之關係」❺¹，而不認可美國籍與我國籍夫婦收養我國籍兒童之聲請；而在一件同為我國籍的夫婦聲請收養印尼籍兒童的案件，臺灣高等法院 93 年度家抗字第 58 號裁定謂：「次按涉外民事法律適用法第 18 條第 1 項明定成立涉外收養，應同時（底線為本文作者所加）該當收養者及被收養者之本國法有關涉外收養成立要件之規定。抗告人謂妻從夫籍，夫為家長，應僅以養父之本國法為準據法云云，顯有誤會，不足採用。」而駁回了當事人對桃園地方法院 92 年度養聲字第 323 號裁定的抗告❺²。

　　倘若我國法院依照立法本旨為正確解釋，採取分別適用的方法，於結

---

❺¹ 本件裁定在方法上特別的是，收養人之一為美國籍，臺中高分院以一句美國法係採法庭地法，故依反致之規定，得到準據法應適用我國法的結論，關於此點，本書在五、反致與隱藏的反致檢討。

❺² 其他採取此種解釋之案例所在多有，限於篇幅，無法一一列舉。例如臺灣高等法院 92 年度家抗字第 13 號裁定，不但採取累積適用的解釋，在無反致的適用情況之下，累積適用我國國際私法和韓國國際私法關於收養準據法，可謂完全與國際私法準據法選擇的基礎理論脫軌，在其裁定理由二謂：「而我國涉外民事法律適用法第 18 條第 1、2 項規定……（中略）。」而韓國「涉外私法」第 4 條、第 21 條分別規定：「須依據當事人本國法律處理之情況，適用其本國法，須以韓國法律處理之情況，則適用韓國法律」；「收養條件依各當事人本國法之相關規定訂之；收養之效力及棄養適用養親之本國法律規定」（……中略）。故本件收養之成立須同時符合我國及韓國有關收養之法律要件，方得予以認可。結論上雖然認可韓國籍繼父收養我國籍繼子，可資贊同，但法學方法實在可議。

果有無直接的影響？答案是肯定的。雖非絕對，但對於促進涉外收養關係之成立應有正面之幫助。例如上開臺灣高等法院臺中分院96年度非抗字第370號裁定中，倘若臺灣高等法院正確地採取分配性的適用，則再抗告人（收養人之我國女性），其準據法僅須適用我國法而不須適用尼泊爾法律，則我國民法對於收養人的年齡並無上限之限制（本件法院適用尼泊爾法律認為收養人年齡75歲違反該國法律之規定），其結果將可使本件收養順利成立。臺灣高等法院93年度家抗字第58號裁定中，我國籍男性迎娶印尼籍女性，欲收養其子，惟法院累積適用的結果，認為印尼法律規定養父母有婚姻狀況者，必須有5年的婚姻生活，以此為理由駁回收養之聲請，在分別適用的方法下，我國籍養父將僅適用我國民法上之規定即可，而不須受印尼法婚姻必須滿5年之限制。

　　如前所述，舊涉外民事法律適用法第18條第1項在修正後，現行法第54條第1項可謂完全承繼修正前的條文規定與理論架構，實質上並無變動。惟我國實務長久以來將採分別適用主義的立法，解釋成累積性適用，並就涉外收養的成立錯誤地採必須同時適用收養人與被收養人的本國法，只要不符合任何一方的本國法規定，即不認可收養之聲請，對於涉外收養關係的成立，有害而無益，我國法院應就此錯誤解釋法律規定之問題應予以認識並重新檢討。

2. 立法論之比較

　　修正後之新涉外民事法律適用法第54條第1項的規定，完全承繼了舊法第18條第1項的規定，在解釋與理論架構上仍然維持日本舊國際私法之立法例。這或許說明了對於此次修法我國的專家們認為關於涉外收養的選法規則沒有修改的必要，但這種維持收養的成立各依當事人之本國法的分配性適用是否意味著已經能夠符合養子女的最佳利益，而全無檢討之餘地❸？

---

❸　徐慧怡教授亦有相同之指摘，謂修正草案在2003年11月11日之版本即以養父母之本國法為準據法，惟不知何故在2007年12月之版本則改回與現行法相同之規定。徐慧怡，論涉外民事法律適用法修正草案中有關身分之內容與檢討，月旦法學雜誌，第160

　　作為我國上開條文規定藍本的日本舊國際私法本身，在 1989 年的修正時已經廢除了這種分別（分配）性的適用。日本在 1989 年（平成元年）6 月的第 114 國會，成立了以關於修正婚姻暨親子關係準據法為目的之「修正部分法例之法律（法例の一部を改正する法律）」，並在同月 28 日公布，於翌年 1990 年開始施行。該次針對涉外身分準據法的修正，包括收養，其目的在於「將兩性平等原則落實在衝突法規則，謀求準據法的決定之國際統一，藉由使決定準據法的方法容易化而達成使其身分關係成立之容易化」❸。

　　在 1986 年（昭和 61 年）由該國法務省民事局參事官室所公布之「關於法例修正之中間報告」，即確立了收養關係之成立，以養親的屬人法為準據法為原則，但倘若養子的本國法對於其出養有以養子或其他第三人的同意或公家機關的認可為要件時，必須符合養子本國法上所定之要件之基本架構。

　　日本舊法修正案針對廢止分配性的連結方法，最主要之理由，即在於其阻礙了上述「藉由使決定準據法的方法容易化而達成身分關係成立之容易化」之修法目的，是故，僅就婚姻的實質成立要件還保留分配性的適用，但針對收養及認領，在連結方法上廢止分配性的適用，改採選擇性的連結。其理由在於，國際社會上，對於收養之實質法各國規定不一，最主要分為收養契約型與公家機關決定型兩大主義，採用分配性連結之方法，將使準據法的適用上複雜化，故參考世界各國晚近之立法例，改採以養親之本國法為準據法之立法。而如同前述，日本的學說指摘就涉外收養的準據法採分配性的適用，在實務上此種方法往往被誤解為累積性的適用，重疊適用當事人彼此之本國法之結果，反而使其適用複雜化而阻礙收養關係的成立。

　　以養親的本國法為準據法之最大的理由，在於養親子之間為親子關係

期，頁 151，2008 年。

❸　南敏文，改正法例の解說，頁 40–41，1992 年 5 月。南敏文現為東京高等裁判所之審判長，在 1989 年日本修正法例時任職日本法務省民事局課長，參與修法之全過程，因此本書中之敘述與記錄對於當年修法的全貌有極高之權威性。

的生活，通常係以養親的屬人法國為中心，為了成立收養關係，以養親養子女的身分開始正常生活，必須具備該國法律上之要件在現實上誠屬必要。此外，採取以養親的屬人法為準據法之理論根據，尚有藉由收養關係的成立係以養子女成為養父母家庭的成員，或對於複數養子所適用的準據法皆為同一法律等。尤其現在因收養關係成立而自動賦予養子女其養父母之國籍之國家，所在多有，更加強化養親之屬人法主義之理論基礎。故日本1989 年修正後之法例第 20 條第 1 項前段規定，原則以養親之本國法為收養成立之準據法，但為防止廢止分配性的適用後對養子女之保護欠周，同條同項後段規定，倘若養子女之本國法對於收養關係之成立，必須以具備養子女或其他第三人的承諾或同意，或以必須具備國家機關之許可或其他處分為要件時，則必須符合養子女本國法上所定之要件。而就同意或許可等要件，適用養子女之本國法。往後日本再一次全面修正國際私法的規定，並於 2007 年開始施行新國際私法「關於法律適用之通則法（法の適用に関する通則法；下稱法律適用通則法）」，關於涉外收養的第 31 條之規定，完全繼受 1989 年修正後之第 20 條之規定，只是將條文規定由文言文改為現代白話文之用語。

上述對於日本國際私法上修正涉外收養的選法規則，以及本文檢討我國裁判實務上適用我國法之結果，兩相配合看來，可發現發生在日本法而導致該國修法的現象，亦即將分配性的適用誤解為累積性的適用之現象，亦同時存在我國，但我國此次修法，竟未修正而維持分別性（分配性）的連結方法，其中過程如何，是否有再檢討之處，實值我國專家學者多加深思。

國際私法上收養，以儘量使其容易成立為原則，嚴格限制並非其宗旨。日本的舊國際私法選法規則過去與我國的規定相同，採依各該收養者被收養者之本國法之分配性的連結因素，結果不但沒讓涉外收養關係容易成立，實務上反而窒礙難行，問題叢生，分配性的適用往往變成累積性的適用。此外，特別是以未成年子女為對象之收養，多係養子至養親之環境下生活，顯與養親的本國法之間具有比較密切之關係，日本遂於 1989 年全面修正涉外身分關係的選法規則之際，針對涉外收養揚棄分配性的適用，改採以養

親的本國法為原則。

從上開臺灣高等法院 82 年度家抗字第 4 號裁定可以窺知,涉外民事法律適用法針對收養採取分配性適用的立法,或有檢討之餘地。例如在裁定理由中我國法院直言謂:「至於抗告人乙之母丙已與抗告人甲結婚,取得我國籍,並不影響抗告人乙仍為印尼人,本件收養仍不得排除印尼法律之適用,抗告人甲有收養抗告人乙必要,並不能使本件收養變為合法(底線為本文作者所加)。」故臺灣高等法院維持原法院裁定駁回抗告人認可收養之聲請之裁定。

如前所述,實質法關於收養之指導原則有三:⑴養子女利益、⑵區分未成年子女與成年子女之收養、⑶採公權力介入之監督主義。其中⑴養子女利益之保護,可謂國際私法與實質法之共通原理原則,廣為各國所接受。而保護養子女之利益在國際私法上的最佳實踐,除了有上述⑶公權力的介入監督之外,則是確認本文前述國際私法上收養,以儘量使其容易成立為原則,嚴格限制並非其宗旨之本質。前開臺灣高等法院直言:「抗告人甲有收養抗告人乙之必要」,卻仍不能使本件收養變為合法,其最大理由在於我國涉外民事法律適用法採取分配性適用之故。本件裁定之事實,係我國國民與印尼籍女子結婚,欲收養妻之子為養子,而印尼籍妻與子來到我國與抗告人共同生活,與當事人之間之身分上法律關係具有密切關連性者,顯為我國法,而非印尼法,以不具最切關係之印尼法而為阻卻本件涉外收養關係之成立之理由,顯不合理。

三、準據法的適用

㈠成　立

涉外民事法律適用法第 54 條第 1 項(舊法第 18 條第 1 項)之規定,即是針對涉外收養之成立與終止而為規範。就成立而言,係指實質成立要件而言。其適用的範圍,包括:

1.收養之認可與否

例如不承認收養制度之伊朗(等伊斯蘭各國),不論是作為收養人或被收養人,依照其本國法,皆無法成立收養。

2.成為養子女之年齡限制

我國民法與兒童及少年福利法對於得成為被收養人之年齡，似乎並無限制性規定。但其他國家例如日本民法，就特別養子制度規定必須未滿 6 歲，而法國針對完全養子制度則規定必須未滿 15 歲。各國規定不一，皆依照本條第 1 項被收養人之本國法決定。

3.成為收養人之年齡限制

我國民法上對於成為收養人之年齡並無明文限制，但我國民法通說有認為至少必須滿 20 歲。尼泊爾法則規定，夫妻共同收養者不得超過 50 歲；單身（含喪偶、離婚與正式分居）者必須 35 歲以上未超過 55 歲❺。

4.年齡間隔

我國民法第 1073 條規定,收養人和被收養人年齡間隔必須相差 20 歲；夫妻共同收養的話，一方必須符合上開 20 歲的年齡間隔，而他方配偶必須長於被收養人 16 歲。法國法要求間隔 15 歲，義大利要求 18 歲，各國要求不一。

5.親屬收養之限制

有若干國家則禁止收養非婚生子女或監護人收養被監護人。例如我國禁止收養非婚生子女（民法第 1073 條之 1 第 1 款禁止收養直系血親）。

6.夫妻共同收養

新涉外民事法律適用法或舊法，對於夫妻共同收養之準據法皆未設特別規定。當夫妻在國籍不同時，其準據法如何決定，不無疑問，我國裁判實務中有直指此係屬法無明文規定之問題，本文將於下後述。

(二)效 力

舊涉外民事法律適用法第 18 條第 2 項對於收養之效力規定應依收養者之本國法。解釋上，我國通說認為應以收養時之本國法為準，採不變更主義，且效力應以直接效力為限，收養人與被收養人之間的親子法律關係，應另外依照親子法律關係的準據法；得否繼承，亦應依照繼承的準據法決之。至於立法上，收養關係的效力為何不若收養的成立之準據法採取分別

---

❺ 臺灣高等法院臺中分院 96 年度非抗字第 370 號民事裁定參照。

適用主義，其最大的理由在於，效力的問題實際上不可能分別適用各自的本國法，故以養親的本國法為準。

　　故收養之直接效力所及範圍，具體言之，如因收養之成立究竟成立何種身分？例如，係取得與婚生子女同一之身分？取得之時期？養子女與養父母之其他血緣上的親屬之間是否發生特定親屬關係？養子女與原生父母及其血緣上之親屬是否仍然保持親屬關係？抑或完全斷絕？皆依本條本項決定之。

㈢方　式

　　關於涉外身分行為之方式，我國法並未如同日本 1989 年修正後法例第 23 條與現行法律適用通則法第 33 條之規定一樣，特設規定與涉外財產的法律行為相區隔。是故，我國法上關於涉外身分的法律行為方式，除各別的身分法律關係中對於方式有特設規定，例如舊法第 11 條就婚姻之方式（修正後現行法第 45 條第 1 項關於婚約的方式、第 46 條第 1 項關於婚姻的方式）有特別規定之外，其他未設特別規定者，解釋上我國學說有認為應回歸適用第 5 條（修正後現行法第 16 條）之規定。惟前開涉外民事法律適用法關於法律行為之方式之規定，其適用範圍應解為僅限於涉外財產關係，而不及於涉外身分，故涉外身分之法律行為之方式在我國法上實屬法律欠缺，修正後現行法未能解決此問題，令人遺憾。是故，關於涉外收養的方式，只能類推適用關於法律行為方式之規定，關於收養人只要符合其本國法或收養之行為地法兩者其中任何一方即可（選擇性的適用）。

㈣終　止

　　各國國際私法上對於終止收養關係的準據法，多與收養關係的成立之準據法規定在一起，適用相同的法則。舊涉外民事法律適用法第 18 條第 1 項的規定亦同，修正後現行法第 54 條第 1 項亦維持之，故適用上皆分別適用當事人各自之本國法。有問題者，為倘若有國家不認可終止收養關係時，此時則可以外國法的適用違反公序為理由，排除外國法的適用。而終止的效力，則依照現行法第 54 條第 2 項（舊法第 18 條第 2 項），依收養者之本國法。

四、收養人國籍不同時

　　涉外民事法律適用法就收養人的準據法，適用上並未區分養親係單身或夫妻之情形。倘若收養人為夫妻且國籍不同時，其本國法之適用即趨於複雜，在養父母與養子女國籍皆不同時，分別適用其本國法之結果，則至少必須適用三個國家的法律，並不符合收養容易之原則。就此問題，臺灣高等法院 91 年度家抗字第 409 號裁定認為此問題法無明文規定：「按收養之成立及終止，依各該收養者被收養者之本國法，涉外民事法律適用法第 18 條第 1 項定有明文。而收養人國籍不同時，如何適用，法未明定，晚近立法趨勢，有傾向依共同住居所或關係最切國之現象（我國涉外民事法律適用法草案第 49 條、57 條參照）。」學說上有主張應採養父之本國法說，理由在於妻從夫籍，夫為家長[56]。

　　為我國立法例之藍本的日本法上，早期固然有採養父之本國法說之判例，但仍然以分別適用為壓倒性的多數，亦即養父依照養父之本國法，養母依照養母的本國法，彼此不重疊、累積適用對方的本國法[57]。針對養父母國籍不同，日本學者以美國法、韓國法和我國法來做例子，以實務上常見的例子來提出此問題的複雜性：

　　㈠住在日本的美國人 A 與韓國人 B，欲收養未成年人 C 為養子，向家事法院聲請收養。就收養的效力而言，依 A 的本國法美國法，C 與其原生家庭的親屬關係是終止的（特別養子女）；而依 B 的本國法韓國法，C 與原生家庭的親屬關係並不終止（一般養子女），此時，法院所認可的收養關係之效力，究竟為特別養子女抑或是一般養子女？

　　㈡倘若美國人 A 與臺灣人 B 結婚，欲收養 B 之未成年子 C 為養子，但美國法上規定夫妻必須共同收養，而中華民國民法卻禁止直系血親之收養，故 B 不可能與 A 共同收養 C，A 亦不可能為單獨收養，此時此種狀況是否違反 C 之最佳利益？

---

[56]　馬漢寶，國際私法總論各論，頁 363，2010 年 10 月再版。

[57]　海老沢美広，異国籍夫婦による縁組，載：国際私法の争点（新版），頁 183，1996 年。

　　就㈠中關於效力的問題，當養父之本國法與養母之本國法的內容發生矛盾的情形，日本的多數見解認為只能發生一般養子的效力，此時必須重疊適用養父母雙方之本國法，以效力較弱之收養關係為範圍認其效力，惟亦有學者主張應依照養父母之共同經常居所地法。本文採此主張，蓋養父母之共同慣居地國，通常係養子女在收養關係成立之後與養父母之間的共同生活中心地，在法律上最具有密切關連性，故當因當事人之間國籍不同而使得準據法適用上趨於複雜時，應以養親之共同慣居地為補充性的連結因素。

　　就㈡之問題，日本法上有准許美國籍養父單獨收養之日本判例存在。此問題之癥結點在於，英美法上之收養之效力，養子女必須與原生父母斷絕親子關係，故倘若不允許夫妻共同收養，例如我國民法禁止收養自己之直系血親，則會造成 A 收養 C 之後，依照美國法 C 必須與其母 B 斷絕親子關係之情形。此時，在國際私法的理論上，即必須藉由適應問題的方法來解決，朝認可收養的方向去解釋以符合子女最佳利益。

五、反致與隱藏的反致

　　我國學說指出，收養之成立要件既應依各該收養人被收養人之本國法，亦有本法第 29 條有關反致規定之適用，例如有住所在我國之美國人收養我國國民時，美國國際私法係採法庭地法主義，此時即應以我國法決定有關該收養人之成立要件[58]。臺灣高等法院 94 年家抗字第 63 號裁定即是採取上述學說的案例之一，謂：「本件收養人丙○○、丁○○為美國公民，被收養人乙○○為中華民國國民，故應適用美國法及我國法，惟美國國際私法關於收養事件，係採法庭地法，依反致規定，仍應以我國法為其準據法（美國國際私法關於收養事件採法庭地法，參照聲請狀所引法務部 70 律字第 7354 號函）。」

　　美國法就收養係採法庭地法之真意，在於美國法上，就涉外收養係由管轄權決定一切，有管轄權法院直接適用法庭地實質法，故收養本身並不成為選法的對象。管轄權係屬程序問題，反致則為法律適用問題，兩者之

---

[58]　劉鐵錚、陳榮傳，國際私法論，頁 429。

間在理論上如何交相連結而得到可以適用我國法的結論？其中論理過程為何？其所涉及之理論，為隱藏性反致，乃大陸法系國家如德國❺與日本判例法上所發展出來的法理，無明文規定可資依據，方法上必須要依國際私法的法理。我國法不論現行法或舊法關於反致的規定，並無此種針對程序上的反致類型，我國法院如何「依反致的規定」而求得其所預設的結論，實在不無疑問，亦非本文所指出，「收養之成立要件既應依各該收養人被收養人之本國法，亦有本法第 29 條關於反致之適用」。

所謂隱藏性反致，即是關於離婚或親子等涉外身分關係事件，法庭地大陸法系國家的選法規則所指定的準據法為英美法時（實務上以發生在美國法的情形較為常見），美國法上關於當涉外身分事件的選法理論，係採「管轄權決定法律適用理論 (jurisdictional approach)」，亦即，有管轄權之法庭地（州、國）適用其法庭地（州、國）之實質法（州法或內國法）。此時，在大陸法系國家的選法理論上，即發展出一種見解，認為該理論係於裁判管轄規則之中同時隱藏有選法規則（即當事人住所地法），所以若依該裁判管轄規則認為我國有國際裁判管轄權(亦即當事人的住所地國為我國)的話，即是對我國法成立反致，而得適用我國法。我國涉外裁判實務中，採用隱藏的反致之例，如臺北地方法院 95 年度監字第 84 號民事裁定是❻。比較法上，德國與日本的學說與實務有認為，此種美國法的管轄權決定法律適用理論，本身就是隱藏有當事人住所地法主義之選法規則，故法庭地國法院只要判斷自己有國際裁判管轄權者，即可直接適用法庭地國實質法。此種隱藏的反致論理，在日本不乏支持之國際私法學說，日本的涉外裁判實務，特別是針對日本人與美國人之間的國際離婚訴訟採用隱藏性反致理論之判例者眾。

---

❺ 德國學說上亦有稱之為「假想的反致」者，請參見王海南，論國際私法中關於反致之適用，載：法律哲理與制度（國際私法）——馬漢寶教授八秩華誕祝壽論文集，頁 13，2006 年。

❻ 蔡華凱，我國具有國際裁判管轄權？——論台美間爭奪子女事件，中華國際法與超國界法評論，3 卷 2 期，頁 223–257，2007 年。

　　惟關於收養是否得適用上開隱藏性反致之法理，理論上並非毫無疑問。隱藏性反致乃反致理論問題之一環，關於其檢討，應按反致制度之目的究竟為何而為之。關於收養，美國各州即是採用上開管轄權決定法律適用之理論，以當事人的住所為連結因素，法庭地州法院認為有裁判管轄權時，則直接適用法庭地州法，而不再透過選法規則選擇準據法。此種方法，係一種只規範法庭地法而未規範外國法的單面選法規則 (unilateral rule)，而與反致之適用必須以雙面選法規則 (bilateral rules) 為前提的情況有別。且上開英美法上的方法，僅係單純地命令本國（州）法院判斷有管轄權後即適用本國（州）法律，與國際私法上反致之理論基礎在於透過準據法適用的一致而謀求判決之國際調和之根本目的顯有未合。

　　的確，以當事人之住所在我國而認為成立反致，我國法院因而適用我國法，但該當事人之本國之美國法院在審理同一事件時則會適用其法庭地法美國法，法律衝突乃至於判決的衝突將於焉而生，無庸贅言。此時究竟如何達成反致所謀求準據法之適用一致與判決之國際調和？反而是，拋棄反致理論之適用，我國法院忠實適用當事人之本國法，英美的法院亦適用法庭地法即當事人之本國法，如此一來，準據法的適用皆為當事人之本國法，國際間判決的衝突與牴觸方能避免❻❶。準此言之，隱藏的反致理論對涉外身分的準據法而言，包括涉外收養的成立，不但違反反致制度之初衷，反而被法院當成適用本國法的媒介，成為製造判決衝突，準據法適用衝突的手段，與整體國際私法學所追求的理想與法律價值正面牴觸。

---

❻❶　劉鐵錚教授直指：「反致條款與判決一致之關係，極為薄弱，對協助達成判決一致之國際私法學理想，可說是功效不彰，僅就其可促使判決一致數種情形言，也都有一定條件之限制，要非一個國家可左右。基於此，本人實不贊成國際私法採用反致條款。」請參見劉鐵錚，反致條款與判決一致，載：國際私法論叢，頁 212。又王海南教授雖非持反致否定論，而係認為應該修正關於反致條文之規定，惟王教授亦指出若干不應適用反致之情形，其中之一即為違背反致之原意或精神。請參見王海南，論國際私法中關於反致之適用，載：法律哲理與制度（國際私法）——馬漢寶教授八秩華誕祝壽論文集，頁 24–25，2006 年。

第 55 條　親　權

➤ 實　例

1. **A 國籍甲夫與 B 國籍乙妻**之間，生有一子丙現年五歲，丙同時具有 **AB 兩國之國籍**，三人一同居住我國。甲乙兩人不和分居已久，乙向我國法院起訴請求判決甲乙離婚並爭奪對丙權利義務之行使與負擔。問應如何決定對丙之權利義務行使負擔之準據法？

2. 未成年子女甲出生在美國密蘇里州，其父乙為我國籍，母丙為日本籍，三人因父乙工作之關係在密蘇里州居住半年，現在三人居住在我國。今甲、乙欲解除當初在密蘇里州居住時在丁銀行所締結之投資信託契約，並請求分配清算金。依照密蘇里州的法律，父母對子女的財產無管理處分之權，必須另外選任監護人，問當事人之間的法律關係如何？

💬 問　題

父母離婚時親權者的決定之準據法，應依照離婚效力的準據法，亦或親權的準據法？

🔍 相關法條

現行法

第 55 條

父母與子女間之法律關係，依子女之本國法。

舊法

第 19 條

父母與子女間之法律關係，依父之本國法，無父或父為贅夫者，依母之本國法。但父喪失中華民國國籍而母及子女仍為中華民國國民者，依中華民國法律。

解　析

一、親子間的法律關係

在婚生子女的情形，父母當然為子女之親權人的立法在國際上甚為普遍。在父母離異的情形，有採父母為共同親權人者，有採父母之一方為單獨親權人之制度，但另一方擁有會面交往權。在非婚生子女的情形，有的國家採取於子女出生的同時母親為單獨親權人的制度，也有的國家採取由法院或其他公權力機關介入決定親權人的制度。在生父為認領的情形，有的國家採取父親因而取得親權而與生母為共同親權人的制度，也有僅取得會面交往權的制度。

惟不問婚生或非婚生子女，在親權人不適當或欠缺親權人的情形，由法院介入指定監護人或酌定、改定親權人的制度甚為普遍。尤有甚者，在無法期待親權人給予未成年子女保護的情形，亦有於公法上規定由兒童福利機關介入的制度[62]。

二、準據法的決定

本法第 55 條的規定，不問子女的婚生性、自然血親或養子女，一體規範親子間法律關係的準據法。在立法的方式上，係採取日本舊國際私法選法規則「法例」的方式，將親子關係的成立與親子關係的效力問題分開而論，就親子關係的成立，區分婚生、非婚生、收養等，最後關於其權利義務關係的效力與內容，再由本條統一規定，而不再區分婚生、非婚生或收養。惟必須注意的是，本法第 53 條第 3 項有關於認領之效力，與第 54 條第 2 項有關於收養之效力的規定，其規定在適用上僅限於直接效力的發生，並不包括親子間的權利義務關係，與本條的規定並不衝突。

本條的規定採單一的連結因素，以子女的本國法為準據法。本條的適用既然以親子關係的成立為前提，子女的本國法通常會與父與母的本國法一致，因此形式上看似單一的連結因素，惟在父與母的本國法不同的情形，子女通常會有複數的本國法。準此，在解釋上，得從子女的本國法當中選

---

[62]　橫山潤，國際私法，頁 286。

擇一個對其最有利的本國法為準據法，以實現子女最佳利益。

　　涉外親權，修正前舊法第 19 條係採階段性的立法方式，先以父之本國法為原則，無法以父之本國法為準據法時，則以母之本國法為第二順位之連結因素。此種以父之本國法為第一順位的連結因素之立法，顯然有違憲之虞。此次修正，則以子女之本國法為唯一之連結因素，其旨在於貫徹子女最佳利益，其方法就是在立法上採取子女本國法優先原則❻❸。

　　本條的修正理由指出本條之立法係參考日本法律適用通則法第 32 條之精神而來，惟日本新國際私法選法規則之法律適用通則法第 32 條之規定，在立法上針對子女的本國法之適用，係以子女之本國法與父或母之一方之本國法同一時為前提；倘若子女之本國法與父或母之任何一方之本國法皆不同時，則以子女之經常居所地法為準據法。準此，日本法基於保護子女利益之精神，方法上採取階段性的適用，以本國法與經常居所地法為兩個順位的連結因素，與我國立法上顯有差異。我國法新規定以子女之本國法為單一連結因素，除了可能同時具有父母之國籍之外，亦可能因出生而取得第三國國籍，此時如何決定子女之本國法，必須依照第 2 條關係最切之規定，依照個案處理之。

　　準據法的基準時點，隨著連結因素亦即國籍的變動而變動。此乃國際社會上主流所採，我國法的解釋亦然。

三、準據法的適用

　　如前所述，本條規定之適用，不問婚生性與自然血親或擬制血親，亦不區分身分關係或財產關係。其具體適用的內容如下：

㈠親權人之決定、變更與消滅

　　首先即是親權人之決定、變更與消滅❻❹。父母離婚時未成年子女親權

---

❻❸　本條之修正理由二指出：「關於父母與子女間之法律關係，現行規定以依父或母之本國法為原則，參諸 1989 年聯合國兒童權利保護公約及 1996 年海牙關於父母保護子女之責任及措施之管轄權、準據法、承認、執行及合作公約所揭示之原則，已非適宜。爰參考日本法律適用通則法第 32 條、瑞士國際私法第 82 條等立法例之精神，修正為依子女之本國法，並刪除但書之規定，以貫徹子女之本國法優先適用及保護子女利益之原則。……（後略）」

之決定之準據法，學說與實務上有主張應適用第 50 條關於離婚效力的準據法規（離婚效力準據法說）⑥，惟此問題應定性為親權的問題而依照本條之規定決定準據法。第 50 條關於離婚效力的準據法規定，適用上應僅限於夫妻兩人之間婚姻關係解消後權利義務關係的調整⑥，且離婚效力的準據法中，在無共同本國法或住所地法的情形，所謂的關係最切地之法律，對於夫妻以外的第三人而言預見相當困難；誰來行使與負擔未成年子女權利

---

⑥　新竹地院家訴字第 40 號判決：「父母或監護人對兒童及少年疏於保護、照顧情節嚴重，或有第 30 條、第 36 條第 1 項各款行為，或未禁止兒童及少年施用毒品、非法施用管制藥品者，兒童及少年或其最近尊親屬、主管機關、兒童及少年福利機構或其他利害關係人，得聲請法院宣告停止其親權或監護權之全部或一部，或另行選定或改定監護人，兒童及少年福利法第 2 條、第 48 條第 1 項前段定有明文。原告主張被告二人雖為未成年人之父母，惟因其行方不明、棄養兒童，顯有疏於保護、照顧情節嚴重等情。則原告主張被告，不知去向，對該二名兒童疏於保護、照顧等情即堪信為真。被告二人顯已與身為人父母者所應善盡保護教養子女之義務，大相違背。因此，被告二人上開行徑，顯已足認對兒童有疏於保護、照顧情節嚴重之情事。從而，揆諸首開規定及說明，原告訴請停止被告二人之親權，核無不合，自應准許。」

⑥　例如最高法院 82 年度台上字第 1888 號判決即採取此立場，其要旨謂：「㈠關於判決離婚後酌定及改任監護人之訴，均屬離婚效力之一部分，其涉外事件所應適用之準據法自應依我國涉外民事法律適用法第 15 條規定決之。㈡判決離婚後關於未成年子女之監護權如何分配及其分配之方法如何，係附隨離婚而生之效果，自應依離婚效力之準據法決定之。所謂關於未成年子女之監護權如何分配，不僅指夫妻經法院判決離婚後，對於其未成年子女所為應由何方監護之酌定而言，嗣後因情事變更而聲請變更任監護之人即改定監護人者，亦包含在內。至於監護人指定後，監護人與受監護人之法律關係，則屬監護問題，應依受監護人之本國法決定之。上訴論旨，謂改定監護人非屬離婚效力之問題，而係有關監護之範圍，應依我國涉外民事法律適用法第 20 條規定，以受監護人之本國法為準據法云云，不無誤解。又法院為准許離婚之判決時，對於未成年子女之監護人雖已為酌定，但嗣後情事有變更者，當事人非不得聲請法院變更任監護之人，此就我國民法第 1055 條但書規定觀之，應為當然之解釋。」

⑥　現行法第 50 條之修正理由三亦明確指出：「本條所稱離婚之效力，係指離婚對於配偶在身分上所發生之效力而言，至於夫妻財產或夫妻對於子女之權利義務在離婚後之調整問題等，則應依關於各該法律關係之規定，定其應適用之法律，現行實務見解有與此相牴觸之部分，應不再援用，以維持法律適用之正確，併此說明。」

義務，涉及子女利益之保護，與親權的內容與方法關係密切，應該以子女的私法生活的中心地為連結主體，依照本條規定來決定準據法。

仁親權的內容

本條之適用範圍，除上述親權者的決定等問題外，尚包括親權的內容，亦即對子女的保護及教養、住居所指定、懲戒權、身分行為之同意權和法定代理權、財產之管理、財產行為之法定代理權與同意權等。

白會面交往權

未獲得親權、監護權的一方通常會有與未成年子女之會面交往權，會面交往權的準據法亦應適用本條之規定。

四跨國爭奪子女

跨國爭奪（未成年）子女，往往發生於親權、監護權的法律爭奪，而未獲得親權、監護權的一方，在未獲得法院或親權人、監護權人的同意，即擅自將未成年子女帶往他國。此種情形，未獲得親權、監護權人的一方縱使為未成年子女的生父或生母，擅自將未成年子女帶往他國，在法律上成立誘拐（或曰綁架），在國際社會上已經是一個沒有爭議，各國共同遵守的法律秩序[67]。

親子關係中最重要者，尚有接受扶養的權利，惟扶養另外由本法第 57 條統一規範。又本條的適用範圍，也不包括繼承在內[68]，故本條的適用範圍，僅限於親權而已。

四、實例說明

一實例 1

對於未成年子女丙親權之準據法，即應適用本條之規定，以丙之本國

---

[67] 蔡華凱，我國具有國際裁判管轄權？——論台美間爭奪子女事件，中華國際法與超國界法評論，3 卷 2 期，頁 223–257，2007 年 12 月。

[68] 本條之修正理由二指出：「……（前略）本條所稱父母與子女間之法律關係，是指父母對於未成年子女關於親權之權利義務而言，其重點係在此項權利義務之分配及行使問題，至於父母對於未成年子女之扶養義務之問題，已成年子女對於父母之扶養義務、父母與子女間彼此互相繼承之問題等，則應分別依扶養權利義務及繼承之準據法予以決定，併此說明。」

法為準據法。惟丙同時具有 A 與 B 兩國國籍，其本國法之決定，應該依照第 2 條關係最切之法，由法院視個案彈性處理。而依照所謂關係最切之法在決定涉外親權子女之本國法時，本書以為，多將依照親權人之本國法來作為子女之本國法，蓋子女之本國法，多半會因出生而取得其父與母之國籍，法院在決定子女之本國法，應會將日後擔任親權人，不論是父或母之本國法作為子女關係最切之本國法才是。

㈡實例 2

甲將因出生而取得我國、日本與美國三國國籍。按實例 2 之事實，所涉及者為父與子親子關係中的財產關係，而此財產則位於美國，依照本條之規定，應該依照子女甲之本國法。如何決定甲之本國法，則與實例 1 同，應該依照第 2 條關係最切之國來決定甲之本國法。本例所涉及者為位於美國之財產的管理處分問題，似有以美國法解為甲之本國法（信託契約應亦會以美國法為準據法）之餘地。惟現今三人同住我國，法院亦可能以為住所為我國，且丙亦具有我國籍為理由，以我國法為關係最切之法。倘若以我國法為準據法，乙丙可依照民法第 1086 條的規定，向我國法院聲請選任甲之特別代理人。倘若準據法為美國法，依照密蘇里州的法律，父母對子女的財產無管理處分之權，必須由法院另外選任監護人。此時，我國法院在以美國法為準據法的情形之下，所選任者究竟為特別代理人抑或是監護人，不無討論之必要。比較法上，日本針對此等案例，日本法院認為可代行選任程序，惟選任出來的究竟是特別代理人抑或是監護人，見解分歧，但以認為係屬特別代理人之案例為多。可供我國參考。

第 12 條、第 56 條　監護宣告與監護

實　例

　　A 國籍甲夫與 B 國籍乙妻之間，生有一子丙現年五歲，丙同時具有 AB 兩國之國籍，三人一同居住我國。今甲因勞動傷害成為植物人，乙離家出走音訊全無，丙之祖母來臺向我國法院聲請選定丙之監護人，問準據法如何決定？

問　題

監護的準據法與親權的準據法之間的關係為何？

相關法條

現行法

第 12 條

凡在中華民國有住所或居所之外國人，依其本國及中華民國法律同有受監護、輔助宣告之原因者，得為監護、輔助宣告。

前項監護、輔助宣告，其效力依中華民國法律。

第 56 條

監護，依受監護人之本國法。但在中華民國有住所或居所之外國人有下列情形之一者，其監護依中華民國法律：

一、依受監護人之本國法，有應置監護人之原因而無人行使監護之職務。

二、受監護人在中華民國受監護宣告。

輔助宣告之輔助，準用前項規定。

舊法

第 20 條

監護，依受監護人之本國法。但在中華民國有住所或居所之外國人有左列

情形之一者，其監護依中華民國法律：

一、依受監護人之本國法，有應置監護人之原因而無人行使監護之職務者。

二、受監護人在中華民國受禁治產之宣告者。

 解　析

一、概　說

　　未成年人的行為能力無待法院之宣告，在法律上即受限制。而此被限制之能力補充，通常係由親權人來加以行使，至於誰是親權人則由規範親子間的法律關係之親權的準據法來加以決定（本法第 55 條，見本書前之說明）。在無法依照親權人而為能力補充時，則生監護的問題，必須由監護人來行使能力補充權，而落入監護之準據法的適用範圍。監護的準據法規定，尚包括以遺囑指定監護人以及法院選任監護人的問題。

　　至於成年人的監護，則是監護宣告（或輔助宣告；以下統稱監護宣告）的問題，由本法第 12 條所規範。當然，倘若未成年人有監護宣告的法律上原因時亦得受監護宣告，而不論成年人或未成年人受監護宣告時，其能力的補充應由法院所選任的監護人，依照本條的規定選擇準據法來行使。

二、監護宣告

　　對於不能為法律行為的意思表示及受意思表示，或辨識意思表示的效果或能力不足之人，在一定的要件下由法院予以限制其行為能力，除保護本人以外，也保護一般社會公益。此制度在我國實質民法上區分為監護宣告與輔助宣告，我國國際私法亦採取相同分類，惟兩者制度本旨並無差異，故本法上僅以一條條文規範即為已足。故以下說明雖以監護宣告為主，原理原則亦一體適用於輔助宣告。

㈠要　件

　　依照本法第 12 條的規定，監護宣告的原因除了依照該外國人之本國法以外，尚必須滿足我國法的規定。此種累積性適用本國法與我國法的立法，係以住居所在我國的外國人為適用對象，故如前所述，除了保護該外國人本身，符合其本國法的法律政策與秩序，蓋其法律行為之地點係以我國為

中心，故亦保護了我國的一般社會公益，兼顧公共秩序與交易安全。

　　至於監護宣告的聲請人應為何人，本法並未規定，惟按「程序法依法庭地法」原則，應依照法庭地國法決定之。本書以為本法本條的適用係以向我國法院聲請監護宣告為前提（法庭地為我國才可能適用涉外民事法律適用法），因此依照「程序法依法庭地法」原則，何人得為監護宣告的聲請人，應依照我國法來加以決定。

㈡效　力

　　本條第 2 項規定，監護、輔助宣告，其效力依中華民國法律。本條之適用既然係以住居所在我國之外國人為對象，且係以我國為宣告地，為保護交易安全與我國社會公益，其效力自然應該以我國法為準據法。此種監護宣告之效力依宣告地法，不僅為海牙公約所採，亦為世界各國的主流。

　　監護宣告的效力，最主要在於行為能力限制之程度與能力補充的問題，皆依照宣告地法。惟何人為監護人，則應該依照監護的準據法，亦即被監護人本人的本國法來決定（詳見後述）。

三、監　護

　　國際私法上之監護，係指對於無親權人之未成年人或受監護宣告之人予以關於行為能力之保護。此種制度乃私法上對於行為能力人之代理或保護為宗旨之總稱。實質民法，對於為意思表示、受意思表示或辨識能力以「不能」與「不足」為程度上之區別而分別規定監護宣告與輔助宣告，惟其以保護為目的之本質並無不同，在國際私法的立法上為區隔並無實益，是以本法以一條文規定，統括涉外監護之問題（第 56 條第 2 項規定，輔助宣告之輔助，準用前項規定）。

　　依大陸法系國家之傳統「身分及能力依屬人法」原則，國際私法上之監護亦採屬人法主義。惟究應以監護人之屬人法抑或被監護人的屬人法為準據法？監護既以保護無行為能力人為目的，原則上以被監護人之屬人法為準據法。此在國際社會上被廣泛採納。其理由在於以被監護人之屬人法為準據法具有統一性與固定性。此外，涉外監護，與被監護人之本國法、經常居所地法與不動產所在地法之間具有密切的關連性，倘若無這些國家

之協助，則監護之保護無法為實效性之執行。故法國與德國等歐陸國家之國際私法以及海牙 1961 年保護未成年人之機關之管轄與準據法公約 (Convention of 5 October 1961 concerning the power of authorities and the law applicable in respect of the protection of infants)，除了本國法主義之外，尚以慣居地法和不動產所在地法為輔助性的連繫因素。

此次修法，除了條號變更與若干文字修正以外，新舊規定實質上並無變動。對於在我國有住居所之外國人的監護宣告或輔助宣告，分別於第 12 條與第 56 條但書重複規定。

四、準據法的決定與適用

㈠原　則

第 56 條第 1 項前段的規定，監護，依受監護人之本國法。此規定反映國際社會之主流趨勢，涉外監護之準據法依被監護人之屬人法為原則，為保護被監護人之利益，解釋上當然以被監護人現在之本國法為準。

本國法所適用的具體範圍，包括監護開始的原因、監護人的資格、選任、解任何時終了、監護事務的內容、監護人與被監護人之權利義務關係、監護的廢止與終了等。

在未成年的監護問題，被監護人究竟是否為未成年人，乃先決問題，不論是依照本法第 10 條第 1 項行為能力人的本國法、第 2 項一旦成年即永久成年之規定，抑或依照本條第 1 項本文被監護人的本國法來決定，結果應無差別。

㈡例　外

於同條第 1 項但書，係針對於我國有住居所之外國人之兩項例外規定，其目的在於保護我國國內之交易安全。

第一、依受監護人之本國法，有應置監護人之原因而無人行使監護之職務，例如欠缺親權人。所謂「無人行使監護權」究係何所指，不無疑義，解釋上有兩種可能。第一種為該應受監護之外國人，不論在何國均無監護人存在，尚未有人擔任其監護人。第二種可能為該應受監護之外國人，在

⓺⓽　https://www.hcch.net/en/instruments/conventions/full-text/?cid=39。

其本國有監護人存在，惟並未與其同居住於我國，現實上其監護權之行使，在法律上或事實上皆無法及於我國境內。就條文之文義觀之，應係指第一種解釋，惟日本的學說和裁判實務則以第二種解釋為多數見解。

第二、受監護人在我國受監護宣告。受監護宣告之效力具有屬地性，故在我國受監護宣告，其監護包括監護人的選定均應依照我國法之規定，就算在其本國出現行使監護權之人，只要依照我國法其受監護之原因尚未消滅，其受監護之狀態即持續進行。

五、親權與監護之交錯

如前所述，國際私法上之監護，包括對於無親權人之未成年人予以保護之制度。我國涉外裁判實務上，以未成年人之父母親權被法院宣告停止後，另外選定監護人的案例為多。

例如嘉義地方法院 95 年度家訴字第 58 號民事判決，未成年子女甲、乙之父丙（我國籍）、母丁（越南國籍）兩人無故離家出走，行方不明，由與未成年子女甲乙同居之祖父 X（被告丙之父）向我國法院請求停止丙丁之親權，並選任 X 為甲、乙之監護人。同法院在準據法的適用部分，於「事實及理由」二中指出：「按父母與子女間之法律關係，依父之本國法，無父或父為贅夫者，依母之本國法。但父喪失中華民國國籍而母及子女仍為中華民國國民者，依中華民國法律。又監護，依受監護人之本國法。涉外民事法律適用法第 19、第 20 條分別定有明文。本件受監護人為中華民國國民，行親權人即被告為越南國國民，有戶口名簿影本一份附卷可稽，是本件停止親權及選定監護人之訴自應適用中華民國法律，先予敘明。」

另外在舊法時代，我國實務上有為顧及個案的妥當性而不得不將親權問題直接用監護的規定來決定準據法的案例。如高雄地方法院 88 年度親字第 188 號判決中，我國籍之父親遭逢意外死亡，印尼國籍之生母在拋下兩名分別為一歲和二歲之幼子獨自返回印尼，而由兩名幼童之祖母向我國法院起訴請求停止生母親權之事件，高雄地院判決停止生母之親權後選任原告祖母為監護人，在準據法的適用上，高雄地方法院跳過舊涉外民事法律適用法第 19 條之適用，而將本件定性為監護，直接適用舊法第 20 條的規

定而以我國法為準據法❼。究其原因，就上開兩件地院判決加以比較，高雄地院顯係因適用親權之規定，即舊法第 19 條時，準據法將變成印尼法之故。本件高雄地院判決在定性以及準據法的適用上，雖不符合國際私法的理論，但就事件事實及判決結果看來，不可不謂一具有個案妥當性的合理判決。

惟從國際私法的理論上來看，上開高雄地方法院 88 年度親字第 188 號判決所存在的問題，係舊法上親權的準據法與監護準據法的衝突問題。亦即，依照親權的準據法有親權人存在（依印尼法印尼籍的生母為子女之親權人），而依照監護的準據法發生監護之原因（依照我國法生母棄養子女）。此種情形即所謂國際私法上的適應問題，理論上將監護視為親權的延長線，應優先適用親權的準據法。準此言之，上開判決仍然應適用印尼法而非我國法。但此結果將顯然有違本件判決的個案的正義，此件判決之例也突顯舊法第 19 條規定待修正之處。

在我國現行法修正以後，親權和監護之準據法，皆以子女之本國法和被監護人之本國法為準據法，往後理論上應該不會再發生兩者之間衝突的問題。

六、立法上的檢討

如前所述，涉外監護的準據法世界各國多採被監護人的屬人法，我國則是採本國法。惟有問題者，倘若被監護人的住所地國、經常居所地國與

❼　高雄地方法院 88 年度親字第 188 號判決：「按『監護，依受監護人之本國法』，涉外民事法律適用法第 20 條前段定有明文。本件原告為本國籍人，被告為印尼國籍人，而受監護人○○○、○○○係本國籍人，依上開法文規定，自應適用我國之法律，合先敘明。次按『父母、養父母或監護人對兒童疏於保護、照顧情節嚴重或有第 15 條第 1 項或第 26 條行為者，兒童最近尊親屬、主管機關、兒童福利機構或其他利害關係人，得向法院聲請宣告停止其親權或監護權，另行選定監護人。』兒童福利法第 40 條第 1 項前段定有明文。本件被告棄未滿二歲、一歲之子女於不顧，獨自返回印尼，顯然對於兒童疏於保護、照顧，且情節嚴重，原告為受監護人○○○、○○○之祖母，乃為其最近之親屬，且依上開訪視調查報告，原告並無不適任監護人之情形。從而，依子女之最佳利益考量，原告請求被告○○○對其子女○○○、○○○之親權應全部予以停止，並選任原告為○○○、○○○之監護人，依法尚無不合，應予准許。」

其國籍國不同時，是否在連結因素上應考慮導入住所地法、經常地法，或有檢討的空間。蓋在未成年人的情形，為實踐保護未成年人的子女最佳利益原則，各國多採行政機關介入的制度。此際，行政機關在行使公權力執行其權限時，多半是直接適用內國實質法。例如 1958 年國際法院的 Boll 判決 ❼，依照未成年之被監護人的本國法荷蘭法選任監護人之荷蘭，向國際法院起訴該未成年人的居住地國瑞典，主張瑞典的兒童福利局所採取的保護教育措施違反海牙 1902 年未成年人監護人公約，而國際法院判決瑞典當局所採取的保護教育措施並不違反海牙公約。本件判決促成了對於監護人的準據法一律以本國法為原則的反動，並造成海牙 1961 年關於未成年人保護之主管機關之管轄與準據法公約 (Convention of 5 October 1961 concerning the powers of authorities and the law applicable in respect of the protection of infants) ❼ 的成立來取代 1902 年的公約。新公約改採慣居地為監護的連結因素，彰顯出對傳統上採本國法主義的反省。

七、實例說明

實例中未成年子丙同時具有 AB 兩國之國籍，居住在我國。今其父甲因勞動傷害成為植物人，其母乙離家出走音訊全無，顯已經發生事實上無人行使與負擔對丙之權利義務，丙之祖母來臺向我國法院聲請選定丙之監護人，必須先向我國法院請求停止甲和乙之親權，然後適用本條第 1 項但書之規定，以我國法為準據法選定丙之監護人。

---

❼ Case concerning the application of the Convention of 1902 Governing the Guardianship of Infants (Netherlands v.Sweden). http://www.icj-cij.org/docket/index.php?sum=145&code=nls&p1=3&p2=3&case=33&k=37&p3=5 (02/06/2015)。

❼ http://www.hcch.net/index_en.php?act=conventions.listing。

第 57 條　扶　養

實　例

　　A 國籍之妻乙與其夫甲（我國籍且住所在我國）感情不睦，兩年前乙決意分居並帶著甲乙間生下之丙（同時具有 A 國籍和我國籍）返回 A 國。今甲對於乙丙不聞不問，乙遂回到我國向法院請求甲給付生活費和丙之養育費，問準據法如何決定？

相關法條

現行法

第 57 條

扶養，依扶養權利人之本國法。

舊法

第 21 條

扶養之義務，依扶養義務人之本國法。

解　析

一、概　說

　　對於無法以自己之能力生活之人，予以經濟上的給付，為廣義的扶養，可分為由國家機關基於社會福利法規所為公法上的扶養義務，和因身分關係、契約關係或侵權行為而生之私法上的扶養義務兩大類。前者屬公法領域，僅限於屬地性的適用，並非國際私法的適用對象與範圍。後者如贈與、終身定期給付、附負擔遺贈等原因而生者，其準據法應依契約（本法第 20 條）、侵權行為（本法第 25 條）和繼承（本法第 58 條）決定之。而本條所謂扶養之適用對象與範圍，應限定在因身分關係而生，例如夫婦、親子或其他親屬關係而生之扶養義務為限。

　　親屬間的扶養義務之準據法，各國國際私法的普遍原則採當事人的屬人法主義。扶養義務的法律關係，係基於一定之身分關係的存在而發生，與其他的身分法律關係一樣，直到今日，「身分與能力依屬人法」原則仍被各國所肯定。我國修正前舊法亦同，採扶養義務人的本國法主義之規定。

　　此次關於涉外扶養關係的修正，即是將扶養的準據法從扶養義務人的本國法改為依扶養權利人的本國法。修正理由二謂：「關於扶養之權利義務，現行條文規定應依扶養義務人之本國法，參諸 1973 年海牙扶養義務準據法公約及 1989 年泛美扶養義務公約所揭示之原則，已非合宜。爰參考 1973 年海牙扶養義務準據法公約第 4 條之精神，修正為應依扶養權利人之本國法。」

二、扶養義務準據法

　　㈠修正前舊法第 21 條之規定「扶養之義務，依扶養義務人之本國法」，係繼受自日本舊法「法例」第 21 條「扶養ノ義務ハ扶養義務者ノ本国法ニ依リテ之ヲ定ム」。此規定在適用範圍上，並不包括夫妻間的扶養義務和親子間對於未成年子女的扶養義務等所謂生活保持義務，為日本通說所採。主要的理由在於，夫妻間的扶養義務以及對未成年子女的扶養義務等生活保持義務，係基於夫妻間身分的法律關係與親子間法律關係最主要的一環，應各自依照該法律關係的準據法。準此，本條之規定，其適用僅限於其他親屬間的生活扶助義務[73]。惟針對舊法，我國學說有認為，舊法第 21 條的規定，包括生活保持義務與生活扶助義務，準此，其適用範圍包括夫妻與親子間的扶養義務以及其他親屬間的扶養義務[74]。

　　惟本書以為，我國舊法第 21 條應與日本舊法第 21 條同其解釋。亦即，夫妻間扶養義務應依照婚姻效力的準據法，親子之間對未成年子女的扶養

---

[73] 日本後來在 1986 年批准了海牙扶養公約，因而制定了適用範圍包括生活扶助義務與生活保持義務等所有親屬間扶養義務之法律，亦即「關於扶養義務之準據法之法律」，故刪除了國際私法第 21 條的規定。溜池良夫，國際私法講義第 3 版，519 頁。

[74] 徐慧怡，論涉外民事法律適用法修正草案中有關身分之內容與檢討，月旦法學雜誌，第 160 期，頁 155，2008 年。

義務應依照親子關係的準據法，因侵權行為而生之扶養義務應依照侵權行為的準據法。準此，本條的適用範圍，僅限於祖父母與孫子女之間、父母與成年子女之間、兄弟姊妹之間，及其他夫妻與親子以外親屬之間的扶養義務[75]。

　　㈡如前所述，此次關於涉外扶養規定的修正，即是從扶養義務人的本國法改為依扶養權利人的本國法。此項修正係參考海牙扶養公約上以扶養權利人的屬人法為原則之立法，法律政策上朝向有接受扶養之權利人的利益傾斜，顯係為貫徹保護處於弱勢地位之當事人的目的，又以其本國法為準據法係認為對於扶養權利人現實的生活的實效性保護，與一國的社會福利、社會保險制度等公的扶助義務關係密不可分之故[76]。惟必須注意的是，本條的修正理由上雖然稱係參考海牙扶養義務準據法公約之精神，惟 1973 年海牙扶養公約上的連結因素在受扶養權利人的經常居所地國，而非其本國法。當受扶養權利人的住所地國、經常居所地國法與其本國不一致的情形，倘若立法上僅適用本國法，而無適用經常居所地國法，則對於受扶養權利人接受住所地國、經常居所地國的社會福利、社會保險制度的實效性保護的法律政策是否相符，或有加以檢討的空間[77]。或許在下次修法，應除參考海牙公約的精神以外，更應參考海牙公約以經常居所地為連結因素

[75] 劉鐵錚、陳榮傳，國際私法論，修訂 5 版，頁 448，2009 年 7 月。

[76] 例如我國憲法第 15 條和第 155 條之規定。

[77] 例如在日本東京家裁平成 4 年 3 月 23 日審判（平成 2 年（家）第 6992 号扶養請求申立事件）中，由我國籍 41 歲非婚生子 X 對其生父 65 歲我國籍 Y 請求給付扶養費事件，雙方皆為我國籍但慣居地國皆在日本。X 係 Y 與訴外人 A 日本國籍女性所生之子，惟兩造並無婚姻關係，雖出生後由 Y 認領，但 X 自幼與生母 A 及外祖母同住與撫養，Y 從未聞問。X 與生母 A 生活困頓，罹患各種疾病，在生母 A 與外祖母相繼離世後，X 因交通事故與各種疾病纏身而無法保持正職，依照日本生活保護法而接受各種的生活扶助或事故補償金，直到向法院請求 Y 給付扶養費為止。東京地院在肯定本件具有國際裁判管轄之後，以 X 之慣居地國為日本故扶養的準據法為日本法，裁定 Y 應按月給付 X 日幣 20 萬並必須於每月 5 號之前給付，至於審判前應給付之扶養費應在計算 X 受領生活保護法所給付金額後予以徵收。本件審判之解說，請見早川真一郎，櫻田嘉章、道垣內正人編，国際私法判例百選，有斐閣，頁 138-139，2004 年。

的立法精神，亦可以日本法兼採以受扶養權利人之本國法與經常居所地國法為修正參考。

三、實例說明

本實例之事實所涉及者,乃本條扶養義務的準據法規定所適用的範圍。本條規定在適用範圍上，並不包括夫妻間的扶養義務和親子間對於未成年子女的扶養義務等所謂生活保持義務。主要的理由在於，夫妻間的扶養義務以及對未成年子女的扶養義務等生活保持義務，係基於夫妻間身分的法律關係與親子間法律關係最主要的一環,應各自依照該法律關係的準據法。準此，本條之規定，其適用僅限於其他親屬間的生活扶助義務❼❽。

依照實例的事實，乙向我國法院所請求者，為甲乙夫妻之間的扶養費與甲丙之間親子關係的扶養費,乃上述生活保持義務所生之扶養費。惟本條之適用範圍，並不包括夫妻間與親子間對未成年子女的扶養費，已如前述，故非本條之適用範圍。準此，夫妻間扶養義務應依照婚姻效力的準據法，是故乙對甲的扶養費請求之準據法應依照本法第 47 條之規定，以共同住所地法，亦即我國法為準據法，適用我國民法的相關規定。至於，代理其子丙對父甲所為的扶養費請求,係屬親子之間對未成年子女的扶養義務，應依照親子關係的準據法，亦即本法第 55 條的規定，以丙的本國法亦即我國法為準據法。

❼❽　日本後來在 1986 年批准了海牙扶養公約，因而制定了適用範圍包括生活扶助義務與生活保持義務等所有親屬間扶養義務之法律，亦即「關於扶養義務之準據法之法律」，故刪除了國際私法第 21 條的規定。

第七章

繼　承

第 58 條－第 61 條　繼承與遺囑[1]

➔ 實　例

　　系爭土地及建物為訴外人 A 所有，A 因癌症在美國死亡前於 2007 年書立系爭遺囑，其中記載僅贈與其子女五人各 1 美元，另外 A 退休帳戶之餘額，係供子女之中三人支付大學學費之用，其餘財產則指定遺贈給財團法人某佛教團體，為兩造所不爭執。

　　原告、上訴人 X（美國籍，A 之遺孀）主張其為 A 之遺產管理人兼遺囑執行人，依系爭遺囑，被告、被上訴人 Y（A 之女兒）並無權繼承系爭建物及土地，Y 所為之分割繼承登記應予塗銷。Y 則以 A 雖擁有雙重國籍，仍是我國國民，系爭遺囑效力應依我國法律決定之。然系爭遺囑書立之過程皆不符我國民法中關於遺囑設立之法定要件，應為無效。則 X 無從依照遺囑主張是遺囑執行人兼遺囑管理人，對於合法繼承 A 遺產之 Y，依我國民法第 767 條及第 1215 條之規定排除侵害，請求 Y 塗銷合法繼承之所有權登記。更何況系爭之遺囑並沒有包括臺灣的財產在內，因為遺囑沒有列遺產明細，且關於臺灣財產部分，被繼承人 A 另寫有授權書給其兄弟 B、C 處理。Y 依我國法律規定為繼承登記，自屬合法，並無塗銷之事由等語，資為抗辯。（最高法院 102 年度台上字第 392 號判決）

💬 問　題

㈠美國法院系爭確定判決內容，我國法院是否應加以承認？

㈡X 是否為被繼承人 A 之遺產管理人？

㈢被繼承人 A 遺囑之內容，有無包括臺灣之遺產在內？

---

[1]　本文參見蔡華凱，國際私法上之繼承與遺囑──以最高法院 102 年度台上字第 392 號民事判決為例，月旦裁判時報，第 26 期，2014 年 4 月，頁 33–43。

㈣ Y 就系爭不動產辦理繼承登記，有無不法侵害 X 之權利？

㈤ Y 有無喪失繼承權？

◎ 判決要旨

一、原審針對各爭點的判斷如下

㈠美國法院系爭確定判決內容，我國法院是否應加以承認？

原審認為系爭遺囑係真正，業經美國加利福尼亞州聖馬刁縣地方法院判決駁回 A 子女之異議，該判決並無民事訴訟法第 402 條第 1 項規定之不予承認情事，自應認其效力。

㈡ X 是否為被繼承人 A 之遺產管理人？

惟依系爭遺囑及上開判決所示，上訴人僅為 A 之遺囑執行人，並非我國民法規定之遺產管理人。

㈢被繼承人 A 遺囑之內容，有無包括臺灣之遺產在內？

系爭遺囑並未詳列遺產明細，上開美國判決亦未敘及對佛教團體所為贈與，是否亦包括 A 在臺灣之財產，而 A 確曾另授權其兄弟 B、C 處理其在嘉義市、朴子市、布袋鎮、太保市、臺北市之房地產，該授權書並分別經中華民國駐舊金山臺北經濟文化辦事處及中華民國駐西雅圖臺北經濟文化辦事處查證屬實後簽證，應堪採認。則 A 書立系爭遺囑之真意，應無意涵蓋其在臺灣之財產部分，即將臺灣之財產處理排除在系爭遺囑之外。從而，系爭遺囑之遺產執行人即 X，應僅就 A 於美國遺產有執行權限，不及於在臺灣之遺產。

㈣ Y 就系爭不動產辦理繼承登記，有無不法侵害 X 之權利？

被上訴人 Y 既無喪失其對被繼承人 A 遺產繼承權之事由，而 A 之法定繼承人，同意將其得繼承之財產登記予被上訴人 Y 名下，則 Y 依我國法律規定而辦理系爭土地及建物之繼承登記，並無不合，亦無侵害 X 之權利可言，X 訴請 Y 將系爭土地及建物，以分割繼承為原因所為之所有權移轉登記予以塗銷，即屬無據，不應准許，並說明上訴人其餘主張與舉證為不足採及無逐一論述之理由，因而維持第一審所為上訴人敗訴之判決，駁回

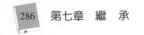

其上訴。

㈤ Y 有無喪失繼承權?

原審認為 A 死亡之後，何人為其繼承人，應依我國 99 年 5 月 26 日修正前涉外民事法律適用法第 22 條「繼承，依被繼承人死亡時之本國法。但依中華民國法律，中華民國國民應為繼承人者，得就其在中華民國之遺產繼承之。」之規定以我國民法為準據法。參酌上開民法規定，應認被上訴人 Y 於無喪失繼承權事由時，為 A 之繼承人。且觀之系爭遺囑中，並無隻字片語提及 Y 或其他繼承人對於 A 生前有何虐待情事。

二、最高法院要旨：以 X 當事人不適格駁回

按依民法第 1214 條:「遺囑執行人就職後，於遺囑有關之財產，如有編製清冊之必要時，應即編製遺產清冊，交付繼承人。」及第 1216 條:「繼承人於遺囑執行人執行職務中，不得處分與遺囑有關之遺產，並不得妨礙其職務之執行」之規定，繼承人就與遺囑無關之遺產，並不喪失其管理處分權及訴訟實施權，是同法第 1215 條所定遺囑執行人有管理遺產之權限，即應以與遺囑有關者為限，逾遺囑範圍之遺產，其管理處分及訴訟實施權並不歸屬於遺囑執行人。查系爭遺囑未詳列遺產明細，而 A 就其在臺灣之遺產，已於生前授權其兄弟 B、C 處理，並未包括在系爭遺囑範圍內等情，為原審確定之事實，則依上說明，X 就系爭土地及建物即不具管理處分權及訴訟實施權，自無為 A 繼承人為訴訟上請求之權限，故其就此臺灣遺產部分並非適格之當事人，其提起本件訴訟即為無理由。原審駁回上訴人之上訴，理由雖未盡妥適，結論則無二致，仍應予以維持。

🔍 相關法條

第 58 條

繼承，依被繼承人死亡時之本國法。但依中華民國法律中華民國國民應為繼承人者，得就其在中華民國之遺產繼承之。

第 59 條

外國人死亡時，在中華民國遺有財產，如依前條應適用之法律為無人繼承

之財產者，依中華民國法律處理之。

第 60 條

遺囑之成立及效力，依成立時遺囑人之本國法。

遺囑之撤回，依撤回時遺囑人之本國法。

第 61 條

遺囑及其撤回之方式，除依前條所定應適用之法律外，亦得依下列任一法律為之：

一、遺囑之訂立地法。

二、遺囑人死亡時之住所地法。

三、遺囑有關不動產者，該不動產之所在地法。

 解　析

　　繼承，係指人死亡時，由其親屬或配偶等繼承人包括性的繼承其遺產之意，在民法和國際私法並無不同。本件的重要爭點之一，即原告 X 是否為遺囑執行人且為遺產管理人，涉及繼承與遺囑的問題，自不待言。關於涉外繼承與遺囑，修正後新涉外民事法律適用法（以下稱現行法）將繼承規定在第七章，繼承兩個條文 (58,59)，遺囑兩個條文 (60,61)，共計四個條文。現行法除將舊法上之「撤銷」正名為「撤回」等法律用語的修正，新增了關於遺囑與其撤回的方式之外，新舊兩法在原理原則與法規的解釋適用等問題並無實質性改變。

　　現行法第 62 條規定，涉外民事，在本法修正施行前發生者，不適用本法修正施行後之規定。但其法律效果於本法修正施行後始發生者，就該部分之法律效果，適用本法修正施行後之規定。本條修正理由謂，本法增訂及修正條文之適用，以法律事實發生日為準，原則上不溯及既往。是故本件仍應適用舊法的規定，惟如前所述，新舊規定並無實質改變，因此本件雖以舊法為適用基礎，惟其原理原則對於現行法亦有適用，合先敘明。

　　有問題者，在於本件原審臺灣高等法院僅就爭點㈤ Y 有無喪失繼承權問題適用涉外民事法律適用法關於繼承準據法的規定而已，該規定對於其

他爭點是否無適用之餘地，或有檢討之必要，說明如下：

一、涉外繼承

㈠立法與解釋

繼承開始時，遺產應由何人繼承？是否為無人繼承之財產？若為無人繼承之財產，則應歸何人？此在國際私法上為兩個層次的問題。前者，必須由繼承之準據法來決定。後者，則依照前者繼承的準據法來確定是否係屬無人繼承的財產後，無論基於最後法定繼承人理論，或領土主權無主物先占理論，各國多規定其財產歸與國庫或地方自治團體。

舊法第 22 條規定，繼承，依被繼承人死亡時之本國法。但依中華民國法律中華民國國民應為繼承人者，得就其在中華民國之遺產繼承之。第 22 條前段的規定，學說咸認為係一統一主義的立法，對於繼承之法律關係，不分動產或不動產之繼承，均適用同一法律，亦即適用被繼承人死亡時的本國法，此種立法原則與國際潮流相符合，無修正之必要，故現行法第 58 條維持之。

㈡適用範圍

就繼承的準據法之適用範圍，主要包括下列問題：

1.繼承之開始

繼承開始之原因、時期與地點，均依照繼承準據法決定之。我國民法第 1147 條規定繼承應自被繼承人死亡時開始。

2.繼承人

繼承人之資格、種類、順序與地位亦屬繼承準據法的適用範圍。惟繼承人與被繼承人之間的親屬關係，則係先決問題，不得依照繼承的準據法加以決定。

⑴繼承能力

例如被繼承人死亡時尚未出生的胎兒，或法人是否得因繼承而取得權利的問題，亦應依照繼承的準據法來決定。

⑵繼承之順序與應繼分

繼承人與其他繼承人應依何種順序及比例來分配遺產,及繼承之順序、

應繼分與是否受特留分保障之問題，繼承人對其應繼分於繼承開始前或後得否處分、被繼承人就應繼分於生前所為承諾的效力、繼承人自被繼承人所受贈與是否應併入應繼分、繼承人是否得為限定繼承、拋棄繼承等行為，其期限、方式等，均依照繼承準據法決定之。

⑶繼承權之喪失

　　繼承權之喪失，係指繼承人因侵權行為或其他原因，而被剝奪繼承權造成繼承的缺格 (unworthiness)。其要件、效果與方法，均依照繼承準據法決定之。至於在繼承開始之前，繼承人與被繼承人間所締結放棄繼承權的契約 (pact of renunciation)，其可否和其效果，亦依照繼承準據法決定之。

3.繼承之標的物

　　特定之權利義務，是否具有可繼承之性質，應該依照該權利義務本身之準據法決定之。例如專屬一身而不得轉讓者，則不得繼承，必須依照該權利義務之準據法來決定。換言之，如被繼承人生前所擁有之權利，欲納入繼承標的物的範圍，必須累積適用繼承之準據法與該權利之準據法，兩者均持肯定的立場，始得納入繼承之標的物❷。

4.繼承開始之效力

　　繼承開始後，特定權利如何由被繼承人移轉予繼承人之問題，例如，繼承人是否即時取得該權利，或必須履行特定行為或經國家機關登記等，始取得該權利，或取得該權利是否得對抗第三人之問題，實際上亦涉及該權利的變動問題，必須考慮適用該權利本身之準據法。

　　例如，被繼承人在外國遺有不動產或外國人因繼承而是否取得我國的不動產之情形，繼承人依照繼承的準據法，繼承人因繼承開始而直接取得該權利，惟依照不動產所在地法，並未因繼承開始而直接取得其權利。此時繼承的準據法與不動產的準據法衝突，應該如何解決，不無疑問。學說中有主張，個別準據法優先於總括準據法，適用被繼承之權利之準據法中之強制規定。

　　我國最高法院 97 年度台上字第 2051 號判決是一參考性極高的案例。

❷　劉鐵錚、陳榮傳，國際私法論，頁 462。

被繼承人 A（我國籍）死亡後，其遺產（下稱系爭遺產）包括坐落臺南市數筆不動產。原告、上訴人 X 為被繼承人之配偶起訴主張，伊與被告、被上訴人 Y 之應繼分均各為四分之一，雖伊為越南國人，尚未取得中華民國國籍，就系爭土地、建物無法辦理不動產繼承登記，惟仍可採變價分配之途以實現伊本於繼承權之請求。被上訴人 Y 則以：上訴人雖因結婚關係成為伊等先父之配偶，惟仍屬外國人，且越南對我國人民在該國又無平等互惠規定，上訴人雖具備繼承人身分，但因其尚未取得我國國籍仍屬越南人，則依土地法第 18 條之規定與內政部 90 年 3 月 23 日 (90) 台內地字第 9004760 號函文，其對遺產中之土地與建物之繼承權已被排除，且對系爭遺產即欠缺共有之權利主體，故請求以變價分配方式分割系爭遺產，於法不合等語，資為抗辯。

最高法院認為，依照不動產所在地法亦即依我國土地法第 18 條固規定外國人在我國取得或設定土地權利，以依條約或其本國法律，我國人民得在該國享受同樣權利者為限。考其立法目的乃為因應當前國際間平等互惠原則，而就外國人在我國取得或設定土地權利，所作限制之規定❸。惟繼承係因被繼承人死亡而開始，繼承人自繼承開始時，即承受被繼承人財產上之一切權利義務。則上訴人 X 因被繼承人 A 死亡而取得之繼承權，得否因應繼財產中有土地，即悉被剝奪，已非無疑。結論上認為，X 主張伊為越南國人，尚未取得我國國籍，就系爭土地無法辦理不動產繼承登記，惟仍可採變價分配之途，以實現伊本於繼承權之請求等語，並非全然無據。

於本件，不動產準據法之我國法中的強制規定仍然被優先適用，惟繼承人繼承的權利亦並未因此遭到剝奪，是我國涉外民事裁判實務中一個參考價值極高的案例。

---

❸ 最高法院在本件判決指摘原審「查上訴人為越南國人，且尚未取得我國國籍，本件應屬涉外民事事件。原審未依涉外民事法律適用法之規定確定其準據法，遽依我國法律而為上訴人不利之判決，已欠允洽」，此一部分與本篇實例有相同的問題，亦即我國法院處理涉外事件未依照國際私法的方法來處理之。

5.繼承財產的管理與清算

關於繼承財產的管理與清算問題，在統一主義之下被認為係屬繼承問題的一環，且涉及繼承人的搜索與一定期間後權利的喪失等問題，屬於繼承人以及繼承財產的確定問題，應係繼承準據法的適用範圍，仍應依被繼承人的本國法來包括性的處理之❹。

比較法上，相對於大陸法系的統一主義制度，英美法認為著眼於本國的遺產債權人和遺產債務人之間的關係才是繼承財產的管理與清算行為的主要法律價值與機能，故英美法上為達此目的，繼承財產的管理與清算多適用屬地主義原則，採財產管理地法或財產所在地法，而與大陸法系國家所採應屬繼承準據法的適用範圍之立場有別❺。

㈢例 外

舊法第 22 條但書的規定：「但依中華民國法律，中華民國國民應為繼承人者，得就其在中華民國之遺產繼承之。」1953 年的立法意旨在於保護內國公益，亦即已經歸化外國（例如英美）的華僑，其我國籍親屬仍然留在國內，為防止若華僑死亡，不採本國法主義且容許遺囑人自由處分財產的英美法系國家的繼承法律與我國發生衝突，例如違反特留分的規定，故設此項但書保護我國國民❻。學說對於此項但書規定有認為係本文的例外規定，解釋上必須限縮其適用在以被繼承人之本國法，我國國民不得為繼承人，而依照我國法應為繼承人之情形為限，而我國法律之適用，因其為遺產所在地之故；此說進一步主張，此項規定因不再統一適用被繼承人死亡時之本國法，可謂兼採繼承分割主義❼。惟所謂繼承分割主義，係指因

---

❹ 此乃日本通說的見解。櫻田嘉章、道垣內正人編，注釈国際私法第 2 卷，有斐閣，頁
　202–203（林貴美執筆），2011 年。

❺ 以美國法為例，在被繼承人死亡而無遺囑之情形，美國法上關於土地繼承的傳統就是
　遵循一個簡單的法則，亦即依照土地的所在地法，此一法則亦被美國聯邦最高法院所
　採。SCOLES, EUGENE F. & HAY, PETER H., CONFLICT OF LAWS, at §2.02, 796–797
　(2d ed. 1992).

❻ 本文認為此項但書規定是否有必要，不無疑問。外國繼承法違反我國特留分的規定，
　可以藉由公序良俗條款來加以救濟，立法上無須增加此保護本國民的例外條款。

遺產所在地不同，而適用不同之法律。其中關於不動產之繼承，多依財產所在地法，而動產則因「動產附著於人骨 (mobilia ossibus inhaerent)」或「動產隨人 (mobilia sequuntur personam)」等原則，應依被繼承人之住所地法。但書的規定係以位於臺灣的遺產為適用對象，並非區別動產不動產而適用不同法律的規定，非分割主義的規定。

二、涉外遺囑

遺囑係指遺囑人依法定方式，為其死後發生效力之無相對人的法律行為（單獨行為）。遺囑與繼承關係密切，我國法的繼承並未區分遺囑繼承或無遺囑繼承，凡因死亡而繼受死亡者之權利義務者，包括法定繼承或遺囑繼承，皆為繼承準據法之適用範圍。舊法第 24 條第 1 項規定，遺囑之成立要件及效力，依成立時遺囑人之本國法。依立法理由，適用之範圍僅及於遺囑本身是否有效之問題，至於被繼承人得否以遺囑指定繼承人，或指定應繼分等問題，乃遺囑實質內容問題，非遺囑之準據法之適用範圍，而應由繼承之準據法決定，此解釋對於現行法亦有適用。

現行法第 60 條規定，遺囑之成立及效力，依成立時遺囑人之本國法。遺囑制度之目的，在於保護、尊重遺囑人臨終前最後遺留之意思表示。遺囑內容多以身分法上之法律關係為處分對象，所以遺囑之成立與效力之準據法多採遺囑人之屬人法，此點在新舊法並無不同。我國的規定係以遺囑成立時遺囑人之本國法為連結因素，採不變更主義，旨在避免嗣後遺囑人變更國籍而影響遺囑之效力。惟在以遺囑處分財產，使得繼承與遺囑難以明確區分的情形下，繼承必須以被繼承人死亡時的本國法，遺囑則是成立時的本國法，兩者若有衝突情形，在立法論上如何解決不無檢討之餘地。

㈠成立與效力

本條之適用範圍，僅及於遺囑本身之意思表示，與遺囑效力之發生時期而已。其具體內容，說明於下：

1.遺囑能力

遺囑能力，我國民法有別於一般法律行為能力之特別規定（民法第

---

❼　劉鐵錚、陳榮傳，註❷，頁 454。

1186 條)，在國際私法上亦不適用於一般行為能力準據法的規定，而應與遺囑實質要件同樣適用於遺囑成立時遺囑人之本國法。

2.成立要件

遺囑之成立，係指遺囑之實質要件，包括遺囑本身的意思表示，是否有真意保留、錯誤，被詐欺脅迫等問題，均適用遺囑成立時遺囑人之本國法。此外，遺囑內容之解釋 (interpretation) 和遺囑中應表示而未表示之意思補充 (construction)，皆為實質問題而有本條之適用，故應適用遺囑成立時遺囑人之本國法。惟外國立法上亦有採當事人意思自主原則 (profession juris) 者。

3.方　式

從比較法的觀點，國際社會對於遺囑方式的準據法之規定，多受 1961 年海牙「遺囑方式法律衝突公約 (Convention of 5 October 1961 on the Conflicts of Laws Relating to the Form of Testamentary Dispositions)」❽所確立之「遺囑優遇 (favor testimenti)」原則的影響，亦即，為了使遺囑的方式容易化，減少單一準據法的連結因素之限制，允許數種準據法的選擇適用。遺囑人只要符合其中任一準據法之規定，遺囑即有效成立或被撤回。舊法針對遺囑的方式與撤回，僅規定了遺囑人本國法之單一連結因素，故新法增訂第 61 條，除了立遺囑人的本國法外，亦增訂了訂立地法、死亡時住所地法與不動產的所在地法❾。

4.效　力

關於遺囑人得以處分之權限，例如是否受有特留分之限制，或不得為特定之處分，或是否得以遺囑指定繼承人，指定繼承人之意思表示是否具備法定要件，有無瑕疵等，又受有限制時其內容為何等問題，均屬繼承之

---

❽　http://www.hcch.net/index_en.php?act=conventions.text&cid=40。

❾　第 61 條規定，遺囑及其撤回之方式，除依前條所定應適用之法律外，亦得依下列任一法律為之：

一、遺囑之訂立地法。

二、遺囑人死亡時之住所地法。

三、遺囑有關不動產者，該不動產之所在地法。

問題，不適用遺囑之準據法，為我國學說通說所採，本文亦同此見解。

又遺囑之實質內容往往涉及實體法律關係之處分，例如遺贈、法定繼承關係之變更、認領非婚生子女、指定監護人或成立信託等，均應依各該法律關係之準據法。準此，**適用遺囑效力的準據法問題**，僅及於其形式上的問題，亦即何時生效，一部生效或全部生效而已。學說通說所採者為，就遺囑本身之意思表示，與遺囑實質內容的意思表示，實際上難以完全分離，故均適用實質問題，亦即各該法律關係的準據法。

㈡遺囑的執行

遺囑的執行攸關遺囑內容的實現，比較法上，日本早期學者多數主張應依個別遺囑內容的準據法。例如是否執行遺囑、遺囑執行人的選任（及要否）、遺囑執行人的職務、權限與解任等，均依構成遺囑內容之法律行為的準據法決定之❿。惟依此說，將使得遺囑內容為複數的時候，將依各法律行為的準據法來個別判斷遺囑執行的問題，故晚近學說的多數見解轉為，在被要求包括性的、一般性的執行遺囑時，準據法應該依最具有密切關連性的法律行為的準據法來加以決定，而在日本的裁判實務上，遺囑的執行內容涉及繼承者，法院多適用繼承的準據法⓫。

三、結　語

如前所述，本件涉外繼承依舊法第 22 條規定，依被繼承人死亡時之本國法。但依臺灣的法律臺灣人應為繼承人者，得就其在臺灣之遺產繼承之（現行法第 58 條的規定亦同）。是故應審究者，為具有美國籍與我國籍之被繼承人 A 的本國法應如何決定。

舊法針對國籍的積極衝突，亦即，當事人有複數國籍的情形，應如何決定其本國法，第 26 條規定，依本法應適用當事人本國法，而當事人有多數國籍時，其先後取得者，依其最後取得之國籍定其本國法。同時取得者依其關係最切之國之法。但依中華民國國籍法，應認為中華民國國民者，依中華民國法律。準此，被繼承人 A 之本國法仍然為我國法，應無疑問。

---

❿　櫻田嘉章、道垣内正人編，註❹，頁 219。

⓫　林貴美，遺言執行者の選任，国際私法判例百選第 2 版，有斐閣，2012 年，頁 169。

又本件我國法院雖承認美國加州法院的判決，惟判決效力所及僅確定 X 為美國的遺囑執行人，美國遺囑內容並未包括臺灣的財產在內甚明。故應依照我國法來加以決定者，為繼承的開始、繼承人為何人（縱使依照舊法第 22 條但書的規定仍然為我國法）、繼承的標的（本件為位於我國境內的不動產，應累積適用不動產所在地法亦即我國法）、繼承財產的管理與清算（英美法亦採不動產所在地法或財產所在地法）。是故，本件問題㈡ X 是否為被繼承人 A 之遺產管理人、問題㈢被繼承人 A 遺囑之內容，有無包括臺灣之遺產在內、問題㈣ Y 就系爭不動產辦理繼承登記，有無不法侵害 X 之權利、問題㈤ Y 有無喪失繼承權等問題，皆為舊法第 22 條（現行法第 58 條）規定的適用範圍，結論上應該依照我國法來加以決定，殆無疑問。

惟有問題者，依照上開條文但書之規定，我國人得就其在我國之遺產繼承之，是否當然、完全排除外國人就其在我國之遺產，解釋上不無疑問。本件原告 X 雖係美國籍，惟本件繼承的準據法既然為我國法，X 既為被繼承人配偶，亦為我國民法第 1138 條之法定繼承人，在我國境內的遺產是否完全由 Y 取得，並未成為本件的爭點，此與原告訴訟上的聲明有關。

綜上，原審臺灣高等法院在準據法的適用顯然有不完整之處。除了爭點㈠之外，其餘爭點皆應依照繼承準據法選法之後，結論上始依我國民法的規定加以判斷。最高法院認為依我國法，X 並非遺產管理人，提起本件訴訟係當事人不適格，應予以駁回。此亦是準據法依我國法而得之結論，可資贊同。

▶ 代理關係

劉昭辰　著

　　本書企望能以十萬字的篇幅，透過生動活潑的講解方式及案例試舉，來呈現代理的法學理論。一方面希望可以讓學習者避免因抽象的學術寫法而怯於學習；二方面也希望避免本書成為僅是抽象文字的堆積，而變成令人難以親近的學術著作。此外，本書尚提供兩萬字的實例研習，希望學習者能在學習代理法律理論之外，尚且可以學習如何將法律理論適用於實際案例。

▶ 刑法構成要件解析

柯耀程　著

　　構成要件是學習刑法入門的功夫，也是刑法作為規範犯罪的判斷基準。本書的內容，分為九章，先從構成要件的形象，以及構成要件的指導觀念，作入門式的介紹，在理解基礎的形象概念及指導原則之後，先對構成要件所對應的具體行為事實作剖析，以便理解構成要件規範對象的結構，進而介紹構成要件在刑法體系中的定位，最後進入構成要件核心內容的分析，從其形成的結構，以及犯罪類型作介紹。本書在各章的開頭採取案例引導的詮釋方式，並在論述後，對於案例作一番檢討，使讀者能夠有一個較為完整概念。

▶ 未遂與犯罪參與

蕭宏宜　著

　　本書是三民「刑法法學啟蒙書系」的一部份，主要內容聚焦於不成功的未遂與一群人參與犯罪。簡單說，做壞事不一定會成功，萬一心想事不成，刑法要不要介入這個已經「殘念」的狀態，自然必須考量到失敗的原因，做出不同的反應；當然，做壞事更不一定什麼細節都得親自動手，也可以呼朋引伴、甚至控制、唆使、鼓勵別人去做。不論是未遂或犯罪參與的概念闡述與爭議問題，都會在這本小書中略做討論與說明，並嘗試提供學習者一個有限的框架與特定的角度，抱著多少知道點的前提，於群峰中標劃一條簡明線路。

▶ 委任

王怡蘋　著

　　本書主要區分為契約定性、委任人之義務、受任人之義務與委任關係之結束等幾部分說明委任之相關條文，而於說明相關規定時，並輔以判決為例，以呈現當事人間之法律關係，希望藉此使讀者透過案例運用思考相關之法律規範。至於案例說明時，則先以請求權基礎呈現當事人間法律關係，藉此勾勒整體法律關係之輪廓，因此，此部分內容不以委任規定為限，藉此促使讀者在思考上連結委任以外之相關規定，於案例說明中再就與委任相關之規定詳加說明。

▶ 行政法基本原則

周佳宥　著

　　本書寫作目標是嘗試將艱澀的行政法一般原理原則，以較為簡易的方式敘說，期待讓非法律專業的學習者亦能窺知行政法一般原理原則之運用方式。由於行政法一般原理原則皆從憲法衍生，故寫作的過程中亦簡略說明若干憲法觀念，期待讀者能以更宏觀的視野理解行政法一般原理原則的基礎理論。除一般理論的說明之外，本書亦大量蒐集司法院釋字、最高行政法院判例與判決及高等行政法院判決等資料作為補充，說明理論與實務在理解與運用行政法一般原理原則過程中的異同。

▶ 無因管理

林易典　著

　　本書之主要內容為解析無因管理規範之內涵，並檢討學說與實務對於相關問題之爭議與解釋。本書共分十三章：第一章為無因管理於民法體系中之地位，第二章為無因管理之體系與類型，第三章為無因管理規範之排除適用與準用，第四章至第六章為無因管理債之關係的成立要件，第七章為無因管理規範下權利義務的特徵，第八章至第十章為管理人之義務，第十一章為管理人之權利，第十二章為管理事務之承認，第十三章為非真正無因管理。期能使讀者在學說討論及實務工作上，能更精確掌握相關條文之規範意旨及適用，以解決實際法律問題。

▶ 刑事訴訟法論
朱石炎　著

　　刑事訴訟法是追訴、處罰犯罪的程序法，其立法目的在於確保程序公正適法，並求發現真實，進而確定國家具體刑罰權。實施刑事訴訟程序的公務員，務須恪遵嚴守。近年來，刑事訴訟法曾經多次局部修正，本書是依截至民國一〇五年七月最新修正內容撰寫，循法典編章順序，以條文號次為邊碼，是章節論述與條文釋義的結合，盼能提供初學者參考之用。

▶ 法學概論
陳惠馨　著

　　本書分為二編共十八章，第一編主要由第一章到第十章組成；討論法學的基本概念，例如如何學習法律、法律與生活的關係、民主與法制的關係、法律的意義、法律的訂定、法律的制裁、法律的適用與解釋等議題。第二編由第十一章到十八章組成；主要介紹目前在臺灣重要的法律，例如憲法、民法、商事法、刑法與少年事件處理法、行政法、智慧財產權法、勞動法規範、家庭暴力防治法及教育法規等。希望讀者可以透過本書瞭解臺灣現行重要法律及重要法律理念。為確實反映社會現況並加強理論與實務的結合。